Renate Menze | Rita Peter

Das Mädchen,
das im Krieg
verloren
ging

Weltbild

Besuchen Sie uns im Internet:
www.weltbild.de

Genehmigte Lizenzausgabe für Verlagsgruppe Weltbild GmbH,
Steinerne Furt, 86167 Augsburg
Copyright der Originalausgabe © 2005 by
Pattloch Verlag GmbH & Co. KG, München
Umschlaggestaltung: Atelier Seidel, Teising
Umschlagmotiv: Das Umschlagfoto stammt aus dem Privatarchiv der Autorin
Gesamtherstellung: CPI Moravia Books s.r.o., Pohorelice
Printed in the EU

ISBN 978-3-8289-9361-7

2011   2010   2009   2008
Die letzte Jahreszahl gibt die aktuelle Lizenzausgabe an.

INHALT

WIR FAHREN HEUTE WEIT WEG

»**Zieht euch an!** Zieht so viel an, wie ihr übereinander tragen könnt. Unterhemden, Strümpfe, Pullover, Hosen, Kleider, alles zwei-, dreimal übereinander, vor allem die warmen Sachen«, befahl uns Mutter, als sie an jenem eiskalten Sonntagmorgen im Winter 1945 zu uns Kindern ins Zimmer kam. »Wir fahren heute mit dem Zug weit weg und kommen so schnell nicht wieder nach Hause.« Ich erschrak. »Warum denn?«, wollte ich wissen. »Fragt nicht, zieht euch an!« Dann ging sie, aber nicht wie sonst in die Küche, um den Ofen anzuheizen, sondern aus dem Haus. Ich hörte, wie die Haustür ins Schloss fiel. Beunruhigt schlug ich die Bettdecke zurück und stand auf. Wir fahren weg, aber wohin? Und Mutter war so anders heute, ernst und traurig. Wie fast immer in letzter Zeit war ich nachts mehrere Male aufgewacht und hatte sie in ihrem Zimmer räumen und herumlaufen hören. Nun wusste ich, warum. Sie hatte sich für die Abreise vorbereitet.

Es war Mitte Februar 1945. Der Himmel leuchtete blau, die schneebedeckten Beete vor dem Haus glitzerten in der Sonne, lauter kleine weiße Hügel und Mulden. Während die Kirchenglocken läuteten, zog ich mich hastig an: Unterwäsche, Wollstrümpfe, das grauweiß karierte Wollkleid, darüber den weinroten Wollpullover, den dunkelblauen Kleiderrock, meine festen braunen Schnürschuhe. Meine Hände zitterten und ich konnte vor Aufregung kaum atmen. »Das ist so unbequem, ich kann mich nicht bewegen«, stöhnte meine Schwester Hildegard, die sich mit den vielen Kleiderschichten mühte. Ihr drahtiger Körper war in die Stofflagen eingemummt. Sie sah aus wie eine wattierte Puppe. Ihre feinen blonden Haare waren zerzaust, die Haartolle war aufgelöst und hing ihr über die Stirn in das runde Gesicht. Gereizt zerrte sie an den Ärmeln, aus denen ihre kleinen Hände hervorstanden.

»Wo bleibt ihr denn?«, drängte Mutter, die soeben zur Haustür hereingekommen war und nach uns sah. Sie musterte uns kurz, ging zum Schrank und nahm für Hildegard und mich jeweils noch ein Kleid, für Klaus noch einen Pullover heraus. »Das zieht ihr darüber«, sagte sie und drückte uns die Kleidungsstücke in die Hände. Ich wollte nicht mehr. Mir war heiß und ich fühlte mich unangenehm eingeschnürt, wagte aber nicht zu widersprechen. Also zwängte ich mich in das dunkelblaue Hängerchen, dass die Nähte krachten. Dann half ich meinem kleinen Bruder Klaus, der noch immer in Unterwäsche dastand, beim Anziehen. Er war sechs Jahre alt und stumm vor Angst, bleich, seine Lippen bebten. Seine abstehenden Ohren schimmerten rosa im Gegenlicht der Februarsonne, die durch das Fenster schien. Der blonde Pony über den hoch weggeschorenen Haaren hing ihm in die Augen. Ich zog ihm zwei Paar Strümpfe an, ließ ihn in zwei Hosen steigen, zerrte sie an ihm hoch, ungeduldig, fieberhaft. Dann streifte ich ihm zwei Pullover über. Gepolstert mit den vielen Stoffschichten wirkte der kleine zierliche Junge unbeholfen und unförmig. Krampfhaft klammerte er sich an meiner Schulter fest, während ich vor ihm hockte und ihm die Schnürsenkel band. Er fing an zu weinen, weil ihn die Schuhe drückten.

Inzwischen packte Mutter Wäsche, Kleidung und Geschirr in den großen Lederkoffer und trieb uns an. »Schnell, schnell. Macht doch! Wir müssen noch die Tiere füttern.« Sie hatte einen karierten Schal um die dunkelblonden Haare geschlungen, wodurch ihre teigigen Wangen noch mehr hervortraten. Ihre blauen Augen blitzten entschlossen. Den fülligen Körper in mehrere Kleider und in Vaters grauen doppelreihigen Wollüberzieher eingepackt, ihr offenes Bein bis zu den Knöcheln dick bandagiert, so stapfte sie nach hinten in den Garten zu den Ställen. Ich lief hinterher. Wir stopften den Kaninchen Heu in die Ställe, Mutter schüttete mehrere Eimer Weizen in den Hühnerschlag. Dann warfen wir beide dem Schaf einige Ballen Raufutter in den Koben und ließen überall die Türen offen.

»Schade um die schöne Wolle«, seufzte Mutter, als wir zum Haus zurückgingen. Das Schaf sollte in den nächsten Wochen geschoren werden.

In der Ferne hörte man Kanonendonner. Die Russen waren schon weit nach Westpommern vorgedrungen. Sie standen kurz vor unserer Stadt – vor Greifenberg. »Schnell, schnell!« Mutter holte den Leiterwagen vor die Haustüre und wir wuchteten den großen und zwei kleine Koffer hinein. In ihrer Handtasche verstaute sie Fotos, Ausweise und ihren Schmuck, den sie in Papier gewickelt und in Wollknäueln versteckt hatte. Dann packte sie die Tasche zwischen die Koffer. »Meine Puppe?« Hildegard blickte Mutter flehend an. »Das geht nicht!«, hieß es. »Wir haben keinen Platz. Nur das Allernötigste.«

Seit einer Woche war eine alte Frau, eine Flüchtende aus Ostpreußen, bei uns einquartiert. Zwei Männer vom Roten Kreuz hatten sie bei uns abgeliefert und unserer Mutter bedeutet, dass die Frau Schreckliches mitgemacht haben musste. »Neji, neji, neji!« In ihrem ostpreußischen Tonfall wehrte sich die Alte, zu uns ins Haus zu kommen. Sie weinte und schrie nach ihren Töchtern, nach ihrem Mann, »Ania, Hedwig, Rosa, Paul«. Das weiße Haar hing ihr in Strähnen unter dem dunklen Kopftuch heraus. Ihre trüben, blauen Augen waren rot gerändert und zuckten erregt. Der braune Mantel, den sie trug, war zerrissen, ihre Strümpfe und Schuhe verdreckt. Sie war abgemagert bis auf die Knochen, wirkte kraftlos und gebrechlich. Unter ihrem Arm trug sie einen holzscheitgroßen, gepökelten Schinken, an dem sie sich festhielt, als hinge ihr Leben daran. Das Fleisch roch ranzig. Die Maden krochen daraus hervor, doch die Alte ließ den Schinken nicht aus der Hand und hielt ihn sogar umklammert, während sie schlief. Sie war vollkommen verwirrt, wusste nicht mehr, wie sie hieß und woher sie kam. In den ersten Nächten, in denen sie bei uns war, schrie sie manchmal markerschütternd, stand auf, rüttelte an der verschlossenen Haustüre und legte sich nach einer Weile wieder erschöpft hin. Nach drei, vier Tagen beruhigte sie sich; von da an dämmerte oder stierte sie vor sich hin. In

9

dieser Woche schlief ich nachts nur noch stundenweise. Ich hatte Angst und stand unter Daueranspannung, ständig wachsam – ein Zustand, den ich kaum beschreiben kann und den ich so nie wieder erlebt habe.

Als wir unsere Habseligkeiten auf dem Leiterwagen verstaut hatten, zogen wir unsere Mäntel, Mützen und Handschuhe an. Dann holte Mutter die Frau aus der Wohnstube und versuchte ihr zu erklären, dass wir fliehen. Sofort geriet die Alte in Panik, fing wieder an zu klagen und zu schreien und stemmte sich gegen sie. »Neji, neji, ich geh nich mehr, ich blejib.« Da packte Mutter sie entschlossen an den Schultern und schob sie auf den Hof. »Wir haben keine Zeit mehr, gute Frau! Sie müssen sich jetzt hier hinsetzen«, sagte sie, drückte die Alte auf den großen Koffer im Leiterwagen und nahm die Deichsel. Als wir schließlich Richtung Bahnhof loszogen, fingen die Kirchenglocken wieder an zu läuten. Die Sonne schien mir ins Gesicht, der Schnee knirschte unter meinen Schuhen und die Luft war so kalt, dass meine Augen tränten. Mir war schwer ums Herz. »Was soll aus den Tieren werden?«, dachte ich. »Wo fahren wir nur hin?« Ich blickte zu meiner Mutter hin, die den beladenen Handwagen über die verschneite Straße zog. Klaus lief auf seinen kurzen Beinen neben ihr her und hielt sich ängstlich an der Deichsel fest. Hildegard und ich folgten hinter dem Wagen.

Sie war so klein geworden, unsere große Familie. Vor vier Jahren war meine Schwester Erika an Scharlach gestorben, vor einem Jahr waren meine älteste und meine jüngste Schwester derselben Krankheit erlegen. Seit vergangenem Herbst war mein Vater im Krieg, an der Ostfront. Und nun gingen wir, das übrig gebliebene Häuflein, fort von zu Hause und wussten nicht, wohin? Was würde aus uns werden? Ich ahnte nicht, dass wir an diesem Morgen unser Zuhause für immer verlassen sollten, aber ich spürte die Bedeutung dieser Stunde.

Unsere gesamte Straße war an diesem Sonntag im Aufbruch. Vor den verschneiten Gärten standen Handkarren und bepackte Wägen. Hektisch hasteten Frauen aus ihren Häusern, machten wieder kehrt, um das, was sie vergessen hatten, zu holen. Ein letzter Zug, hieß es, fahre an diesem Sonntag noch Richtung Westen. Ein Mann vom Ordnungsstreifdienst kam entlang und herrschte die Aufbrechenden an. »Was fällt euch ein? Ihr habt euch ruhig zu verhalten! Keiner verlässt den Ort!« Doch niemand kümmerte sich um seine Anweisungen. Bis zuletzt hatten Hitler und sein Generalstab am »Endsieg« festgehalten. »Jeder Quadratmeter Heimatboden wird verteidigt«, hatte die Parole gelautet. Jede Flucht oder Evakuierung war verboten gewesen. Nun konnte der Durchhaltewahn, der die Menschen bis zum Schluss in Schach gehalten hatte, nichts mehr ausrichten. Die Russen standen vor der Stadt und trieben die Zivilbevölkerung Hals über Kopf in die Flucht.

Zehn Jahre war ich alt, als wir von zu Hause fortmussten, Hildegard war zwei Jahre jünger. Seit Wochen waren Flüchtlingstrecks durch unsere Stadt gezogen. Pferdewagen, voll gepackt mit Kisten, Betten und Säcken. Vorne saßen Männer, Frauen, Kinder, dicht gedrängt. Ein Strom, der nicht mehr abriss. Wie gebannt beobachtete ich diesen Pulk von Flüchtenden und ich ahnte, dass etwas Entsetzliches auf uns zurollte. »Haut bloß ab!«, schrien sie von ihren Wagen herunter. »Die Russen vergewaltigen euch und schlagen euch tot.«

Noch mehr als diese Flüchtenden mit ihren Schreckensmeldungen ängstigten mich die Kolonnen von Gefangenen, die, begleitet von bewaffneten Soldaten, immer wieder durch die Stadt getrieben wurden: Männer, verdreckt und in abgerissenen Kleidern, hohlwangig, mit zerschundenen Gesichtern und flackernden, irren Augen. Was kam da auf uns zu? Von Tag zu Tag stieg die Anspannung. Einmal konnte ich hören, wie Mutter leise mit der Nachbarin, mit Frau Kagel, in der Küche redete. Später wurde mir klar, dass sie die Vorbereitungen zur Flucht getroffen hatten. Die Nachbarin war hochschwanger und wartete jeden Tag auf die Niederkunft. In der Nacht zum Sonntag, an dem wir flohen, brachte sie ihr siebtes Kind zur Welt, ein Mädchen. Unsere Mutter war bei der Geburt dabei. Am Morgen stand auch die Wöchnerin vor der Tür ihres Hauses. Mit ihrer Kinderschar, dem Neugeborenen, dick eingepackt im Kinderwagen, und ihren schnell zusammengerafften Habseligkeiten zog sie mit uns los. Damals konnte ich nicht ermessen, welche Kräfte die Nachbarin aufgebracht hatte, um zu fliehen. Und ich hatte keine Vorstellung von dem, was uns bevorstand – natürlich nicht. Wir waren am Anfang unseres Marsches ins Ungewisse, auf dem ich erfahren sollte, was Menschen aushalten und wozu sie fähig sind, um zu überleben. Der Auszug aus unserem Haus in Greifenberg war für mich nicht nur ein Abschied von der Heimat, sondern auch ein Abschied von der Kindheit.

Ich traute meinen Augen nicht, als wir am Bahnhof ankamen. Hunderte von Menschen standen mit ihren Handwägen, Koffern und Rucksäcken auf dem schmalen Bahnsteig und warteten auf den Zug, der in den nächsten Stunden kommen und in den Westen fahren sollte. Wie sollten all diese Leute Platz finden? Mutter versuchte, uns einen Weg näher an das Gleis zu bahnen, aber es war kein Durchkommen. Aus dem Gewühl tauchte plötzlich Großmutter Menze, Vaters Mutter, mit Tante Elli und Tante Emma, zweien ihrer Töchter, auf. Sie wohnten nahe am Bahnhof und waren aus Neugier gekommen, Schaulustige, die den Menschenauflauf beobachten wollten. Als sie uns entdeckten, lachten die beiden Tanten höhnisch. »Ach, ihr lauft auch davon! Auch Feiglinge, wie?«, spottete Elli. Großmutter war empört. Drohend, mit vorwurfsvoller Miene baute sie sich vor uns auf. »Was fällt dir ein, einfach abzuhauen. Das macht man nicht!«, schimpfte sie auf unsere Mutter ein. »Das kannst du deinem Mann nicht antun, der an der Front ausharrt. So schlimm wird es schon nicht werden.« Mutter holte tief Luft. »Ich weiß, was ich mache«, entgegnete sie gefasst und klar. »Wenn ihr glaubt, es kann euch nichts passieren, dann bleibt. Aber wir gehen. Also lasst uns jetzt in Ruhe.« Sie drehte sich um und ließ die Schwiegermutter und Schwägerinnen stehen.

Es war die große Stunde meiner Mutter. Sie war entschieden, dass sie mit uns aus Greifenberg wegwollte, ehe die Rote Armee hier einfiel. Energisch und bestimmt nahm sie das Unternehmen in die Hand. Was sie anordnete und erledigte, wirkte durchdacht und geplant. Sie schien zu wissen, was im Chaos des Aufbruchs zu tun war. Das gab mir Sicherheit. Ich bewunderte sie und war stolz auf sie.

Ein Bahnbeamter im Dienstanzug arbeitete sich durch die Menschenmenge zu uns durch. Ich kannte den Mann vom Sehen. Manchmal, wenn ich meinem Vater das Mittagessen in die Arbeit gebracht hatte, hatte er sich in der Lagerhalle des Güterbahnhofs aufgehalten, ein blonder Hüne mit freundlichem Gesicht. Er grüßte uns, neigte sich zu unserer Mutter hinab und flüsterte ihr etwas zu. Sie lauschte aufmerksam, nickte mehrmals mit dem Kopf und bedankte sich. Alle Leute um uns blickten auf den Mann in Dienstkleidung und auf Mutter. »Geht ganz langsam und unauffällig zum Ende des Bahnsteigs«, raunte sie uns zu und deutete mit ihrem Blick die Richtung an, in die wir uns bewegen sollten. »Leiterwagen und Koffer lassen wir hier.« Wie beiläufig nahm sie ihre Handtasche aus dem Wagen, schob die Nachbarin und uns Kinder vor sich her und hakte ihren Arm unter den der alten Ostpreußin. Das blieb natürlich nicht unbemerkt. Kaum setzten wir uns in Bewegung, schlossen sich die Umstehenden an und der ganze Pulk zog wie eine Herde hinter uns her.

Immer voller wurde der Bahnhof, Menschenmassen strömten herbei, nicht nur Greifenberger, auch Flüchtlinge, die eben hier angekommen waren und hofften, noch wegzukommen, ehe die Russen einfielen. Da sirrten die Gleise und wir sahen, wie der Güterzug langsam auf den Bahnhof zurollte. Ein langer Zug mit geschlossenen Güterwaggons, mit Viehwagen ohne Dach und Plattenwagen, auf denen normalerweise Baumstämme transportiert wurden. Schlagartig brach Panik aus. Alles drängte zum Gleis und sobald die ersten Waggons ankamen, ließen die Menschen ihr Gepäck fallen, stürzten auf den Zug zu, sprangen auf die Plattenwagen und wälzten sich durch die geöffneten Waggontore. Nun gab es kein Halten mehr. Jeder wollte nur fort, fort. Die Leute schlugen und stießen sich. Mütter schrien nach ihren Kindern, die sie verloren hatten. Kinder weinten nach den Müttern. Wer hinfiel, wurde von der Masse einfach überrollt.

Plötzlich tauchte vor uns wieder der Bahnbeamte auf. »Folgt mir!«, rief er uns zu und rempelte mit seinen Ellbogen eine Schneise zum nächsten Güterwaggon frei. Wir stürzten hinter ihm her und klammerten uns an unsere Mutter. Er stemmte sich gegen den Pulk, der uns nachströmte und uns niederzuwalzen drohte, hob uns Kinder in den Wagen, half Mutter, der Nachbarin und der alten Ostpreußin beim Einstieg und hievte den Kinderwagen zu uns hoch. Ich zitterte und keuchte. Taumelnd schlug ich gegen die Wagenwand, rappelte mich schnell hoch, wurde geschoben, getreten, gepresst. Alles kreischte und schrie. Immer mehr Menschen drängten in den Wagen, bis wir eng gequetscht aneinander standen und niemand mehr hineinpasste. Verzweifelte klammerten sich außen an die Wagenwände, als sie erkannten, dass sie nicht mehr in den Zug kamen, andere stießen sie vom Inneren des Wagens weg, rissen sie herunter. Entsetzliche Szenen spielten sich ab.

Inzwischen kreisten Aufklärungsflugzeuge über Greifenberg, die Front rückte von Stunde zu Stunde näher. Dann verriegelte jemand das Waggontor und nach einer Weile, es muss um die Mittagszeit gewesen sein, rollte der Zug langsam los. »Gott sei Dank! Mutter, wir Geschwister, Nachbarin Kagel und ihre Kinder, die alte Ostpreußin, wir waren alle im Zug!« Ich atmete durch.

Mindestens 50, vielleicht sogar 60 Leute waren im Waggon eingepfercht, Frauen, Kinder und alte Männer. Es war ein Viehwagen mit Bretterwänden, ohne Fenster und oben offen. Nach einer Weile, als sich die Insassen etwas beruhigt hatten, versuchte Mutter sich Gehör zu verschaffen. »Herhören, alle herhören«, rief sie mehrmals und wartete, bis das Stimmengewirr abebbte. »Wir haben eine Wöchnerin hier, die vergangene Nacht entbunden hat. Sie muss liegen.« Und sie bat alle Mitfahrenden, ihre Taschen und Rucksäcke zur Verfügung zu stellen, damit man der Frau ein Lager bauen konnte. »Außerdem«, fügte sie hinzu, »sollten wir versuchen, dass die Kinder zu ihren Müttern rücken und die Familien zusammenkommen können.« Wieder brachen Unruhe und Lärm aus. Mütter riefen, Kinder schrien, versuchten, sich zu den Ihrigen zu schieben, durchzudrängen und -zuwinden. Gleichzeitig wurden Rucksäcke, Beutel, Stoffbündel und eine Decke in die Ecke gereicht, in der unsere Mutter stand und die Sachen auf dem Boden schichtete. Bald war Nachbarin Kagel gebettet. Erschöpft und bleich, aber erleichtert lag sie mit dem Rücken an die Wand gelehnt. Ihre sechs Kinder saßen um sie herum und der Kinderwagen stand neben ihr. Nebenan hatte Mutter sich einen Platz geschaffen. Sie wollte bei der Nachbarin sein, sich um die Freundin und ihr Neugeborenes kümmern.

Im Laufe der Zeit zeigte sich, dass manche der Insassen keinerlei Verpflegung mitgebracht hatten. Mutter appellierte an alle, den Proviant untereinander aufzuteilen. »Manche haben nichts zu essen dabei. Die sollten wir nicht zusehen lassen, vor allem die Kinder nicht«, erklärte sie. »Wir wollen alle überleben und sollten jetzt zusammenhalten.« »Was fällt dir ein!«, empörten sich manche und beschimpften sie. »Du hast uns hier nichts zu sagen! Wer bist du überhaupt?« Die meisten aber gaben von ihrem Essen ab, froh, dass eine da war, die sich kümmerte und dafür sorgte, dass es in diesem Wagen einigermaßen menschlich zuging. »Für die, die nichts mithaben«, murmelten manche und reichten ihre Vorräte weiter. Mutter sorgte dafür, dass von dem zusammengelegten Proviant die Kinder zuerst bekamen und die Schüchternen nicht leer ausgingen.

Sie war stark in ihrer Rolle als Respektsperson. Kritik und Angriffe konnten ihr nicht viel anhaben. Sie hatte klare Vorstellungen, wie diese eingepferchte Notgemeinschaft organisiert werden musste, damit es einigermaßen gerecht zuging, und sie setzte sie durch. Wenn der Zug anhielt und über die Brüstung des Wagens ein Eimer Wasser und geschnittenes Brot gereicht wurden, achtete sie darauf, dass jeder etwas bekam. Natürlich waren viele gierig und wollten mehr. Manche stritten um jeden Kanten Brot, um jeden Schluck Wasser. Aber mit ihrer klaren und distanzierten Art konnte Mutter Auswüchse in Schach halten.

Später erfuhr ich, dass in anderen Waggons Menschen regelrecht übereinander herfielen, als Verpflegung hineingereicht wurde. Männer rasteten aus. Es gab Schlägereien. Dass in unserem Wagen kein Hauen und Stechen losging, obwohl die Stimmung oft prekär war, verdankten wir unserer Mutter. Sie hatte eine Aufgabe übernommen, die uns schützte.

Der Zug fuhr über Gülzow auf die Insel Wollin Richtung Swinemünde. Dort sollten wir mit der Fähre über die Swine gesetzt werden. Normalerweise dauerte die Fahrt auf dieser Strecke zwei Stunden, wir waren mehrere Tage unterwegs. Obwohl wir eng zusammengepfercht waren, froren wir. Es war eisig kalt. Von unten kroch die Kälte hoch, über uns war der freie Himmel. Während der Fahrt sah ich, wie Männer mit Steigeisen an den Strommasten hochkletterten, an denen wir vorbeirollten, und die Leitungen kappten. Der Zug ratterte über eine Brücke. Kurz darauf donnerte eine Explosion, der Wagen bebte, krachende Einsturzgeräusche dröhnten durch die Luft. Hinter uns war die Brücke gesprengt worden, um die Russen aufzuhalten. Wir fuhren meist nur nachts. Tagsüber hielten wir im Wald, wo wir stundenlang warteten, um von den Tieffliegern nicht gesichtet und beschossen zu werden. Stand der Zug still, dann hörte man die Kampfgeräusche. Bomben detonierten, Schüsse krachten, der Kanonendonner kam näher.

Weil im Waggon viele stehen mussten und nur ein Teil sitzen konnte, wechselten wir uns ab. Aus Sackbündeln und Tornistern, die bei der Sammelaktion für das Lager der Nachbarin übrig geblieben waren, hatte Mutter sich ein Podest gebaut, auf dem sie saß. Neben mir waren Hildegard und Klaus auf der einen Seite, auf der anderen die alte Ostpreußin, immer noch mit ihrem halb vergammelten Schinken. Auf wundersame Weise hatte sie ihn mit auf die Flucht gerettet. Die Frau war mir unheimlich und ich ekelte mich vor dem stinkenden Stück Fleisch, an das sie sich klammerte. Ich fror entsetzlich, war müde und fühlte mich elend in dem Gedränge. Wie lange sollte das gehen? Was sollte nur werden?

Mir links gegenüber saß Nachbarin Kagel auf ihrem Lager, den Oberkörper gegen die Wand gelehnt, die Beine angewinkelt, und nickte hin und wieder ein. Abwechselnd holte sie eines ihrer Kinder zu sich unter die Decke, um es zu wärmen. Alle paar Stunden stand sie auf und gab ihrem Säugling zu trinken: ein Fläschchen mit Wasser, das die Erwachsenen unter ihren Kleiderschichten an den Bauch gehalten und weitergereicht hatten, bis es etwas angewärmt war.

Meine Geschwister und die kleineren Kinder der Nachbarin spielten Abzählreime, »Ene, mene, muh und raus bist du«, und gaben sich Rätsel auf: »Ich sehe was, was du nicht siehst, und das ist blau.« Das beruhigte mich.

Da bremste der Zug und kam zum Stehen. »Gülzow, wir sind jetzt in Gülzow«, rief ein Mann durch ein Megafon. »Alle Wagen werden mit Brot und Wasser versorgt.« Als ein Korb mit geschnittenem Graubrot über die Wagenbrüstung gereicht wurde, setzte ein wildes Geschiebe und Gerangel ein. Jetzt musste jeder zusehen, dass er etwas abbekam. Trotz der Appelle meiner Mutter kamen viele der Wageninsassen zu kurz, ich auch. Aber es war mir nicht wichtig. Ich verspürte keinen Hunger. Ich hatte Angst und war froh, als der Kampf um das Brot vorbei war.

»Ob unsere Silvia mit den Eltern und den Kindern noch in den Zug gekommen ist?« Eine mollige Frau mit rundem Gesicht und bekümmertem Blick sorgte sich um ihre Schwester. »Mein Gott, das war ja so schrecklich. Schlimmer als die Tiere. Wenn sie es nur überlebt haben!« Betrübt dachten andere an ihre Nachbarn, die sich nicht zum Weggang aufraffen hatten können, an die alten Eltern, die keine Kraft mehr gehabt hatten, aufzubrechen. »Was wohl aus ihnen geworden ist?« »Die Tiere, wer wird sich nur um die Tiere kümmern!« »Ob der Russe schon da ist?« »Ich darf gar nicht dran denken!« »Ach, unser schönes Städtchen!« Kaum einer der Erwachsenen, der nicht kummervoll an die Verwandten, an zu Hause dachte.

Angst kroch in mir hoch, während ich zuhörte. Vater ging mir durch den Kopf. Er musste vor vier Monaten in den Krieg. Als Brückenbaupionier wurde er nach Graudenz an der Weichsel beordert. Bis dahin war er wegen so genannter kriegswichtiger Tätigkeit vom Wehrdienst befreit gewesen. Er war für den Güterverkehr in Greifenberg verantwortlich. Jahrelang leitete er Züge mit verplombten Waggons weiter an die Ostfront – bis er selber hinmusste.

An Weihnachten hatte er Urlaub erhalten, zwei Tage nur. Er kam mittags und musste am übernächsten Morgen wieder weg. Ich erschrak, als ich ihn zur Tür hereintreten sah. Er war immer schon schlank und hager gewesen. Jetzt war er abgemagert und ausgezehrt. Die Wehrmachtsuniform hing an seinen eckigen Schultern. Seine Wangen waren eingefallen, die blauen Augen lagen tief in den Höhlen. Er sah traurig aus, müde, gehetzt und krank. Er litt damals unter heftigen Rheumaschüben, die seine Knie- und Fußgelenke dick anschwellen ließen. Mutter und er redeten die ganze Nacht hindurch, auch am nächsten Morgen noch. Wir Kinder durften nicht in die Stube. Ich hörte ihre gedämpften Stimmen – sie klangen eindringlich, ernst –, aber ich konnte nicht verstehen, was sie sagten.

Am Morgen frühstückten wir gemeinsam, wir redeten wenig, Belangloses. Eine schicksalhafte Schwere lag über allem. Mittags besuchten wir mit der ganzen Familie Vaters Eltern. Das Haus war voll. Viele von Vaters Geschwistern waren gekommen. Auch hier war die Stimmung traurig, niedergedrückt. »Wollen wir uns nicht auf der Treppe am Hauseingang aufstellen? Ich mache von uns allen ein Foto«, schlug Großvater vor, aber niemand wollte so recht. Wir blieben bis nach dem Abendessen, dann fuhr uns Onkel Willi, Vaters Bruder, mit seinem Taxi nach Hause. Er war kriegsversehrt, hatte ein Holzbein, und war deshalb vom Kriegsdienst freigestellt.

Nachts konnte ich nicht schlafen. Wieder hörte ich meine Eltern miteinander reden, stundenlang, leise, bekümmert. Am nächsten Morgen verabschiedete Vater sich von uns allen. Als er sich zu mir herunterbeugte, schluckte ich. Ich sah in sein Gesicht, dann auf meine Hände, dann wieder in sein Gesicht und hörte mich fragen, wann er wiederkäme. »Ich weiß es nicht«, sagte er, nahm meine Hand und legte sie in seine. Ich nickte und schluckte, bis sich die Tränen nicht mehr herunterschlucken ließen und mir aus den Augen stürzten. Traurig blickte er mich an. Dann richtete er sich langsam auf, drückte meine Hand noch einmal ganz fest und wandte sich zur Tür. Verschwommen sah ich ihn hinausgehen.

Eine Ewigkeit lag das zurück. Und nun stand ich hier, in diesem ruckeligen Zug, eingepfercht zwischen meinen Geschwistern, den Nachbarskindern und der alten Frau, die nach ihren Töchtern jammerte. Eine unheilvolle Trauer überfiel mich. Ich hatte kein Zuhause mehr. Wohin fuhren wir? Wie würde es weitergehen? Ich hörte das Jammern der Menschen um mich herum, sah das Leid in ihren Augen und fürchtete mich. Keiner von ihnen konnte mich beschützen. Sie hatten Angst und waren hilflos wie ich.

Mutter war stark, doch, wie immer, weit weg von mir, distanziert. Sie sorgte für Ordnung im Wagen, kümmerte sich aber wenig um mich und meine Geschwister. Das kannte ich und es war für mich nicht ungewöhnlich. Besonders umsorgt hatte sie uns nie. Überraschend war für mich, wie beherzt und fest sie hier auftrat. Sie strahlte Entschlossenheit aus und wurde respektiert. Was sie sagte, hatte Gewicht. Viele im Wagen hörten auf sie. So hatte ich sie zu Hause nie erlebt. Ich staunte und empfand Anerkennung für sie, ihre Stärke gab mir Halt und tröstete mich. Gleichzeitig war ich vorsichtig und misstrauisch. Sie war so unnahbar, sie war mir fremd.

Ich erinnerte mich an die erste Zugfahrt in meinem Leben, im Spätsommer 1936. Tante Lieschen, Mutters große Schwester, war aus Berlin zu Besuch gekommen. Ich kannte diese Frau nicht. Ich war noch klein, erst knapp zwei Jahre alt, und erinnere mich nur bruchstückhaft an diesen Tag, doch diese Bruchstücke sind mir deutlich im Gedächtnis geblieben. Mutter packte irgendwann einige meiner Spielsachen in einen Beutel, zog mir ein anderes Kleid und meine roten Spangenschuhe an und frisierte meine Haare. »Du machst heute eine große Reise«, sagte sie zu mir. Dann nahm sie mich auf den Arm, drückte meiner Tante den Beutel und eine Tasche in die Hand und wir drei gingen aus dem Haus. Ich war unruhig und alarmiert. Etwas sollte mit mir geschehen, das spürte ich. Etwas Bedrohliches. Ich fürchtete mich, quengelte. Doch Mutter hielt mich fest im Arm und marschierte neben ihrer Schwester weiter.

Dann waren wir plötzlich am Bahnhof. Ich kannte das Gelände und die Gebäude, mein Vater arbeitete dort. Viele Menschen standen auf der Plattform und warteten. Da rollte ein Zug in den Bahnhof, vorneweg eine zischende, Dampf ausstoßende, schwarze Lokomotive. »Das ist eure Bahn«, sagte Mutter und drückte mich meiner Tante in den Arm. Ein schneidender Stich durchfuhr mich. »Nein! Nein! Nein!« Ich schrie aus Leibeskräften, heulte, brüllte, strampelte, schlug mit Händen und Füßen auf die Frau ein, die mich festhielt und etwas sagte, das ich nicht verstand. »Mutti! Mutti! Nimm mich!«, gellte ich verzweifelt und streckte die Arme nach ihr aus. Doch sie holte mich nicht zurück. »Renate, nun beruhige dich doch«, sagte sie zu mir. »Das ist Tante Lieschen. Die tut dir doch nichts! Die macht mit dir eine große Reise und nimmt dich mit nach Berlin. Du wirst sehen, dort hast du es ganz schön. Jetzt hör auf zu weinen und sei brav.« Die Leute auf dem Bahnsteig und im Waggon starrten mich an. Sie beäugten Mutter und die Tante, die beide versuchten, mich zu trösten und zu beschwichtigen. Die Tante hielt mich fest umklammert und stieg mit mir in den Zug. Im Zugabteil öffnete sie mit einer Hand das Fenster, mit der anderen hielt sie mich fest. »Die beruhigt sich schon«, hörte ich Mutter sagen. Da rollte der Zug langsam los. Ich bäumte mich gegen die Fensterscheibe, weinte, schluchzte, schrie verzweifelt und sah, wie meine Mutter auf dem Bahnsteig immer kleiner wurde, bis sie nicht mehr zu sehen war. Meine Tante wollte mich in den Arm nehmen, doch ich stieß sie weg und kauerte mich wimmernd auf die Bank. Ich weiß nicht mehr, wie lange ich noch weinte und wie lange die Fahrt dauerte. Irgendwann muss ich vor Erschöpfung eingeschlafen sein.

Meine Eltern hatten mich an Mutters Schwester und ihren Mann Leo weggegeben. Deren Kinder, eine Tochter und ein Sohn, waren erwachsen und aus dem Haus. Zudem war Mutters und Tante Lieschens Vater, mein Großvater, vor kurzem gestorben. Nun sehnten sich die beiden Berliner nach einem Kind und fragten bei meinen Eltern an, ob sie mich in Pflege nehmen könnten. Und meine Eltern willigten ein, hatten sie doch bereits vier Töchter, eine fünf-, eine dreijährige, mich und ein Neugeborenes. So wurde ich mit knapp zwei Jahren aus unserer Familie in Greifenberg gerissen. Der erste schwere Verrat in meinem Leben.

Aus meinen Jahren in Berlin sind mir nur wenige Erinnerungen geblieben. Ich muss mich rasch bei Onkel Leo und Tante Lieschen eingelebt haben. Die beiden umsorgten und verwöhnten mich, ich war der Mittelpunkt in ihrem Leben. Besonders unbeschwert waren die Sommermonate. Dann wohnte ich mit ihnen in ihrer Laube in der Gartenkolonie »Schweizerland« in Berlin-Zehlendorf. Mein Onkel stellte mir im Garten ein kleines Planschbecken und einen Sandkasten auf. Dort spielte ich viel mit der Tochter der Gartennachbarn, einem zierlichen dunkelhaarigen Mädchen in meinem Alter. Wir waren dicke Freundinnen und tagtäglich zusammen. Ich lebte ein behütetes und doch freies Kinderleben bei den Verwandten in Berlin, hatte eine vertraute Gefährtin gleich nebenan und mehrere Spielkameraden in der Kolonie. Eines Tages waren meine Freundin und ihre Eltern plötzlich weg. Die Gartenlaube der Nachbarn war leer. Meine Tante behauptete, sie seien in den Ferien. Ich wusste, dass sie log, und war zornig. Auch Onkel Leo wollte mir nicht erklären, was mit meiner Freundin und ihren Eltern geschehen war. Viele Jahre später erfuhr ich, dass unsere Nachbarn Juden gewesen waren. Der Nazi-Terror war auch in die Idylle der Laubenkolonie eingedrungen.

1939 brach der Krieg aus. Onkel und Tante begannen, sich um meine Sicherheit zu sorgen. Sie fanden, die Hauptstadt sei zu gefährlich. Sie fürchteten Fliegerangriffe und beschlossen, mich wieder zu meiner Familie nach Greifenberg zurückzuschicken. Ich war das dritte Jahr in Berlin. Vollkommen abgenabelt von meinen Eltern und Geschwistern, zu denen nun noch ein Junge gekommen war: Klaus, der ersehnte Stammhalter, der 1938 geboren wurde. Ihn kannte ich überhaupt nicht. Die anderen, meine Eltern und meine Schwestern hatte ich fast vergessen. Meine Tante brachte mich in Berlin zum Bahnhof, hängte mir ein Schild um den Hals, auf dem mein Name und meine Adresse in Greifenberg standen, und redete mit dem Zugschaffner, der sich während der Fahrt um mich kümmerte. Dann wurde ich in den Zug gesetzt. An den Abschied von Berlin habe ich keinerlei Erinnerung mehr, ebenso wenig an die Fahrt. Als mich der Schaffner nach mehrstündiger Bahnfahrt aus dem Zug führte, stand eine Frau auf dem Bahnsteig, die mir lächelnd entgegentrat. »Ich bin deine Mutter«, sagte sie zu mir. Ich hätte sie nicht wieder erkannt, doch glaubte ich, mich dunkel an dieses Gesicht zu erinnern. Die Frau war mir fremd und ich misstraute ihr. Auch wenn sie behauptete, sie sei meine Mutter, misstraute ich ihr.

Die Rückkehr nach Greifenberg war der zweite große Bruch in meinem Leben. Weggegeben von den Menschen, bei denen es mir gut ging und denen ich vertraute, fand ich mich nun in einer Familie, die mir fremd war. Ich hatte keinen Platz in dieser Kinderschar, war plötzlich nicht mehr die einzige Kleine, sondern eine unter fünfen, die nicht einmal dazugehörte. Ich war Störenfried und fühlte mich abgelehnt. Nicht nur von den Geschwistern, die mich als Eindringling empfanden, auch von den Eltern, die nichts Rechtes mit mir anzufangen wussten. Zudem herrschte hier ein rauer, härterer Ton. In Berlin brauchte ich nicht zu arbeiten. Hier musste ich Gänse hüten, Wasser holen, den Nachttopf leeren, auf den kleinen Bruder aufpassen. Erledigte ich die Arbeiten nicht so, wie Mutter es von mir erwartete, rutschte ihr auch schnell mal die Hand aus. Ich war zutiefst verunsichert und fühlte mich ausgesetzt.

Zuflucht und Trost fand ich damals in der Natur. Ich musste jeden Tag die Gänse hüten, eine Arbeit, die mir schnell lieb wurde. Dann war ich mit mir und meinen Gedanken allein und Mutter aus dem Weg – und tat gleichzeitig auch noch etwas Nützliches. Draußen zwischen den Feldern wies mich niemand zurecht oder bedrängte mich. Dort hatte ich Frieden. Meistens trieb ich die Tiere mit einer Gerte unsere Straße, die Memelstraße, hinunter zum Ortsende. Von dort führte ein Sandweg in die Felder. Bereits auf dem Weg, auf dessen Mitte ein schmaler Streifen Gras wuchs, fingen die Gänse an zu zupfen. Langsam schlenderte ich mit den Tieren den Feldweg hinauf auf einen sanften Hügel. Ebereschen, Birken und riesige Holunderbüsche waren über dem Weg zu einem Dach zusammengewachsen, durch das die Sonne irrlichterte. Oben, auf der Anhöhe, setzte ich mich immer in eine Wiese und beobachtete die Gänse, die schnatternd am Wegrand grasten. Von hier hatte ich einen weiten Blick über die leicht gewellte Landschaft. Der warme feuchte Ostseewind strich über weite Kornmeere, über wogende Roggenfelder mit Klatschmohn und Kornblumen, über endlose Wiesen und Kartoffelfelder, die bis zum Horizont reichten. Dazwischen glitzerten hin und wieder Teiche und Seen. Silberweiden säumten den Lauf eines Baches. Die Gänse wanderten langsam weiter und verweilten oft lange auf einem brachliegenden Hügel, auf dem sie friedlich Löwenzahn und Quecke rupften. Ich legte mich in die Wiese. Fliegen summten, Ameisen krabbelten über meine Hände, um mich herum blühten lila Wiesenflockenblumen, weiße Margeriten, dunkler Spitzwegerich. Es roch nach Erde, nach Gras und nach Sommer. Über mir wölbte sich der Himmel oft in endlosem Blau. Ich beobachtete die Wolken, wie sie sich veränderten, wie sie sich trafen und wieder trennten. Schleierwolken wurden zu Schönwetterwolken, Quellwolken jagten Schäfchenwolken nach, verdeckten die Sonne und warfen große Schatten auf die Landschaft. Der Ostseewind trieb sie über den Himmel, ballte und verjagte sie, bis sie sich zu Dunst auflösten. Endlos konnte ich diesem Spiel der Wolken zusehen, die im Sonnenlicht weiß leuchteten. Ein Gefühl von Größe und Weite breitete sich in mir aus und trug mich weg. Ich lauschte den Grillen, beobachtete die Mücken, die über meinem Kopf tanzten, und fühlte mich aufgehoben und frei. Auf den Feldern unter dem freien Himmel fand ich Zuflucht. Hier lernte ich die Einsamkeit lieben, in der ich ungestört nachdenken und mir meine eigene Welt zurechtträumen konnte.

Der Zug ruckte und riss mich aus meinen Gedanken. Ich blickte auf Mutter, die aufgestanden war und sich über den Kinderwagen beugte. »Hat es denn getrunken?«, fragte sie die Nachbarin, die sorgenvoll blickte und mit den Schultern zuckte. »Kaum«, sagte sie. »Es wird mit jeder Stunde schwächer. Wenn wir doch etwas schneller vorankämen.« Doch unser Fortkommen blieb schleppend. Der Zug fuhr immer nur kurze Strecken und hielt dann wieder stundenlang im Wald. Tagsüber strahlte die Sonne, die Nächte waren mondklar und über uns funkelten die Sterne. Es war eisig kalt, der kälteste Winter seit Jahrzehnten, so erfuhr ich später. Wir schliefen nicht. Wer sitzen konnte, nickte manchmal kurz ein. Einmal schneite es. Ich fing mit den Händen den Schnee ein und leckte ihn auf. Ich hatte Durst. Manche pinkelten in einen Becher und tranken den eigenen Urin.

»Die Alte hat doch noch den Schinken«, sagte eines Tages eine Frau zu unserer Mutter. »Der wird jetzt aufgeteilt.« »Richtig, der wird aufgeteilt«, stimmte ihr eine andere bei. Die beiden versuchten, mit der Ostpreußin zu reden. Und als sie sahen, dass sie nicht reagierte, entrissen sie ihr das von Maden zerfressene Stück Speck. Die alte Frau schrie hysterisch, rief wieder nach ihren Töchtern und beruhigte sich erst, als ihr ein Mann eine Decke in die Hand drückte. »Hier hast du deinen Schinken«, sagte er. Wimmernd umklammerte sie das wollene Bündel und kauerte sich zusammen. Sie tat mir Leid.

Etwa einen Meter hinter mir saß ein altes Ehepaar. Die Frau redete manchmal wirres Zeug, lauschte ihrer eigenen Stimme, schaukelte mit dem Kopf und verstummte dann so abrupt, wie sie angefangen hatte zu reden. Ich beobachtete sie immer wieder und sah plötzlich, dass ihr Mann seltsam zur Seite hing. Der Kopf war ihm auf die Schulter gefallen. Der Mund stand ihm offen und seine Lippen waren bläulichweiß angelaufen. Sein Gesicht war wächsern und seine Augen starrten ins Leere. Ich erschrak. Der Mann war tot.

Diesen Ausdruck, diesen Blick hatte ich schon einmal gesehen. Im Sommer 1941. Ich hütete unsere Gänse auf einer sanften Anhöhe hinter dem Ortsende von Greifenberg. Zwischen Kornfeldern und Wiesen zupften die Tiere am Wegrand Gras. Ich musste darauf achten, dass sie nicht in den Feldern grasten. Da fiel mit einem Mal ein ratterndes rauchendes Flugzeug vom Himmel, stürzte in einen Eichenbaum und krachte durch die Äste auf die Wiese. Ich rannte hin, es war ganz nah. In den Trümmern einer Eindeckermaschine saß regungslos ein junger Mann mit Lederhelm, blutüberströmt. Sein Blick war leer. Neugierig und gebannt stand ich vor diesem seltsamen Wesen, das vom Himmel gestürzt war. Ich sah den Mann wie in hellem Licht, abwesend, nicht erreichbar. Er brauchte Hilfe, das war mir klar, und im selben Moment hörte ich schon Erwachsene herbeilaufen. Atemlos kamen sie an und schoben mich zur Seite. »Kind, geh weg. Das ist nichts für dich!« Zwischen dem aufgeregten Menschenauflauf sah ich, wie zwei Männer den Piloten aus den Trümmern zerrten und auf die Wiese legten. Dann fassten sie ihn unter den Armen und an den Beinen und trugen ihn in den Ort. Dieses Gesicht des Piloten habe ich nicht mehr vergessen. Der Mann war nicht tot, er war verletzt und stand unter Schock, aber sein Ausdruck war derselbe wie der des Toten in unserem Wagen.

Ich rempelte die Frau an, die vor mir saß, und deutete auf den Toten. »Um Himmels willen, der ist tot«, murmelte sie und schlug ein Kreuzzeichen vor der Brust. Rasch bemerkten alle Übrigen im Wagen, was passiert war, und blickten ängstlich auf die Leiche. Der Tod fuhr mit uns. Natürlich wollte niemand neben dem Leichnam sitzen. Schließlich schafften ihn einige Frauen in eine Ecke, denn wir waren im Wagen eingeschlossen und mussten warten, bis der Zug hielt und jemand die Tür entriegelte.

Langsam rollten wir auf den Schienen dahin, bis wir in einem Wäldchen zum Stehen kamen. Aus dem Megafon schallte es, wir seien nun in Swinemünde und müssten warten, bis die Wagen auf die Fähre verladen werden könnten. Das würde dauern, wir sollten uns gedulden. Zahlreiche Züge waren hierher geleitet worden, um mit der Fähre über die Swine gesetzt zu werden. Alles hatte sich gestaut. Niemand konnte aussteigen, die Tür blieb verriegelt. Den Toten hatte man aus dem Wagen geholt und irgendwo in eine Mulde gelegt. An eine Beerdigung war im Februar 1945, als die Erde hart gefroren war, nicht zu denken. Ich blickte auf den Kinderwagen. Nicht einen Laut hatte das Neugeborene von sich gegeben, seit es im Zug war. Hier, in Swinemünde, versorgte uns das Rote Kreuz re-

gelmäßig mit Wasser. Hin und wieder wurde auch Milch herüberge-
reicht. Die Nachbarin verdünnte sie mit viel Wasser und reichte die
Flasche zum Wärmen weiter. Doch das Kind trank immer weniger.
»Das stirbt bald«, sagten manche. »Das kann nicht mehr.«

Für die Notdurft wurde ein Nachttopf herumgereicht. Die Frauen
schoben ihn unter ihre Röcke, die Männer pinkelten im Stehen
hinein und wir Kinder setzten uns ungeniert darauf. Große Verdau-
ung hatte kaum jemand zu verrichten, es gab ja nichts zu essen.
»Pfui Teufel! Verflixte Schweinerei«, schrie einmal jemand gegen
unseren Wagen. Da brachen alle in Gelächter aus. Erheitert, befreit
für einen kurzen Moment – und wir Kinder lachten mit, obwohl wir
gar nicht wussten, warum. Hinterher erfuhr ich, dass jemand aus unserem Wagen den Nachttopf über die Bordwand gekippt hatte. Aus-
gerechnet in diesem Moment war ein Mann darunter gestanden, der
die Ladung abbekommen hatte. Künftig wurde gewarnt, wenn einer
den Nachttopf nach außen leerte.

Unser Zug stand, tage-, nächtelang. Immer wieder rollte er zwei
oder drei Meter weiter, um dann erneut für Stunden zu stehen. Der
Kanonendonner rückte näher, wurde lauter, drohender. »Meine
Güte, das dauert. Wenn das so weitergeht, sind wir bald dran. Der
Russe liegt doch ganz dicht hinter uns«, sagte ein älterer Mann zu
seiner Nachbarin. Die blickte bekümmert auf ihre Hände, nickte
und seufzte. »Das wird schrecklich, wenn die uns noch einholen.
Nicht auszudenken!« Eine Frau, die hinter den beiden saß, stöhnte.
»Ich weiß nicht, ob ich noch im Westen ankomme. Ich kann nicht
mehr. Wenn doch alles vorbei wäre!«

Ich arbeitete mich zur Wagenwand durch, wo ich durch eine
Holzritze nach draußen sehen konnte. Ich blickte auf eine verschneite, eisverkrustete Sandstraße gleich neben dem Gleis. Da
stand ein Pferdewagen; zwei Pferde mit hängenden Köpfen, vorge-
spannt vor einen Heuwagen. Auf dem Fuhrwerk lagen Menschen.
Zwei Frauen, zwei Kinder und ein alter Mann. Sie waren tot, erfro-
ren. Halb sitzend waren sie zur Seite gekippt und lagen übereinander, zwischen Stroh und leeren Hanfsäcken. Zwei Frauen und ein

Mann kamen zu dem Gefährt. Sie zogen den Toten die Wintermäntel aus und hängten sie sich über. Dann wechselten sie ihre eigenen, zerrissenen Schuhe mit denen der Leichen aus. Sie durchsuchten die Säcke auf dem Wagen nach Brauchbarem. Der Mann ging zu den Pferden, spannte sie beide aus, nahm das eine am Zügel, eine der Frauen führte das andere. So schleppten sie sich mit den Tieren fort. Wie ein Film zog diese Szene an mir vorbei. Was ich sah, war weit weg, unwirklich. Ich war erstarrt, spürte nichts, keinen Abscheu, kein Entsetzen. Das kam erst viel später. Ich beobachtete, was da draußen, gleich neben unserem Wagen, vor sich ging und hörte nur ein schmerzhaftes Sirren, das mir in den Ohren brannte.

Nach mehreren Stunden, ich hatte mich auf den Boden gesetzt und an die Wagenwand gelehnt, ruckte unser Zug und rollte ein paar Meter weiter. Ich stand auf und spähte wieder durch die Holzritze. Eine alte, zahnlose Frau schleppte sich die Straße entlang, stieß unverständliche Schreie aus, verstummte abrupt, blieb stehen und fing an, sich auszuziehen. Sie schälte sich aus ihren zerlumpten Kleidern und warf sie vor sich hin, bis sie nackt auf der vereisten Straße stand. Eine magere, gebeugte Gestalt mit hängenden Brüsten und faltiger Haut. Entgeistert blickte sie um sich, ihre Augen stierten ins Leere. Dann ging sie ein paar Schritte, fiel hin und blieb reglos im gefrorenen Schnee liegen.

Ich drehte mich wieder von der Holzritze weg und lehnte mich gegen die Wand. Wie alle anderen im Wagen wartete ich, dass der Zug endlich weiterfuhr. Immer noch war ich wie taub, wie durch eine Glaswand von allem getrennt. Ich sah, was draußen geschah, aber es erreichte mich nicht. Es war ganz weit weg.

Noch ein drittes Mal, nachdem der Zug sich bewegt hatte, spähte ich hinaus. Da kniete ein alter Mann vor einem verendeten Pferd, stach ihm mit einem Messer in den Hals und fing mit einer Kanne das stockige Blut auf, das zäh aus dem Schnitt quoll. Als der Blutfluss versiegte, trank er aus der Kanne und reichte sie weiter an zwei Frauen, die am Straßenrand hockten. Der alte Mann nahm erneut sein Messer, rammte es dem toten Pferd in die Flanke und säbelte ein tellergroßes Stück Fleisch heraus, zerschnitt es in kleinere Teile und gab den Frauen davon. Dann biss er in das blutige Fleisch und kaute daran. Mein Magen zog sich zusammen, ich würgte, als ich das sah. Ich musste mich hinsetzen, mir war schlecht. Ich wollte fort von hier, nur fort.

Ich kann nicht sagen, wie lange wir standen, wenige Meter weiterrollten und wieder standen. Es müssen zwei, vielleicht sogar drei Tage gewesen sein. Immer wieder beobachtete ich die grausigen Szenen, die sich neben unserem Zug abspielten. Es waren fast nur alte Menschen, die da draußen herumirrten, vollkommen entkräftet, apathisch, verrückt geworden. Der Kanonendonner war drohend nahe, nachts glühte der Himmel rot von den Feuersbrünsten, die in der Ferne loderten. Auch in unserem Wagen hatten manche schon die Hoffnung aufgegeben. »Das schaffen wir nicht mehr«, murmelte ein alter Mann zu seiner Frau. »Nein, das schaffen wir nicht mehr. Und wir können auch nicht mehr davonlaufen. Sie werden uns erschießen oder erschlagen. O mein Gott, warum müssen wir so enden?«

Erneut ruckte der Zug, die Wagenkupplungen stießen krachend aneinander und der Zug rollte langsam an. Doch diesmal hielt er nicht nach wenigen Minuten, er fuhr langsam weiter. In unserem Wagen wurde es lebendig. »Ich glaube, jetzt werden wir verladen«, raunten sich die Erwachsenen zu. Plötzlich hörten wir laute Rangiergeräusche, Eisen schlug gegeneinander, Räder quietschten. Unser Zug wurde geteilt. Er hielt mit einem heftigen Ruck an, stand, bewegte sich kurz, stand wieder. So ging das eine ganze Weile, bis wir endlich auf der Fähre standen. Unser Wagen schwankte leicht auf und ab, während die Rangiergeräusche noch lange andauerten. Es müssen noch etliche Züge verladen worden sein, denn wir warteten mehrere Stunden, bis die Fähre endlich ablegte.

Über uns kreisten Möwen. Der Himmel war trüb, es wurde langsam dunkel, eine eisige Brise fegte über unseren Wagen. Die Überfahrt war kurz. Nach wenigen Minuten hatten wir über die Swine gesetzt. Wieder zog es sich lange hin, bis unser Zug von der Fähre rollte und bis die Wagen aneinander gekuppelt waren. Dann standen wir im Stau. Sämtliche Züge, die entladen worden waren, mussten durch den Bahnhof in Swinemünde geschleust und weiter auf die Schienen Richtung Westen geleitet werden. Erst in den Morgenstunden fuhr unser Zug weiter. »Dem Himmel sei Dank«, sagte die Frau hinter mir, »über diese Hürde sind wir gekommen.« Alle atmeten auf, erleichtert. Mutter und unsere Nachbarin blickten sich lange an. Die Nachbarin nickte viele Male sinnierend mit dem Kopf und schloss die Augen. Sie sah ausgezehrt aus, abgekämpft und traurig, Tränen liefen ihr über die Wangen. Ich schluckte, am liebsten hätte ich mitgeweint. Eine große Müdigkeit überfiel mich. Ich wollte weg von hier, nach Hause, schlafen. Langsam setzte ich mich auf den Boden, schlang meine Arme um die Knie, vergrub mein Gesicht in der Mulde. War das alles nicht nur ein böser Traum?

Wir fuhren weiter über die Insel Usedom nach Greifswald, als der Zug anhielt und eine Männerstimme über Megafon ankündigte, dass wir einen längeren Aufenthalt hätten. »Das Rote Kreuz gibt Suppe und heiße Milch aus«, hieß es. Pro Wagen könne jeweils eine Kanne am Bahnwärterhaus abgeholt werden. Es war ein trüber, kalter Februartag, die Wolken hingen fast bis zur Erde. »Das ist gut«, sagte ein älterer Mann, »in diesem Schummerlicht können uns die Flugzeuge nicht orten.« Mutter beschloss, dass Doris, die älteste Tochter von Frau Kagel, und ich losziehen und versuchen sollten, Milch und Suppe zu bekommen. Sie drückte jeder von uns eine große Milchkanne in die Hand, und als die Tür aufgemacht wurde, kletterten wir aus dem Wagen. Der Suppenstand war gegenüber. Dazwischen waren viele Bahngleise, auf denen mehrere Güterzüge mit Flüchtlingen hielten. »Wir müssen die Gleise zählen, damit wir unseren Zug wieder finden«, sagte ich zu Doris. Dann stapften wir quer über die Schienenstränge auf den Stand des Roten Kreuzes zu. Eine Wolke von Suppenduft wehte uns an. Ich spürte meinen Hunger und ging schneller. 15 Gleise mussten wir überqueren, dann reihten wir uns in die Schlange ein. An die 30 Menschen standen mit ihren Eimern und Kannen vor uns und warteten. Ich bangte.

»Hoffentlich reicht es noch für uns!« Es reichte. Doris' Kanne wurde mit Milch, meine mit Graupensuppe gefüllt. Zwei große Kannen voll mit heißer Milch und Suppe! Wir waren stolz, so viel erbeutet zu haben. »Da werden die anderen sich aber freuen!«

Zwischendrin waren Züge abgefahren, das hatte ich gehört. Aber wir waren beide so konzentriert bei unserer Sache gewesen, dass wir nicht darüber nachgedacht hatten. Eifrig stiefelten wir zurück über die Gleise, beflügelt von unserem Erfolg. Ich blickte auf den Boden, zählte die Schienenstränge: 13, 14, 15. 15, aber kein Zug! Ich sah mich um. Nirgendwo ein Zug! Alles leer! Namenloses Entsetzen packte mich. Ich bäumte mich auf und hörte mich gellend schreien. Der Zug war weg! Alle Züge waren weg! Ich schrie und schrie aus Leibeskräften und hörte Doris' durchdringende Schreie und fing an zu weinen und zu schluchzen. Ich drehte mich um zum Bahnwärterhaus. Auch dort war kein Mensch zu sehen. Erneut überfiel mich Panik. Allein, wir waren ganz allein. Sie waren einfach weggefahren und hatten uns allein zurückgelassen!

Da sah ich zwei Männer in Uniform auf uns zulaufen. »Das ist das Ende!« Wenn das die Russen sind! Wieder schrie ich los, panisch, fast betäubt. Die Männer redeten auf uns ein, doch ich verstand nichts. Ich war wie verrückt vor Angst. Einer packte mich an den Schultern und schüttelte mich. »Hey, wir tun euch doch nichts, keine Angst, wir tun euch nichts!« Das war meine Sprache! Ich hielt den Atem an, verstummte. Im nächsten Moment brach ich in Schluchzen aus, ein Weinkrampf schüttelte mich und ließ mich nicht wieder los. »Was ist denn los, Mädchen, was ist mit euch?«, fragte er. »Meine Sprache«, dröhnte es in meinem Kopf, »er spricht meine Sprache.« Vergeblich versuchte ich mit dem Handrücken die Tränen wegzuwischen und zu sprechen, doch es stürzten nur Stöße und stammelnde Laute aus meinem Mund. Ich blickte auf den Mann, dann auf seinen Begleiter. Sie hatten beide Uniformen an und Mützen auf dem Kopf. Gespannt sahen sie auf mich und Doris. »Was ist denn passiert? Jetzt redet doch!« Ich brachte immer noch kein Wort über die Lippen, hörte aber, wie Doris anfing zu erzählen.

Sie berichtete vom Zug und unserem Auftrag, Milch und Suppe vom Stand zu holen, von den vielen Gleisen und dass alle Züge weg waren, als wir zurückkamen. »Kommt mit, wir suchen euren Zug und fahren euch hin«, sagte der eine Soldat. »O Gott, wenn die mich verschleppen!«, fuhr es mir durch den Kopf. Er sah mein Zaudern. »So viel Zeit haben wir nicht!«, sagte er brüsk. Dann packte er mich, der andere Doris unter den Arm und die beiden trugen uns hastig über die Gleise zum Bahnwärterhaus, wo ihr Jeep stand. Dort setzten sie uns auf die Hinterbank. Sie stiegen vorne ein. Der Fahrer nahm ein Funkgerät vom Armaturenbrett, kurbelte daran, sprach hinein, kurbelte wieder und hielt es ans Ohr. So ging das eine Weile. Angespannt hörte ich den Soldaten reden, dazwischen die pfeifenden Geräusche. »Wir wissen, wo euer Zug ist«, sagte er schließlich. Er startete den Motor und fuhr los. Querfeldein ging es über plattes Land mehrere Kilometer weit, bis wir ein größeres Waldstück erreichten. Da stand unser Zug, zwischen Birken und Kiefern. Ich spürte, wie die Anspannung von mir abfiel. Der Fahrer hielt an und ließ uns aussteigen. »Jetzt sucht eure Mütter«, rief er uns hinterher, während Doris und ich auf den Zug zuliefen.

Etwa 20 Wagen waren da, die meisten mit offenen Türen. Doris' Mutter stand am Einstieg von einem der ersten Wagen. »Doris, Doris, hier bin ich!«, rief sie und ihre Stimme überschlug sich. Wir rannten hin und dann fielen sich die beiden in die Arme. Sie weinten vor Freude und hielten sich fest umschlungen und wiegten sich. »Dass du nur wieder da bist, meine Große. Ach! Was habe ich für Ängste um dich ausgestanden!«, seufzte Frau Kager und küsste die Augen und die Wangen ihrer Tochter und strich ihr übers Haar. Ich stand daneben und blickte auf meine Mutter, die mich nicht in die Arme nahm und nicht glücklich war, dass ich heil zurückgekommen war. Sie sagte keinen Ton zu mir, sah mich streng, fast vorwurfsvoll an und drehte sich weg. Die Kannen mit Milch und Suppe hatten wir hinten bei den Gleisen vergessen, natürlich.

Ich fühlte mich unendlich verloren und kauerte mich zu meinen Geschwistern und den Nachbarskindern, die sich um das Lager ihrer Mutter gesammelt hatten. »Um mich weint niemand, niemand hat Angst um mich, niemand liebt mich. Warum nur, warum?« Ich beneidete Doris. Warum wurde ich nicht so geliebt? Tieftraurig und verletzt verkroch ich mich und weinte still in mich hinein.

Ein Fliegerangriff riss mich aus meiner Trauer. Wie aus dem Nichts stürzten dicht hintereinander vier oder fünf Flugzeuge auf uns zu. Tak tak tak tak tak machte es. Im selben Moment stiegen die Maschinen wieder hoch. Die Düsengeräusche entfernten sich und rückten erneut näher. Wieder fielen die Flieger auf uns herab. Ich sah die Männer in ihren Kanzeln sitzen. Sah, wie sie mit ihren Maschinengewehren auf uns zielten und ihre Gewehrsalven losließen. Sie schossen in die offenen Waggons, flogen hoch und griffen uns noch einmal an. Alle hatten sich geduckt und die Köpfe eingezogen. Es war totenstill. So still, dass man kaum den Atem hörte. Erst nach einer Weile, als wir glaubten, dass die Tiefflieger nicht wieder kommen würden, wagten wir, uns zu rühren. Ich war wie gelähmt, meine Arme und Beine schmerzten, in meinem Kopf hämmerte es. Als ich mich umblickte, sah ich weit aufgerissene Augen, entsetzte Gesichter. Ganz allmählich wurde es in unserem Wagen wieder lebendig. Bei uns war niemand getroffen worden. Aus den anderen Waggons hörte ich Stöhnen, Röcheln, Schreie und Weinen. Viele waren verwundet und getötet worden. Ein unbeschreibliches Entsetzen!

Später erfuhr ich, dass der Fliegerangriff angekündigt worden war, während Doris und ich Proviant holen gingen. Die Zugführer hatten die Züge in Deckung bringen müssen und waren rasch weitergefahren bis zum nächsten Wald. Alle, die mit uns in der Schlange an der Suppenausgabe angestanden hatten, hatten den Alarm offensichtlich mitbekommen, auch die Helferinnen vom Roten Kreuz. Nur ich und Doris nicht, so konzentriert waren wir auf unsere Aufgabe gewesen.

Seit diesem Erlebnis meide ich Menschenschlangen, wo ich kann. Ein Büffet mag noch so verlockend, eine Ausstellung noch so spannend sein. Kaum etwas kann mich dazu bringen, anzustehen und mich dieser Angst auszusetzen, die ich als Zehnjährige durchlebt habe. Auch das Trauma des Tieffliegerangriffs habe ich bis heute nicht verarbeitet. Mein Sohn wohnt in der Nähe eines Militärflughafens. Wenn ich ihn besuche, muss ich mich vorher jedes Mal auf die Düsengeräusche einstellen, mich wappnen und bekomme dennoch immer eine Gänsehaut.

Nach dem Fliegerangriff blieb der Zug bis zum Einbruch der Dunkelheit im Wald stehen und rollte dann langsam weiter. Viele im Wagen murrten: »Wenn wir jetzt nicht bald in Fahrt kommen, holt der Russe uns doch noch ein.« Die meisten waren ungeduldig und wollten endlich raus aus dieser Enge. Doch es dauerte, bis es endlich zügig und ohne längeren Halt weiterging. Wir fuhren über Stralsund, Damgarten, Rostock und Wismar und kamen nach einer halben Tagesreise in Lübeck an. Hier durften wir endlich aussteigen.

SEID FROH, DASS IHR LEBT!

Feine Schneeflocken tänzelten durch die Luft, als wir aus dem Wagen kletterten. Hin und wieder lugte die Sonne zwischen den Wolken hervor, ein feuchtkalter Wind blies durch den Bahnhof. Ich schlotterte vor Kälte und Erschöpfung. Verloren stand ich am Bahnsteig und beobachtete die Aussteigenden. Zehn Tage war ich mit ihnen im Wagen eingepfercht gewesen. Zehn schreckliche Tage, ständig in Todesangst, umringt von Elend und Grauen. Eine Ewigkeit. Der Bahnsteig füllte sich mit eingemummten Menschen, die ihre schmerzenden Glieder streckten und leise stöhnten. Ihre Gesichter waren gezeichnet von Angst, Leid und Trauer. Sie hatten alles verloren, waren heimatlos, Flüchtlinge. Und ich war eine von ihnen.

Vor dem Bahnhof in Lübeck standen mehrere Lastwägen, die uns zum Flüchtlingslager bringen sollten. Unsere Nachbarin sammelte ihre Kinder um sich, Mutter hakte die alte Ostpreußin unter und schob den Kinderwagen zum Ausgang. Ich nahm Hildegard und Klaus bei der Hand und ging hinter ihr her. In mehreren Fuhren wurden wir Ankömmlinge zu einem großen Lager am Stadtrand von Lübeck transportiert. Auf einer weiten, platten Fläche standen mindestens 20 Holzbaracken und Wellblechhütten, alle riesengroß wie Hallen. Männer vom Roten Kreuz halfen uns beim Abstieg von der Ladefläche. Vor der Baracke, in der wir uns alle registrieren lassen mussten, standen vier Krankenschwestern und wiesen uns an, was wir zu tun hätten. »Um den Säugling müssen wir uns zuerst kümmern«, sagte eine der Schwestern und nahm Mutter den Kinderwagen ab. Frau Kagel folgte der Schwester. »Ein Mädchen«, teilte sie ihr mit. »Es ist zehn Tage alt. In der Nacht, bevor wir flohen, wurde es geboren. Nur Wasser und ein bisschen Milch hat es gekriegt. Ein

Wunder, dass es noch lebt.« »Das ist ja kaum zu glauben. Ja, das ist wirklich ein Wunder.« Die Pflegerin schüttelte den Kopf und schob den Kinderwagen in die Ambulanz, wo Säugling und Mutter untersucht und versorgt wurden.

Wir gingen mit Mutter in die Baracke, in der wir registriert werden sollten. Der Raum war brechend voll mit Menschen, die in Schlangen vor einem langen Tisch standen. Auf der anderen Seite des Tisches saßen Frauen mit Formularen, in die sie die Daten der Flüchtlinge eintrugen. Mutter stellte sich an, die alte Ostpreußin hing noch immer an ihrem Arm. Wir Kinder wichen unserer Mutter nicht von den Fersen. »Wie heißen Sie? Woher kommen Sie? Ist ihr Mann im Krieg? Wo ist er stationiert? Ist Ihre gesamte Familie aus Pommern geflohen? Sind während der Flucht Angehörige verstorben?« Akribisch ermittelte die Helferin des Roten Kreuzes Informationen und Daten über unsere Familie und über die alte Ostpreußin, die mit uns geflohen war. »Sie müssen mit ihren Kindern jetzt ein, zwei Wochen im Lager leben, bis wir für Sie im Umland eine Unterkunft gefunden haben«, teilte die Frau hinter dem Tisch uns mit. »Ich brauche unbedingt ein Quartier in der Stadt«, forderte Mutter. »Ich habe ein offenes Bein und muss regelmäßig zum Arzt.« Und sie bat darum, dass wir, die alte Ostpreußin und Frau Kagel mit ihren Kindern, am selben Ort untergebracht würden, damit wir zusammenbleiben könnten. »Wir werden sehen, was wir für Sie tun können«, antwortete die Frau, die unsere Daten aufnahm, und verabschiedete sich.

Anschließend führte uns eine Schwester zu der Baracke, in der wir untergebracht wurden. Wir stapften über festgefrorenen, eisverkrusteten Lehmboden zu einer großen Holzhütte und gingen hinein. 80 bis 90 Schlafplätze mit grauen Wolldecken waren nebeneinander gereiht, der größte Teil Metallbetten, der Rest Lager auf dem Boden. Wir wurden im vorderen Drittel der Halle untergebracht. Fast alle Plätze waren belegt. Frauen, Kinder, auch ein paar Männer lagen oder saßen auf den Betten. Es war unruhig und laut in der Baracke, ein Stimmengewirr. Erwachsene unterhielten sich, debattierten miteinander, Kinder weinten, Mütter trösteten sie, herrschten sie an oder überließen sie sich selber. Ständig wanderten Menschen zwischen den Bettreihen hindurch. Auf und unter den Betten lagen Rucksäcke, Stoffbündel, Krückstöcke. Benommen sah ich auf das Durcheinander.

»Jetzt wird erst einmal gebadet«, sagte die Krankenschwester zu uns Kindern. Sie war eine große, stämmige Frau mit roten Backen und krausen, dunkelblonden Haaren unter dem weißen Häubchen. Die Ärmel ihrer weißen Bluse spannten sich um ihre fleischigen Arme. Ermunternd lächelte sie Hildegard, Klaus und mich an und nahm uns mit in einen Waschraum, eine kleine Baracke mit betoniertem Fußboden. In der Mitte des Betonbodens befanden sich trichterförmige Löcher, in denen das Wasser ablaufen konnte. Auf der einen Längsseite waren nebeneinander mehrere Brauseköpfe angebracht, die durch weiß gestrichene Metallwände getrennt waren. Gegenüber hingen Waschbecken an der Wand. Ich war als Erste dran, zog mich aus und wurde unter die Dusche gestellt. Ein warmer Wasserstrahl prasselte auf meinen Kopf, lief meinen Körper hinunter und spritzte auf den Boden. Meine Hände und Füße, die vor Kälte bleich und bläulich waren, färbten sich krebsrot. Meine Haut fing an zu prickeln. Die Schwester wusch mich von Kopf bis Fuß, rubbelte mich dann mit einem frischen Handtuch trocken und kämmte mir meine verfilzten Haare. Zum Schluss gab sie mir saubere Unterwäsche, Wollstrümpfe und ein blaues Flanellkleid. Ich zog mich an. Alles war frisch gewaschen und angenehm sauber. Ich fühlte mich wohlig warm und aufgeräumt. »Das tut gut, nicht wahr?«, sagte die Schwester zu mir und wandte sich dann Klaus zu.

Nachdem wir geduscht waren, wurden wir untersucht. Der Arzt stellte fest, dass Hildegard Erfrierungen an den Beinen hatte. Er salbte ihr die Waden und Füße ein und bandagierte sie. Klaus und ich hatten keine körperlichen Schäden davongetragen. Wir waren zwar geschwächt, sonst aber gesund. Der Arzt verordnete uns dreien für die ersten Tage Aufbaukost. Das waren statt Suppe ein paar Kekse und Kräutertee oder dünne Brühe.

Nach der Untersuchung brachte uns die Schwester in die Baracke zu unserer Mutter, die gewaschen und frisch gekleidet auf dem Bett saß. Sie sah aufgeräumt aus. Aber ihr Bein machte ihr Sorgen. Es war entzündet und vereitert. Sie stöhnte und verzog das Gesicht vor Schmerzen. Der Arzt hatte die vereiterten Partien mit Zinksalbe eingeschmiert. Das stank und sah schlimm aus.

Die alte Ostpreußin hatte die Flucht erstaunlicherweise gut überstanden. Ihren Namen wusste sie zwar immer noch nicht, auch nicht, woher sie kam. Aber sie lebte und langsam besserte sich ihre Gemütsverfassung. Die Krankenschwestern versorgten sie medizinisch, redeten viel mit ihr und holten sie allmählich aus ihrem Schock. Nun begann sie, auf Zuspruch und Fragen zu reagieren, aber sie war still und wirkte abwesend. Meistens lag sie schweigend auf ihrem Bett und blickte traurig in die Ferne.

Insgesamt war das Lagerleben gut organisiert. Wir bekamen regelmäßig zu essen, hatten unseren Schlafplatz und mussten nicht frieren. Auch hygienisch war das Lager ausreichend ausgestattet. Viele der Flüchtlingsfrauen engagierten sich in der zusammengewürfelten Notgemeinschaft. Sie übernahmen Schreibarbeiten in der Aufnahme und Verwaltung. Andere halfen in der provisorisch eingerichteten Küche beim Gemüseputzen und Kochen und bei der Essensverteilung. Morgens bekamen wir Kinder Milch und Brot, mittags gab es für alle dicke Gemüse- oder Graupensuppe und abends die so genannte Wassersuppe, dünne Brühe, in der manchmal ein paar Kräuter oder Gemüsestückchen schwammen. Wir aßen aus Blechnäpfen, Gläsern, Schalen, manchmal auch aus leeren Dosen. Richtiges Geschirr gab es kaum.

Anfangs hatte ich Mühe, sogar die magere Aufbaudiät zu essen. Nach so vielen Tagen des Hungerns hatte sich mein Magen darauf eingestellt, nichts mehr aufzunehmen. Ich hatte keinen Appetit. Außerdem strengte mich die Atmosphäre in der Essensbaracke an. An ellenlangen Tischen saßen Hunderte von Menschen, die schepperten und lärmten, sich zankten und manchmal sogar handgreiflich wurden, wenn sie glaubten, sie seien bei der Essensausgabe zu kurz gekommen. Oft war die Stimmung unruhig und aggressiv und ich war froh, wenn wir mit dem Essen fertig waren und wieder gehen konnten.

Doch in der Baracke, in der unsere Betten standen, war es nicht besser. Auch hier gab es viel Streit. Diejenigen, die Arbeiten übernahmen und sich darum kümmerten, dass der Alltag im Lager funktionierte, ärgerten sich über andere, die nie anpackten. Manche gerieten sich über Bagatellen in die Haare. Einmal rempelte eine Frau im Vorbeigehen versehentlich das Bett einer anderen an. Die tobte sofort los. Schlagartig fingen die Frauen erbittert zu streiten an und hörten erst auf, als eine Dritte schlichtend eingriff. »Sie hat dich doch nicht mit Absicht gestoßen, es war sicher nur ein Versehen. Jetzt macht die Sache nicht größer, als sie ist, und beruhigt euch. Wir sind alle angespannt und gereizt, aber wir können doch nicht einfach übereinander herfallen. Also vertragt euch wieder oder geht euch aus dem Weg. Aber hört auf zu streiten!« Murrend gingen die beiden auseinander.

Kaum war das Geschrei hier zu Ende, fing es in einer anderen Ecke an. »Wo soll das alles nur hinführen«, zeterte ein alter Mann. »Ein Wahnsinn, den dieser Verrückte entfacht hat. Zwei meiner Söhne sind draufgegangen im Krieg. Und jetzt mussten wir Hals über Kopf davonrennen. Alles verloren, alles verloren. Und ihr«, schrie er die Leute an, die ihm schräg gegenüber saßen, »ihr seid Schuld daran. Ihr habt mitgemacht, Kriegstreiber, ihr!« Immer lauter schrie der Alte, immer mehr geriet er in Rage. »Endsieg, pah! Ist doch alles Lüge. Haben sie noch für das letzte Aufgebot die Greise und die Kinder zusammengetrieben, die sollen auch noch verheizt werden. Als ob da noch etwas aufzuhalten wäre. Ich habe ja immer gesagt: Gnade uns Gott, wo das hinführt. Gnade uns Gott.« »Das Blatt kann sich noch wenden.« Einer der Beschimpften verteidigte sich. »Wer weiß, vielleicht können wir schon in ein paar Wochen zurück. Ich habe die Hoffnung noch nicht aufgegeben.« Da fiel eine ältere Frau über ihn her. »Blind bist du, blind. Wer soll denn die Russen noch zum Stehen bringen? Sag mir das, wer soll das tun? Die

Unsrigen sind doch erledigt, ist doch alles ruiniert.« »Wir konnten auch nicht absehen, wohin das führt«, entgegnete eine der Frauen, die als Nazi-Anhängerin beschimpft wurde. »Habt doch selber daran geglaubt, gebt es doch zu!« »Aber ihr, ihr seid Fanatiker, blindwütige Fanatiker!«, mischte sich der alte Mann wieder ein. Immer erbitterter wurde der Streit, immer feindseliger attackierten die Parteifernen die »Überzeugten«, denen das ganze Desaster zu verdanken sei. »Jetzt hört doch auf mit eurem Gezeter«, fuhr ein alter Mann brüllend dazwischen. »Hier im Lager können wir ohnehin nichts ausrichten! Seid doch froh, dass ihr noch lebt, und gebt jetzt Ruhe. Das ist ja nicht auszuhalten.« Der Streit verstummte, aber der Graben zwischen den beiden Blöcken blieb und die Beteiligten warfen sich hasserfüllte Blicke zu.

»Man hat mich bestohlen! O nein, man hat mich bestohlen!« Eine ältere Frau einige Reihen hinter uns wühlte fieberhaft in ihrem Stoffbeutel unter dem Bett. »Meine schöne Bernsteinkette, die hat mein Mann mir zur Verlobung geschenkt. O nein, wer hat mir das angetan?« Sie weinte, wütend und fassungslos, bis ihre Bettnachbarin ihr anbot, nochmals im Beutel zu suchen. Doch auch sie fand das kostbare Erinnerungsstück der Frau nicht. »Wer immer die Kette genommen hat, bitte legt sie mir wieder zurück!«, flehte die Bestohlene alle in unserer Baracke an und kauerte sich auf ihr Bett. Sie jammerte noch lange vor sich hin, bis sie sich beruhigte. Ihren Schmuck bekam sie nicht wieder.

So war die Stimmung im Lager, misstrauisch, angespannt, aggressiv. Es war eng. Wir waren in Baracken zusammengepfercht, Hunderte von Menschen auf einem eingezäunten Areal. Wir hatten keine Möglichkeit, uns zurückzuziehen, und waren uns ständig gegenseitig ausgesetzt, Tag und Nacht. Kein Wunder, dass die Nerven blank lagen. Es herrschte eine ständige Unruhe, ein Kommen und Gehen. Die Bettnachbarn, mit denen wir an einem Tag Bekanntschaft geschlossen hatten, waren am nächsten Tag wieder weg. Ständig musste man seine Habseligkeiten hüten. Die meisten hatten ohnehin nur noch einen Beutel mit persönlichen Dingen. Auch wir. Bis

auf Mutters Tasche mit den Dokumenten, Fotoalben und den Wollknäueln, in denen ihr Schmuck versteckt war, besaßen wir nur das,
was wir auf dem Leib trugen.

Natürlich gab es auch Solidarität untereinander. Viele packten
zu, wenn praktische Hilfe nötig war, manche griffen beherzt ein, sobald Konflikte aufbrachen. Einige kümmerten sich auch um Verzweifelte, selbst wenn es Fremde waren. Doch das war eher selten.
Wir waren alle Opfer, mit dem Leben davongekommen, aber herausgerissen aus unserem Zuhause, unserer Heimat, oft auch aus der
Familie. Die meisten kämpften mit dem eigenen Leid, trauerten um
das Verlorene, bangten um Männer, Väter und Söhne, die im Krieg
waren, und um Angehörige, die auf der Flucht zurückgeblieben waren. Wir standen alle mit leeren Händen da und wussten nicht, was
auf uns zukommen würde.

Ich fühlte mich verloren und bedroht in dieser rastlosen, verstör-
ten Menschenmasse. Mich ängstigten die dauernden Querelen und
Zerwürfnisse, mich ängstigte das Elend, das mich von allen Seiten
ansprang. Da war niemand, zu dem ich Vertrauen fassen, niemand,
der mir Halt geben konnte. Alle waren mit sich selbst beschäftigt,
auch unsere Mutter. Sie kümmerte sich kaum um uns. Wir drei Geschwister liefen ständig hinter ihr her. Wie die Kletten hingen wir
an ihr, immer in Angst, wir könnten sie aus den Augen verlieren, sie
könnte plötzlich weg sein. Auch andere Kinder folgten ihren Müttern auf Schritt und Tritt. Eines Tages lud uns die freundliche Krankenschwester zum Spielen ein. »Kommt mit!«, lockte sie uns, die
Nachbarskinder und noch einige weitere Kinder aus unserer Baracke. »Wir spielen Fangen und Verstecken. Dann könnt ihr euch
austoben und eure Mütter haben mal ein bisschen Pause.« Doch
keines von uns Kindern wollte von der Mutter weg. Wir waren völlig verängstigt.

Am schlimmsten waren für mich die Nächte. Es war laut in der
Baracke. Ich lag meist lange wach und schlief unruhig. Oft schreckte ich aus dem Schlaf hoch, weil jemand im Traum laut und durch-
dringend schrie oder weil plötzlich einer aufsprang, lärmte und wild

um sich schlug. Dann saß ich jedes Mal mit pochendem Herzen im Bett, würgte und rang nach Luft. Was war los mit diesen Menschen? Warum schrien sie so? Eine Rot-Kreuz-Schwester, die herumging und die Schreienden beruhigte, setzte sich einmal zu mir ans Bett und tröstete mich. »Kümmere dich nicht darum. Schlaf weiter. Es ist schon wieder gut.«

Ich wollte weg vom Lager, weg von diesem Durcheinander. Hier war alles trostlos. Ich hatte Angst, wollte nach Hause. Aber dahin konnte ich nicht. Diese Vorstellung lähmte mich und wie immer, wenn ich völlig verunsichert und überfordert war, hüllte sich diese Glaswand um mich wie ein durchsichtiger Panzer. Dann hörte ich alles, sah alles, was um mich herum geschah. Aber ich spürte nichts mehr. Alles war weit von mir weg und konnte mir nichts mehr anhaben.

Nach und nach leerte sich das Flüchtlingslager, die Menschen wurden in der näheren und weiteren Umgebung von Lübeck einquartiert. Es kamen zwar immer noch Flüchtlinge im Lager an, aber nicht mehr in Massen. Wir warteten täglich, dass für uns ein Quartier gefunden wurde. Etwa drei Wochen nach unserer Ankunft war es dann so weit. Wir erhielten den Bescheid, dass für uns westlich von Lübeck auf dem Land eine Unterkunft bereitgestellt worden sei. Nahebei habe man Nachbarin Kagel mit ihren sieben Kindern und die alte Frau aus Ostpreußen untergebracht, so, wie Mutter es gewünscht hatte. Auf ihre Bitte, in einem größeren Ort einquartiert zu werden, damit sie ärztlich versorgt sei, hatte man jedoch keine Rücksicht genommen.

Am nächsten Morgen kam der Lastwagen, der uns zusammen mit anderen Flüchtlingen zu den Unterkünften bringen sollte. Wir bekamen noch eine bescheidene Ausstattung mit auf den Weg: einen Koffer und für alle von uns eine Garnitur Wäsche, Kleidung und Mäntel. Dann mussten wir mit unserem Gepäck auf die Ladefläche klettern. Ich saß in der Mitte, Mutter stieg nach mir ein und setzte sich an die Seite. Erst zum Schluss, als die Ladefläche schon voll besetzt war, wurden Hildegard und Klaus hochgehoben und fanden noch am hinteren Ende des Lasters Platz. Dann ging die Fahrt los. Es war kalt, ringsum lag noch Schnee und wir froren, denn die Ladefläche war ohne Verdeck. Beim ersten Ruck, den das Fahrzeug machte, schrien meine Geschwister erschrocken auf. Der Fahrer hatte vergessen, die hintere Bordwand zu schließen und Klaus und Hildegard saßen unmittelbar an dieser Lade. Sie hielten sich, soweit das ging, mit den Handflächen am Wagenboden fest. Mit vor Angst geweiteten Augen sahen die beiden auf die offene Bordwand, dann zu Mutter, wieder auf die Bordwand. Sie hatten die Beine ausgestreckt, den Oberkörper verkrampft nach vorne geneigt und versuchten so, sich gegen die Fahrtbewegung zu stemmen und abrupte Stöße des Fahrzeugs abzufangen. »Mutti, Mutti, hilf uns«, schrien sie immer wieder. Doch sie rührte sich nicht. Sie saß apathisch an der Seitenwand. Ich kauerte wie gelähmt auf der Ladefläche. »Warum tut sie nichts? Warum holt sie die beiden nicht zu sich?«, dachte ich, traute mich aber auch nicht, aufzustehen und die zwei von der offenen Lade wegzuziehen.

Auch ich hatte Angst, hinunterzufallen. Der Fahrer hörte die Schreie meiner Geschwister natürlich nicht, die Fahrgeräusche des Lastwagens waren viel zu laut. Endlich hielt das Fahrzeug an, die Horrorfahrt war zu Ende. Wir waren bei unserem Quartier angekommen, einem einsam gelegenen graubraunen Häuschen inmitten einer weiten, schneebedeckten Landschaft. Es war früher Nachmittag, die grauen Wolken hingen fast bis auf die Erde und wir waren völlig durchgefroren.

Kaum hatte der Lastwagen angehalten, öffnete sich schon die Haustür und ein altes Ehepaar trat auf die Türschwelle. Wir kletterten von der Ladefläche, blieben vor dem Fahrzeug stehen und warteten, bis der Fahrer Mutter den Koffer reichte. Hildegard und Klaus waren noch bleich vor Schreck und hielten sich stumm an den Händen. Die beiden Alten winkten uns zu und deuteten entschuldigend auf ihre braunen Filzpantoffeln, mit denen sie nicht auf den vereisten Weg treten wollten. Der Fahrer nickte Mutter zu, stieg ein und fuhr weiter, um die Ostpreußin, die Nachbarin mit ihren Kindern und die übrigen Flüchtlinge, die auf dem Laster saßen, zu ihren Unterkünften zu bringen. Wir sahen ihnen noch hinterher, winkten und gingen dann auf das alte Paar zu, Mutter voran.

Unsere Quartiergeber waren an die 70 Jahre alt und sahen rüstig aus. Der Mann war hager, trug ein graues Hemd mit Stehkragen und eine schwarze Hose, die mit breiten Hosenträgern an seinen Schultern aufgehängt war und um seine Beine schlackerte. Sein dichtes Haar war grau bis auf die blonden buschigen Brauen, die seine blauen Augen umrahmten. Sein Gesicht war länglich mit vielen Falten und tiefen Kerben auf der Stirn. Er hatte einen grauen Schnurrbart, unter dem seine Lippen vollständig verschwanden. Die Frau war fast um einen Kopf kleiner als ihr Mann und wohlgenährt. Sie trug über dem dunkelblauen, fast knöchellangen Kleid eine graue Kittelschürze. Ihr weißes Haar hatte sie zu einem Knoten zusammengesteckt, ihre blauen Augen blickten uns freundlich und interessiert an. Ihr Gesicht glänzte rosig und war auf den Wangen von bläulichen Äderchen durchzogen. Das Auffälligste an ihr war ihr Kinn, das energisch aus ihrem kleinen, runden Gesicht hervorragte.

Freundlich begrüßten uns die beiden und baten uns, in ihre Wohnstube zu kommen, ein helles Zimmer, das mit breiten Fußbodendielen ausgelegt war. In der einen Ecke stand eine Eckbank, davor ein länglicher Tisch und zwei Stühle. In die Ecke gegenüber war ein blauer Kachelofen eingebaut, der fast bis zur Decke reichte und eine wohlige Wärme abstrahlte. Auf dem dunkelroten Lehnsofa neben dem Tisch lagen ganz viele Kissen, neben- und hintereinander geschichtet, und vor den beiden kleinen Fenstern hingen Vorhänge aus rohem Leinen. Die Stube war gepflegt und gemütlich. Es roch nach Holzfeuer und Eierspeise und ich fühlte mich auf Anhieb wohl. Die Frau bat uns, Platz zu nehmen. »Sie haben ja Schreckliches erlebt«, sagte sie zu Mutter, als wir alle um den Tisch herum saßen. »Ich hoffe, Sie können sich bei uns ein bisschen wohl fühlen und erholen.« Dann fragte sie uns Kinder nach unseren Namen und ob wir Hunger hätten. Als wir ihr nicht geantwortet, sondern uns nur unsicher angeblickt hatten, ging sie in die Küche. Kurz darauf servierte sie uns einen Teller voller Pfannkuchen und lud uns ein, davon zu nehmen.

»Woher kommen Sie denn?«, fragte der alte Mann unsere Mutter. »Aus Greifenberg in Pommern«, antwortete sie. Greifenberg kannte er nicht und wollte wissen, wo es liegt. »Zwischen Stettin und Kolberg«, erklärte Mutter. »Eine Kleinstadt, etwa 20 Kilometer von der Ostsee entfernt.« Und dann berichtete sie von der Flucht und dass wir zehn Tage mit dem Zug von Greifenberg nach Lübeck unterwegs gewesen seien. Die beiden Alten lauschten, während Mutter von den Kampfgeräuschen erzählte, die ständig näher rückten, von der Nachbarin, dem Säugling und der alten Ostpreußin. »Nein, wie schrecklich!«, seufzten sie mehrere Male, schüttelten den Kopf und blickten immer wieder mitfühlend auf uns Kinder. »Und nun bin ich hier bei Ihnen in der Einöde gelandet«, fuhr Mutter fort und ihr Ton wurde härter. »Dabei habe ich darum gebeten, in einen größeren Ort zu kommen. Ich habe ein offenes Bein und muss regelmäßig zum Arzt.« »Das lösen wir, das lösen wir, liebe Frau«, beruhigte der Mann unsere Mutter und redete wohlwollend auf sie ein. »Natürlich müssen Sie mit ihrem Bein zum Arzt. Aber das ist kein Problem. Wir sind hier nicht aus der Welt! Ich spanne das Pferd vor den Wagen und fahre Sie hin. Das mache ich gerne. Wirklich!« Unwillig verzog Mutter das Gesicht und schwieg.

Die beiden sahen sie noch eine Weile verständnisvoll an und wandten sich dann uns zu. »Und ihr seid schon satt?«, fragte uns die Frau. Wir nickten. »Ich und Hildegard, wir saßen auf dem Lastwagen ganz hinten und die Klappe war offen und wir hatten so eine Angst, dass wir hinunterfallen.« Klaus hatte offenbar Vertrauen zu den freundlichen Leuten gefasst und wollte sein gefährliches Erlebnis von der Fahrt auf dem Lastwagen loswerden. Die Frau streckte den Kopf zu ihm vor und kniff ihre Augen zusammen, als hätte sie sich verhört. »Was war mit dem Lastwagen?«, fragte sie ungläubig. Da legten beide los, Klaus und Hildegard. Sie redeten gleichzeitig, hastig, verbesserten sich gegenseitig und wurden immer lauter. Klaus saß schon nicht mehr, er kniete auf der Bank. »Langsam, langsam«, bremste die Frau die zwei und wartete, bis sie innehielten. »So und jetzt noch einmal der Reihe nach.« Detailliert erzählten nun meine Geschwister von der gefährlichen Fahrt. Die beiden Alten hörten meinen Geschwistern aufmerksam zu, kneteten ihre faltigen Hände, schüttelten den Kopf, nickten. »Ihr Armen, das ist ja schrecklich, was ihr da erleben musstet«, sagte die Frau, als der Redeschwall meiner Geschwister nachließ. »Was für ein Glück, dass ihr heil angekommen seid!«, sagte sie und kochte uns, um uns noch etwas Gutes zu tun, eine heiße Schokolade.

Ich hatte die ganze Zeit still auf der Bank gesessen und zugehört. Mittlerweile war es dunkel geworden, der Mann drehte an dem schwarzen Schalter neben der Tür das Licht an. Ein warmer Lichtkegel fiel auf den Tisch. Blinzelnd sah ich zur Lampe hoch, einem weiß emaillierten Blechteller, an dessen Unterseite eine Glühbirne festgeschraubt war. Mutter saß noch immer schweigend am anderen Ende der Bank. Klaus kniete auf seinem Platz und zupfte nervös an seinen Fingerkuppen. Hildegard rutschte auf der Bank herum, ihre Wangen glühten. Nach einer Weile kam die Frau aus der Küche zurück und trug auf einem Holztablett drei große weiße Porzellanbecher herein, aus denen rauchender Dampf hochstieg. Sie stellte jedem von uns Kindern eine Tasse hin. Der süßherbe Duft stieg mir in die Nase. Vorsichtig schlürfte ich das heiße Getränk.

Unbefangen plauderte das Ehepaar mit uns Kindern. Die Worte perlten ihr hell aus dem Mund, er nuschelte heiser dazwischen, verschränkte seine Arme und legte sie entspannt auf der Tischplatte ab. Hildegard erzählte, dass sie Erfrierungen an den Beinen habe. Das fühle sich pelzig an und täte weh. Die Frau machte ein besorgtes Gesicht und versprach Hildegard, sie in den nächsten Tagen zu pflegen. Sie hätte eine gute Salbe zu Hause. Die würde sicherlich helfen. Ein warmes Gefühl durchflutete mich. Die beiden waren so freundlich zu uns. Wie Gäste hatten sie uns aufgenommen. Wie Gäste, auf die sie sich schon lange gefreut hatten. Für uns Kinder interessierten sie sich ebenso wie für unsere Mutter. Sie fragten uns, hörten uns teilnahmsvoll und geduldig zu, auch wenn meine Geschwister endlos erzählten. Wie liebende Großeltern waren sie zu uns. Ich fühlte mich bei ihnen gut aufgehoben.

Unsere Großeltern in Greifenberg, Vaters Eltern, schickten uns meist aus dem Haus, wenn wir sonntags zu Besuch kamen. Besonders Großmutter interessierte sich wenig für uns Kinder. Kaum waren wir mit unseren Eltern zur Tür eingetreten und hatten sie begrüßt, drückte sie jedem von uns Kindern ein Stück Blechkuchen in die Hand. »So und jetzt raus mit euch«, bestimmte sie. Dabei fächelte sie mit der Hand, als wollte sie Fliegen verscheuchen. Mir war das recht. Das Gerede der Erwachsenen langweilte mich ohnehin. Außerdem war ich nicht gerne in Großmutters Nähe. Ich fürchtete sie beinahe, diese schroffe Frau, die keinen Widerspruch duldete, erst recht nicht von Kindern. Sie war eine füllige Person mit dunklem Haarknoten und strengem Gesicht. Die schwarzen Brauen über ihren kleinen braunen Augen zogen sich meist eng zusammen, so dass sich eine steile Stirnfalte tief in die Haut grub. Über ihren schmalen Lippen standen feine dunkle Stacheln und ihre bräunliche Haut war von Altersflecken übersät.

»Na, schmeckt der Kakao nicht mehr?«, fragte mich die alte Frau und holte mich aus meinen Gedanken. »Doch«, log ich und nippte an dem Getränk. Tatsächlich aber war ich satt. Ich mochte die Trinkschokolade nicht mehr, wollte aber unsere Gastgeberin nicht kränken. Sie meinte es so gut mit uns. Klaus reckte den Hals, sah in meine Tasse und fragte, ob er meinen Rest Kakao haben könne. Erleichtert schob ich ihm meinen Becher hin.

Unsere Großmutter in Greifenberg servierte uns Kindern auch hin und wieder Kakao. Den durften wir aber nicht an der großen Kaffeetafel trinken, an der die Erwachsenen saßen, sondern an einem kleinen Tisch an der Wand gegenüber der Kaffeetafel. Die Wohnstube im Haus meiner Großeltern war immer berstend voll, wenn wir dort auftauchten. Vaters sechs Schwestern, die alle noch unverheiratet und jünger waren als er, lebten bei den Eltern und waren meist zu Hause. Sie schwirrten geschäftig zwischen Küche und Wohnzimmer hin und her. Dabei unterhielten sie sich ununterbrochen, sprachen auch noch im Hinausgehen und während sie in der Küche hantierten, obwohl sie in dem Stimmengewirr niemand verstand und auch niemand zuhörte. Großvater saß meist still auf seinem Stuhl, beobachtete das Treiben und verschwand immer wieder nach draußen. Hier im Haus hatten die Frauen das Sagen und er mischte sich nicht ein. Wir Kinder saßen auf niedrigen Hockern an unserem kleinen Tisch, schlürften unseren Kakao und verzogen uns, sobald wir damit fertig waren. Meine Geschwister liefen in den Garten oder auf die Straße und spielten. Ich verdrückte mich jedes Mal in die Wäscherei meiner Großeltern, die sich im Seitenflügel des Hauses in drei hintereinander liegenden Hallen befand. Einem Waschraum, einem mit Gas beheizten Trockenraum, in dem die Wäsche aufgehängt wurde, und einem Raum, in dem die Heißmangel stand. Die Wäscherei war ein moderner, florierender Betrieb, in dem auch sonntags gearbeitet wurde. Hauptauftraggeber war die Wehrmacht. Im ersten der drei Räume hantierte Großvater meistens an den Waschmaschinen. Das waren längliche Metalltrommeln, die von Motoren angetrieben wurden und rhythmisch in große darunter stehende Zinkbottiche tauchten. Mit schmatzenden Schlägen kreisten die Trommeln durch das heiße Wasser und wieder hoch. Wasserdampf stieg auf, es roch nach Seife und nasser, schmutziger Wäsche. Wenn ich ihn im Waschhaus antraf, erklärte mir Großvater oft, wie die Maschinen funktionierten. Mich faszinierten diese modernen Geräte und ich hörte ihm jedes Mal wieder wissbegierig zu. Am Ende seiner Erläuterungen holte Großvater ein saures Fruchtbonbon aus seiner Westentasche und steckte es mir zu. Dann verschränkte er die Hände im Rücken und blickte stolz auf seine fortschrittlichen Maschinen. Er war ein großer, beleibter Mann mit dunkelblondem, graumeliertem Haar und trug fast immer einen schwarzen Filzhut. Sein Gesicht war breit und fleischig. Über seinen gemütvollen, blauen Augen wölbten sich dichte, dunkle Brauen. Er trug einen dunklen Schnurrbart, unter dem seine vollen, roten Lippen hervortraten.

Ich blickte auf den alten Mann, der mir gegenüber am Tisch saß, und versuchte vergeblich, unter dem grauen Gestrüpp in seinem Gesicht seine Lippen zu erspähen. Da kam seine Frau, die in der Küche herumhantiert hatte, zurück in die Stube. Es sei schon spät, meinte sie. Sie wolle uns jetzt unser Zimmer zeigen. Wir gingen mit ihr über den Flur in eine kleine Kammer mit gewienertem Holzfußboden und flachsfarbenen Vorhängen vor den Fenstern. Drei dunkle Holzbetten mit hohen Kopf- und Fußteilen standen darin, zwei an einer Wand, das dritte an der gegenüberliegenden. Die Betten waren weiß bezogen. Der grüne Kachelofen neben der Tür war angeheizt. Auch dieses Zimmer wirkte ordentlich und heimelig. Auf der Bank vor dem Kachelofen stand eine Schüssel mit warmem Wasser. »Nun könnt ihr euch waschen und bettfein machen. Ich komme gleich wieder«, sagte sie und ging mit Mutter hinaus, um ihr das Zimmer zu zeigen, das ihr die beiden hergerichtet hatten. »Ich schlafe hier!«, rief Hildegard und warf sich auf eines der Betten, dass die Bettfedern ächzten. »Und ich hier!«, machte Klaus es ihr nach und hüpfte auf das nächste. Mir war es egal. Ich freute mich und drehte mich ungläubig im Zimmer. Es war so schön hier, warm, kuschelig und die Leute waren so freundlich. Schnell wusch ich mir Hände und Gesicht, zog mich aus und legte mich in das dritte Bett. Selig versank ich in dem weißen, flauschigen Federbett. Große Schneeflocken flogen gegen die viereckigen Fensterscheiben, klebten kurz fest und glitten langsam nach unten. Die Deckenleuchte, eine Halbkugel aus gelblichem Glas mit rosa Punkten, verstrahlte ein warmes Schummerlicht. Die Tür öffnete sich und die Frau kam herein. Sie fragte uns, ob wir gut zugedeckt seien und eine Wärmflasche bräuchten. Wir brauchten keine. Dann setzte sie sich zu Hildegard ans Bett, sah sich die Erfrierungen an ihren Beinen an, zog eine Salbe aus ihrer Schürzentasche und massierte die betroffenen Stellen damit ein. »Das müssen wir in den nächsten Tagen gut behandeln, aber das wird wieder«, sagte sie zu meiner Schwester, deckte sie zu und drehte das Licht aus. Dann ging sie hinaus und zog die Tür hinter sich zu. »Jetzt ist die Welt wieder in Ordnung«, dachte ich. »Hier ist es gut.« Ich schloss die Augen und spürte, wie die grauenvollen

Bilder der vergangenen Wochen von mir wegrückten, wie Flucht und Auffanglager plötzlich irreal wurden, als sei das alles nur ein böser Traum gewesen.

Als ich am nächsten Morgen die Augen aufschlug, wusste ich nicht, wo ich war. Ich setzte mich auf, sah auf meine weiße Bettdecke, blickte mich im Zimmer um. Richtig, ich war bei den alten Leuten. Hildegard und Klaus schliefen noch. Unter den riesigen Plumeaus lugten zwei blonde Haarschöpfe hervor. Ich ließ mich in mein großes Kissen zurückfallen und blickte an die Zimmerdecke. Der gestrige Tag zog an mir vorbei. Der herzliche Empfang der beiden auf der Türschwelle, die freundliche Bewirtung. Ich schlug die Bettdecke zurück und schwang mich aus dem Bett. Die Holzdielen knarrten, Hildegard und Klaus regten sich und wurden wach. Während die beiden aus den Federn krochen, zog ich mich an. »Du hast ja schon wieder ins Bett gemacht«, fuhr Hildegard unseren kleinen Bruder an, als sie die nassen Flecken auf seinem Laken und seinem Hemd sah. »Lass mich«, jaulte er, blickte beschämt und zornig auf sein Bett und verpasste Hildegard im Vorbeigehen einen Schlag auf den Oberarm. Ich ging dazwischen und trug ihnen auf, sich anzuziehen, damit wir zu den alten Leuten rübergehen könnten.

Auf dem Tisch in der Wohnstube standen schon sechs Tassen und ein Teller mit geschnittenem Graubrot. Im Zimmer war es warm, es roch nach Malzkaffee und gekochter Milch. Die Frau streckte ihren Kopf zur Küchentür heraus, wünschte uns einen guten Morgen und bat uns, uns an den Tisch zu setzen. »Klaus hat ins Bett gemacht!«, petzte Hildegard. Die Frau trat einen Schritt aus der Küche heraus und sah auf unseren Bruder hinunter, der betreten auf den Fußboden stierte. »Na, das kann vorkommen«, beschwichtigte sie. »Ist nicht so schlimm, das trocknet wieder. Wir legen heute Abend ein Gummituch unter das Laken, dann kann nichts mehr schief gehen.« Und schon war sie wieder in der Küche verschwunden.

Wir setzten uns an den Tisch. Kurz darauf trat Mutter zur Tür herein und rückte zu uns auf die Bank. Ihr Gesicht war bleich und teigig, ihre Augen sahen verquollen aus. Sie wirkte abgekämpft. Wir verstummten. Kurz darauf kam die Frau mit einem Milchtopf und einer Kaffeekanne aus der Küche, grüßte unsere Mutter freundlich und schenkte uns Kindern heiße Milch und den Erwachsenen Muckefuck in die Tassen. Dann rief sie ihren Mann, der sich vor dem Haus zu schaffen gemacht hatte, in die Stube und wir fingen an zu essen. Ich hatte gerade den ersten Bissen in den Mund genommen, als Mutter anfing, sich zu beklagen. »Heute Nacht habe ich sehr schlecht geschlafen«, jammerte sie. »Das geht hier nicht. Mit meinem kranken Bein kann ich nicht in dieser Einöde bleiben, so oft, wie ich zum Arzt muss. Dabei habe ich darum gebeten, in eine Stadt oder einen größeren Ort zu kommen. Aber das scheint die Leute von der Flüchtlingsaufnahme nicht zu interessieren. Dass man mich so abgelegen einquartiert hat, ist eine Zumutung. Das kann man nur mit einer allein stehenden, kranken Frau machen.« Wütend machte sie ihrer Enttäuschung Luft. Ich wand mich innerlich. Jetzt fing sie schon wieder damit an! Mir war das peinlich. Der alte Mann sah sie stumm und betreten an, doch seine Frau hielt dagegen. »Nein, nein, Frau Menze! Das kann ich mir nicht vorstellen, dass man sie mutwillig übergangen hat«, wandte sie ein. »Es ist nur wahrscheinlich nicht einfach, passende Unterkünfte für die vielen Flüchtlinge zu finden.« Mutter aber fühlte sich ungerecht behandelt und ließ sich nicht umstimmen. »Hier bleibe ich nicht, das steht fest. Ich lasse mir das nicht bieten! Ich werde mich wehren.« Geduldig versuchte nun auch der Alte, unsere Mutter zu besänftigen. »Ich sehe, wie aufgebracht Sie sind, und verstehe, dass Sie sich sorgen. Aber das ist unnötig, glauben Sie mir. Auch in unserer Nähe gibt es einen Arzt, und wie ich gestern schon sagte: Ich fahre sie gerne zu ihm hin. Beruhigen Sie sich, liebe Frau. Sie haben Schweres durchgemacht und sind mit Ihren Nerven am Ende. Erholen Sie sich erst einmal ein bisschen. Dann sieht die Welt wieder anders aus, Sie werden sehen. Kommt Zeit, kommt Rat.«

Zweifelnd blickte Mutter den Mann an, schwieg dann aber und lehnte sich zurück. Sie wirkte verschlossen, sah verletzt aus und aufgebracht. Die beiden Alten waren verlegen. Klaus und Hildegard sahen Mutter vorsichtig an und tranken schweigend ihre Milch. Auch ich fühlte mich beklommen. Es war mir unangenehm, wie sie sich benahm. Merkte sie denn nicht, wie gastfreundlich diese beiden Leute waren? Wie sehr sie sich freuten, dass Sie uns helfen konnten? Sah sie nicht, wie stark sie sich selber einschränkten, damit wir Platz hatten. Sie meinten es wirklich gut mit uns und es ging uns doch auch gut bei ihnen. Ich schämte mich für meine Mutter und ärgerte mich über sie.

Natürlich kannte ich diese Seite an ihr, dieses Aufbrausende, dieses verletzende Umsichschlagen. So hatte ich Mutter auch zu Hause mehrmals erlebt. So reagierte sie, wenn sie sich in die Enge getrieben oder ungerecht behandelt fühlte. Das war fast immer, wenn Großmutter Menze bei uns zu Hause in Greifenberg aufkreuzte. Dann herrschte dicke Luft. Großmutter besuchte uns ausschließlich an Werktagen, nachmittags, wenn Vater arbeitete. Meistens trat sie, ohne anzuklopfen, in die Wohnküche. Augenblicklich schlug die Stimmung um. Ich spürte, wie Mutter sich verspannte. »Setz dich doch«, sagte sie, was Großmutter oft überhörte. Sie stand eine Weile mitten im Raum und taxierte meine Mutter, uns Kinder, das Zimmer. Jedes Mal das gleiche Ritual. Anfangs redeten die beiden Frauen wenig. Ein Gespräch wollte nicht in Gang kommen. Mit uns Kindern unterhielt sich Großmutter kaum. Wir verdrückten uns schnell, aber ich beobachtete die beiden einmal vom Garten aus durch das Fenster und lauschte. Mutter kochte Muckefuck, holte aus der Speisekammer einen Teller mit geschnittenem Blechkuchen und deckte für sie beide den Tisch. »Ihr habt also mal wieder kein Geld«, fing Großmutter an, in vorwurfsvollem Ton und ihre dunklen Augen verengten sich. »Wir sind eine große Familie, viele hungrige Mäuler«, warf Mutter ein, doch Großmutter schnitt ihr das Wort ab. »Wie kann das sein, dass du mit Heinrichs Lohn nicht auskommst? Als Bahnbeamter verdient er doch ganz gut. Was machst du eigentlich mit dem Geld? Kaufst dauernd irgendwelchen Tand! Du kannst einfach nicht wirtschaften!« Offensichtlich hatte Mutter sie angepumpt, weil ihr das Haushaltsgeld nicht reichte. Das tat sie öfter. Sie konnte tatsächlich nicht mit Geld umgehen. Immer wieder kam es vor, dass sie am Monatsende keine Nahrungsmittel mehr einkaufen konnte. Dann fragte sie bei den Großeltern an, ob sie ihr aushelfen würden. Großmutter Menze aber nahm Mutters Schwachstelle jedes Mal zum Anlass, ihrer Schwiegertochter die Meinung zu sagen und sie zurechtzuweisen. »Das hier zum Beispiel«, tadelte sie und deutete auf einen Stapel Groschenromane, die auf dem Küchenschrank lagen. »Ich habe keine Zeit, so etwas zu lesen. Aber du leistest dir den Luxus. Statt hier im Haus aufzuräumen und dich um deine Kinder zu kümmern.« Da platzte Mutter der Kragen. Sie richtete sich auf, beugte sich nach vorn und rollte drohend mit den Augen. »Ich kümmere mich um meine Kinder«, schrie sie wütend, »und wie ich meinen Haushalt verrichte, ist meine Sache. Da hast du dich nicht einzumischen! Das geht dich nichts an!« Mit jedem Wort war ihre Stimme lauter geworden, bis sie zum Schluss kippte. Scheinbar ungerührt konterte Großmutter. »Ach! Aber wenn das Geld nicht reicht, kommst du schon zu mir, wie?« Verbissen stritten die beiden Frauen weiter, beleidigten sich, warfen sich Gemeinheiten an den Kopf, bis Großmutter wütend aufsprang, zur Tür rauschte, ihrer Schwiegertochter noch hinwarf: »Wirst schon sehen, was du davon hast«, und verschwand. Mutter saß noch lange am Tisch. Ihr Gesicht war rot angelaufen, Tränen standen ihr in den Augen. Sie sah zornig aus und verletzt und ich wusste: Nun durfte ich ihr nicht in die Quere kommen.

An diesem Tag war bei uns der Haussegen kaum noch gerade zu rücken. Mutter war aufgewühlt und wartete, bis mein Vater nach Hause kam. Kaum trat er zur Tür herein, klagte sie ihm ihr Leid: »Deine Mutter hat mich heute wieder beschimpft und gemaßregelt, als wäre ich ihre dumme Magd«, jammerte sie. »Ich ertrage das nicht mehr. Ich ertrage es nicht mehr, dass sie mich erniedrigt und bevormundet und sich in unser Familienleben einmischt.« Vater stand unschlüssig eine Weile an der Küchentür. Dann ging er langsam zum Esstisch und setzte sich auf einen Küchenstuhl. Mehrmals strich er sich mit seinen Händen durch die Haare. »Was wollte sie denn?«, fragte er schließlich und Mutter erzählte ihm von ihrem Streit. »Du weißt doch, wie sie ist«, unterbrach er sie nach einer Weile und versuchte sie zu beruhigen. »Sie benimmt sich garstig, aber sie meint es nicht so, das weiß ich«, nahm er seine Mutter in Schutz. »Sie möchte alle beherrschen, alles versucht sie zu kontrollieren. Sie ist böse und bringt nur Unfrieden zu uns ins Haus«, fuhr Mutter ihm dazwischen. »Lass sie doch reden und nimm das nicht so wichtig«, sagte Vater. »Du kannst sie nicht ändern. Das Problem ist: Solange wir sie um Geld fragen, wird sie sich einmischen.« Noch lange redete er besänftigend auf Mutter ein. Doch sie war an diesem Tag, wie meistens nach dem Besuch unserer Großmutter, nicht mehr aus ihrer Wut und Verletztheit zu holen.

Ich beobachtete Mutter, wie sie hier in der Wohnstube unserer freundlichen Gastgeber auf der Bank saß und grübelte. Auch jetzt sah sie wütend aus und gekränkt. Aber ich verstand nicht, warum. Was war denn so schlimm daran, dass wir abgelegen wohnten? Der Mann hatte ihr doch angeboten, sie zum Arzt zu fahren. Und wir hatten es gut hier. »Das lasse ich mir nicht bieten!« Noch immer hallte ihre empörte Beschwerde in meinen Ohren. Dieses Harte, Herrische war vielleicht im Streit mit Großmutter Menze angebracht, aber doch nicht im Gespräch mit diesen hilfsbereiten Leuten! Die meinten es gut mit uns und taten alles, damit wir uns wohlfühlten in ihrem Haus.

»Wenn ihr fertig seid mit Frühstücken, zeige ich euch unseren Stall. Wollt ihr ihn sehen?«, fragte der alte Mann uns Kinder. Hildegard, meinte seine Frau, solle mit ihren Erfrierungen besser im Haus bleiben. Aber Klaus und ich standen eilig auf, zogen unsere Mäntel und Schuhe an und gingen mit dem Mann nach draußen. Der Stall war im hinteren Teil des Hauses, einem gemauerten Anbau, der in der Mitte durch eine Bretterwand geteilt war. Hinter der Bretterwand hörte man Hühner gackern. Im vorderen Teil standen an der Stallmauer mehrere quadratische Holzverschläge auf Pfosten, in denen Kaninchen hockten. Ich ging zu einem der Kaninchenställe, sammelte ein paar Heuhalme vom Boden auf und hielt sie durch den Maschendraht. Neugierig hoppelten zwei Kaninchen nach vorne und zupften mir die Halme aus der Hand. Es roch wie in unserem Stall zu Hause. Nach Heu und Stroh, nach Scheunenstaub, Kaninchen und Federvieh. Es roch vertraut. Hier war es gut, ja, hier wollte ich bleiben. Der Mann öffnete die Tür zum Hühnerstall und streute den Hühnern aus einem Blecheimer Weizen auf den Boden. Aufgeregt liefen die Hennen darauf zu und pickten gierig. Dann drückte er die quietschende Tür wieder zu, hängte den kleinen Metallhaken, der an der Tür baumelte, in die Eisenschlaufe am Türstock und ging mit Klaus und mir hinaus in den Garten. Das große Grundstück war mit einem hölzernen Lattenzaun eingefasst. Ein paar Apfelbäume standen im Garten und reckten ihre kahlen Äste in den grauen Winterhimmel. In der Ecke vor dem Stall gab es sogar eine Schaukel. »Wir haben diesen Winter viel Schnee«, sagte der Alte. »Das haben wir selten hier in Schleswig-Holstein.« Dann fragte er uns, ob wir eine Schneehütte bauen möchten oder einen Rodelberg, zeigte uns eine Schneeschaufel und einen Schlitten, die an der Hauswand lehnten, und überließ uns beide uns selbst.

Wir schaufelten und schichteten Schneehaufen, selbstvergessen, bis uns nach einigen Stunden die Frau zum Mittagessen rief. Wir liefen zum Haus, sie klopfte unsere Mäntel ab, ehe wir hineingingen, und rieb uns die Hände warm. Als wir um den Tisch saßen, trug sie eine dampfende Suppenterrine aus der Küche und stellte sie auf den Tisch. Es roch würzig nach Gemüse und Speck. Wieder so eine üppige Mahlzeit. Ich wunderte mich. Wieso hatten die so viel zu essen und wir hatten gar nichts?

Ich fühlte mich geborgen in dieser wohlwollenden Atmosphäre. Ich genoss es, gut versorgt zu sein und verwöhnt zu werden, und lebte auf. Mutter aber war unglücklich und unzufrieden. Jeden Morgen beim Frühstück fing sie an zu nörgeln. Gebetsmühlenartig klagte sie über ihr krankes Bein, jammerte über unser entlegenes Quartier und darüber, dass ihre Anliegen ignoriert worden seien, weil sie eine allein stehende Frau sei. Jedes Mal wieder schämte ich mich für meine Mutter, fand ihr Klagen unpassend und undankbar. Das musste doch verletzend sein für unsere Gastgeber, die sich so um uns bemühten!

Erst viele Jahre später, als ich erwachsen war, konnte ich verstehen, warum unsere Mutter damals so unleidlich war. Nach der Flucht, auf der sie wirklich über sich hinausgewachsen war, und uns alle durchgebracht hatte, fiel sie innerlich in sich zusammen. Vermutlich wurde ihr erst jetzt bewusst, was sie verloren hatte und wo sie sich befand. Sie war verzweifelt und kämpfte gegen diese Verzweiflung an. Zu allem Übel war sie von der Flüchtlingsverwaltung nun auch noch in ihren Wünschen übergangen und in eine Einsamkeit abgeschoben worden, mit der sie nicht umgehen konnte. Darüber war sie so erbost und gekränkt, dass sie die Gastfreundschaft des alten Ehepaares nicht wertschätzen, ja nicht einmal sehen konnte. Sie empfand sich als Opfer und war es auch. Mit ihrer Restfamilie hatte sie von zu Hause fliehen müssen. Ihr Mann war an der Ostfront und sie fürchtete zu Recht, dass er nicht mehr zurückkehren würde. Obendrein war sie krank. Sie hatte ein offenes Bein, das nicht wieder zuheilen würde. Dadurch war sie chronisch eingeschränkt. Dass die Behörden darauf keine Rücksicht genommen hatten, wollte sie nicht hinnehmen. Das Tragischste in ihrem Leben aber war der Tod ihrer drei Kinder. Daran ist sie fast zerbrochen und wahrscheinlich wurde sie mit diesen Verlusten ihr Leben lang nicht fertig. Dieses geballte Leid, diese Ohnmacht gegenüber ihrem Schicksal absorbierte und erdrückte unsere Mutter. Immer wieder begehrte sie dagegen auf, kämpfte und schlug um sich. Dabei traf sie nicht selten Menschen, die es eigentlich gut mit ihr meinten, wie dieses alte Ehepaar.

Es war Mitte März 1945, als wir bei den beiden Rentnern wohnten. Der Krieg war in seiner Endphase. Millionen von Deutschen flohen aus den östlichen Gebieten vor der Roten Armee. Sie waren wie wir Hals über Kopf aus Pommern, Ost- und Westpreußen, aus Schlesien und dem Sudetenland in den Westen aufgebrochen. Zu Fuß oder auf Pferdekarren – Züge fuhren kaum noch – riskierten sie bei Schnee und Kälte den Weg über vereiste Landstraßen und waren schutzlos den sowjetischen Angriffen ausgeliefert. An der West-grenze des Deutschen Reiches hatten Anfang Februar die Westalli-ierten ihre Offensive gestartet. Sie waren zuerst im Rheinland nach Deutschland eingedrungen und zwangen in den folgenden Wochen die deutschen Truppen nach und nach zur Kapitulation. Das tau-sendjährige Reich lag in seinen letzten Zügen. Wir Kinder haben davon nichts mitbekommen. Es war Krieg, aber wir kannten es nicht anders. Wir waren damit aufgewachsen. Und hier bei dem al-ten Ehepaar waren wir weit weg von den Kriegswirren. Anders als in Greifenberg lebten wir hier in einer kleinen, geschützten Oase.

Eines Tages zogen Klaus und ich los, um die Umgebung zu erkun-den. Wir stapften durch den Schnee, ich voraus, Klaus hinterher. Da erblickte ich plötzlich ein großes eingezäuntes Gelände, das grö-ßer war als ein Fußballplatz. Der Zaun war aus Stacheldraht, unge-wöhnlich hoch und ging oben schräg nach innen. Mitten auf dem Platz stand ein Haus aus weißen Bausteinen. Auf dem Gelände trie-ben sich Menschen herum, seltsam gekleidet. 15 bis 20 Männer in gestreiften Schlafanzügen. »Die müssen doch frieren!«, dachte ich. »Wieso laufen die bei dieser Kälte in Schlafanzügen herum?« Dass diese Monturen Sträflingsanzüge waren, wusste ich damals noch nicht. Ich konnte das alles nicht einordnen, spürte aber, dass etwas Fremdes, etwas Unheimliches von diesem Gelände ausging. Wie ge-bannt steuerte ich darauf zu. Ein schmaler, von Schnee freigeschau-felter Trampelpfad führte zu dem eingezäunten Platz. Da erblickte uns einer der Männer auf dem Feld und lief uns entgegen, bis zum Zaun. »Stehen bleiben, Kinder, stehen bleiben!«, warnte er uns ein-dringlich. Diese Warnung konnte mich jedoch nicht aufhalten, im Gegenteil. Nun hatte ich erst recht das Gefühl: »Ich muss da hin« und stapfte weiter. Der Mann! Er sah aus wie mein Vater, als ich ihn Weihnachten zum letzten Mal gesehen hatte. Diese eckigen Schul-tern, die hagere Gestalt. Und das Gesicht! Auch mein Vater hatte diese eingefallenen Wangen gehabt, diese tief in den Höhlen lie-genden und weit aufgerissenen, angstvollen Augen. Ich sah auf die anderen Männer, die sich auf dem Gelände bewegten. Auch sie waren abgemagert bis auf die Knochen, ihre Schädel nur noch von Haut überzogen. Ich erschrak und fühlte mich gleichzeitig hingezogen. Ich stolperte über einen hohen, vereisten Schneehaufen, der mich noch von dem Zaun und dem Mann, der dahinter stand, trennte. Klaus war stehen geblieben. »Renate, warte! Geh nicht weiter«, rief er mir hinterher. Aber ich musste weiter und blieb erst stehen, als ich etwa anderthalb Meter vor dem Zaun und diesem Mann stand. Langsam, eindringlich und flehend sprach der Mann auf mich ein. »Um Himmels willen, Kind! Geh nicht weiter! Ich bitte dich. Fass diesen Zaun auf keinen Fall an! Auf keinen Fall, hörst du? Geh weg von hier, geh nach Hause! Bitte!« Ich hielt den Atem an und blickte in seine dunklen, durchdringenden Augen. In meinem Kopf hämmerte es. Ich sah auf den hohen Stacheldrahtzaun, auf die ausgemergelten Gestalten und wieder auf den Mann, der mich immer noch beschwörend anstarrte. Dann drehte ich mich langsam um und stapfte zurück zu Klaus. »Wie Papa«, brannte es in mir, »er sah aus wie Papa.«

Als wir im Haus des alten Ehepaares ankamen, suchte ich sofort meine Mutter, um ihr von unserem Erlebnis zu erzählen. Doch sie hatte dafür kein Ohr und fühlte sich durch meine Fragerei belästigt. »Lass mich in Ruhe mit deinem wirren Zeug«, fuhr sie mich an und ließ mich stehen. Ich war zu aufgewühlt, um das, was ich gesehen hatte, für mich zu behalten und ging damit zu unserer Gastgeberin. Als sie hörte, was wir Kinder entdeckt hatten, nahm sie mich an der Hand und setzte sich mit mir auf die Eckbank in der Wohnstube. »Jetzt erzähl noch mal«, sagte sie und hörte mir aufmerksam zu. Sie blickte mich ernst an und nickte immer wieder mit dem Kopf. »Was ist denn das für ein Gelände?«, wollte ich wissen, »und was sind das für Männer? Und warum musste ich da weggehen?« Sie holte tief Luft und dachte eine Weile nach. »Ich kann es dir nicht erklären«, sagte sie schließlich. »Es tut mir Leid, aber ich kann nicht. Du bist noch zu klein und könntest es nicht verstehen, glaub mir. Was du da heute gesehen hast, ist jetzt nicht wichtig für dich. Aber du und dein Bruder dürft auf keinen Fall mehr dorthin gehen. Versprichst du mir

das?« Ich nickte. »Gut«, sagte sie. »Du bist ein Kind und hast ohnehin schon zu viel Schreckliches erlebt. Also, lass dieses Gelände
sein und denk nicht mehr darüber nach, bitte.« Wie um mich zu
beschwören, nahm sie meine beiden Hände, legte sie in ihre und
drückte sie. Dann stand sie auf und ging in die Küche. Dass dieses
eingezäunte Gelände ein Internierungslager war, von dem aus die
Insassen in Konzentrationslager deportiert wurden, und dass der
Stacheldraht unter elektrischer Hochspannung stand, das wurde
mir erst Jahre später bewusst.

Wir waren etwa eine Woche bei dem alten Ehepaar, als Mutter
eines Morgens ausging, ohne uns mitzuteilen, wohin sie wollte, und
erst abends zurückkam. Es war ein trüber, nasskalter Tag. Der alte
Mann spielte mit uns »Mensch ärgere dich nicht«. Später zeigte er
uns Zaubertricks mit Streichholzschachteln, in denen Glasmur-
meln lagen, die er verschwinden und wieder auftauchen ließ. Wir
übten uns im Zaubern und hatten viel Spaß. Nach Einbruch der
Dunkelheit kam Mutter und begrüßte uns mit einem Paukenschlag.
»Wir packen heute alle unsere Sachen zusammen, morgen früh
gehts zurück ins Lager«, eröffnete sie uns und dem alten Ehepaar.
Ich erschrak. »Das kann doch nicht wahr sein! Das meint sie doch
nicht wirklich«, dachte ich. Hildegard fing sofort an zu weinen.
»Ich will aber nicht«, schluchzte sie, rückte zu der alten Frau, die
neben ihr saß, und klammerte sich an deren Arm fest. »Aber liebe
Frau Menze«, redete der Alte wieder mit Engelszungen auf unsere
Mutter ein. »Bleiben Sie doch. Sie haben sich noch nicht eingelebt.
Geben Sie sich Zeit! Und die Kinder! Die kommen doch jetzt erst
zur Ruhe. Warten Sie noch, schon um der Kinder willen.« Auch seine Frau versuchte noch einmal, Mutter umzustimmen. »Schlafen
Sie noch einmal darüber. Überstürzen Sie nichts, liebe Frau.« Doch
sie ließ sich nicht von ihrem Entschluss abbringen. »Ich sagte es
schon und ich bleibe dabei: Ich brauche regelmäßig einen Arzt und
will in die Stadt. Und ich lasse es mir nicht bieten, in die Einöde abgeschoben zu werden! Morgen früh reisen wir ab!«

Am nächsten Morgen spannte der alte Mann das Pferd vor den

Wagen. »Schade, ach wie schade«, murmelte seine Frau und Tränen liefen über ihre rot geäderten Wangen. Sie packte jedes von uns Kindern in eine Wolldecke, drückte Mutter fest die Hand und wünschte ihr alles Gute. »Hüh«, rief der Alte, schwenkte die Zügel und schnalzte mit der Zunge. Wir schluchzten und winkten, während der Wagen losfuhr. Mutter saß uns gegenüber, mit verschlossener Miene, und drehte sich zur Seite. Warum konnten wir nicht bleiben, wo es uns gut ging? Wo wir willkommen waren und uns geborgen fühlten? Noch heute bin ich traurig, wenn ich an diesen Abschied denke. Was wäre geschehen, was wäre mir erspart geblieben, wenn sie uns nicht fortgerissen hätte aus dieser geschützten Bleibe?

Auf Verlangen unserer Mutter fuhren wir zurück zum Flüchtlingslager nach Lübeck. »Kagels kommen nicht mit«, berichtete sie uns, als wir sie fragten, was denn mit den Nachbarn sei, ob die auch wieder ins Lager zurückziehen würden. Am Vortag hatte Mutter ihre Freundin aufgesucht, die, wie die alte Ostpreußin, mit ihren Kindern im nächstgelegenen Dorf einquartiert war. Sie muss versucht haben, Frau Kagel für ihre Abreisepläne zu gewinnen, doch unsere Nachbarin wollte offenbar nicht weg aus ihrer Unterkunft. Ihr und ihren Kindern scheint es dort gut gegangen sein. Das Neugeborene erholte sich und begann sich zu entwickeln. Besessen von dem Wunsch, aus der Einöde weg und in eine Stadt zu kommen, war Mutter die Nähe ihrer Freundin plötzlich nicht mehr so wichtig und sie zog ihr Vorhaben alleine durch.

Durchgefroren und niedergeschlagen kamen wir nach zwei Stunden Fahrt mit dem Pferdewagen im Flüchtlingslager an. Wir stiegen aus, ich verabschiedete mich stumm von dem alten Mann. Ich konnte und wollte es nicht fassen, dass wir auseinander gerissen wurden. Als er wegfuhr, zog sich mein Magen quälend zusammen. Mutter ließ uns nochmals als neu angekommene Flüchtlinge registrieren. In diesem Durcheinander fiel niemandem auf, dass unsere Daten schon einmal aufgenommen worden waren. Auch nicht, dass wir sauber und warm gekleidet waren. Das wunderte mich. Aufrecht und kämpferisch stand Mutter wieder in der Schlange, um uns anzumelden. Plötzlich war sie gut gelaunt. Sie hatte wieder Hoffnung. Dieses Mal würde sie dafür sorgen, das zu bekommen, was sie wollte und brauchte, eine Unterkunft in der Stadt oder zumindest in einem größeren Ort. Ich hoffte, die Sachbearbeiterin, die unsere Personalien aufnahm, würde Mutters Schwindel aufdecken. Dann könnten wir wieder zurück zu unseren alten Leuten. Doch niemand merkte, dass wir schon einmal registriert worden waren. Wie beim ersten Mal wurden uns Schlafplätze in einer großen Baracke zugeteilt. Also wieder Lager, Menschengedränge, Streit und Unruhe, verstörte Gesichter, nachts schreiende Frauen, wimmernde Kinder. Ich war wütend auf meine Mutter und tief deprimiert.

FRIEDEN – WAS IST DAS?

Wir verbrachten eine knappe Woche im Flüchtlingslager, bis für uns ein neues Quartier gefunden war. Anfang April fuhr uns ein Lastwagen nach Ahrensbök, etwa 20 Kilometer nördlich von Lübeck. »Wieder keine Stadt!« Mutter war erbost, nahm es dann aber hin, als sie sah, dass Ahrensbök ein großes Dorf mit eigenem Krämerladen und öffentlicher Verkehrsanbindung war. Wir wurden dieses Mal in einem großen Bauernhof einquartiert, einem stattlichen Anwesen mit ansehnlichem Wohnhaus und wuchtigem Stall aus rotem Backstein. Neben dem Haus war ein riesiger Blumen- und Nutzgarten angelegt, der noch in Winterbrache lag. Die Kammer, die uns zugeteilt wurde, befand sich im Nebenflügel des Herrenhauses. Normalerweise übernachteten hier im Sommer die Erntehelfer. Nun war es unsere Bleibe. Ein unbeheizbarer Raum mit vier Bettgestellen, Strohsäcken und Wolldecken. Das war die ganze Einrichtung. Die Bauern waren genervt. Sie hatten bereits eine Flüchtlingsfrau mit ihren zwei Kindern aufnehmen müssen, die auch in diesem Trakt wohnte. Nun kamen auch noch wir. Bei der Ankunft auf dem Hof habe ich zum ersten Mal gespürt, was es bedeutet, Flüchtling zu sein. Wir waren Störenfriede für diese Familie, lästige Hungerleider, die Unterschlupf suchten, aber nicht dafür bezahlen konnten, die Essen brauchten, wo ohnehin alles knapp war.

Vor allem die ersten Tage verhielten sich die Bauersleute, das Ehepaar und ihre erwachsene Tochter, uns gegenüber abweisend und mürrisch. Zu essen bekamen wir nur die Reste ihrer Mahlzeiten. Das war meist etwas Milchsuppe, die die Bäuerin in eine Emailschüssel goss und uns Kindern in die Hand drückte. Wir durften nicht bei ihnen im Haus essen, sondern mussten die Suppe mit in unsere Kammer nehmen, wo wir nicht einmal einen Tisch hatten. Nach drei Tagen ging Mutter zu den Bauersleuten in die Küche und beschwerte sich. »So geht das nicht!«, schimpfte sie. »Das ist erniedrigend, wie Sie mit uns umgehen. Wir sind keine Hunde, denen man einfach die Reste hinkippt. Sie sind verpflichtet, uns zu verkösttigen. Dass wir von zu Hause fliehen mussten und nichts mehr besitzen, dafür können wir nichts. Das wissen Sie genauso gut wie ich!« Die Bäuerin, eine kräftige rotwangige Frau mit blondem Haarknoten, stand am Spülstein und nickte betreten. »Derart abgefertigt zu werden! Das muss ich mir wirklich nicht gefallen lassen. Ich bin krank, mein Mann ist im Krieg. Es reicht mir wirklich«, wetterte Mutter und rauschte davon. Ihr Protest half. Von da an durften wir im Bauernhaus in der Küche essen. Auch die Mahlzeiten waren nun gehaltvoller: Milchsuppe und Bratkartoffeln mit Speck und Zwiebeln, Erbseneintopf, Linseneintopf, norddeutsches Essen eben. Als Gegenleistung musste ich in der Küche spülen und aufräumen helfen. Auch das war offiziell so geregelt. Wir Flüchtlinge mussten als Ausgleich für Unterbringung und Verpflegung bei den Quartiersgebern mitarbeiten.

Das Frühjahr kam, die Tage wurden wärmer und länger und für die Bauern begann die Arbeit auf den Feldern. Hier wurde ich mit eingespannt, als Einzige aus unserer Familie. Mutter war wegen ihres Beines von der Arbeit freigestellt. Klaus und Hildegard waren zu klein und noch nicht zu gebrauchen. Und so ging ich mit den Bauern auf die Äcker, half mit, Steine aufzusammeln, Rüben zu pikieren, Kartoffeln zu pflanzen, Unkraut zu jäten. Das war oft hart und anstrengend, und manchmal hätte ich lieber mit meinen Geschwistern gespielt. Trotzdem machte ich diese Arbeiten nicht unwillig. Es tat mir gut, meine Hände in die Erde zu stecken, etwas zu pflanzen, das wuchs. Und die Bauern schätzten mich. Ich war fleißig, arbeitete still und selbständig vor mich hin und fand allmählich meinen Platz auf dem Hof.

Es war Ende April. Die Westalliierten hatten schon große Teile Deutschlands zur Kapitulation gezwungen. In Schleswig-Holstein drangen die Briten Kilometer für Kilometer weiter vor. Unsere Bauern hoben auf einem ihrer Felder eine große, tiefe Grube aus, in der sie ihre Wertsachen verstecken und die sie mit Baumstämmen abdecken wollten. Über die Baumstämme wollten sie Erde schütten und darauf Kartoffeln pflanzen. Schon den dritten Tag waren sie mit diesem Erdaushub beschäftigt. Auch wir Kinder halfen mit und schaufelten Erde auf die Stämme. Die Bauern waren mit ihrem Trecker gerade in den angrenzenden Wald gefahren, um weitere Bäume anzuschleppen. Da tauchten plötzlich wie aus dem Nichts Tiefflieger auf. »Ganz schnell in den Bunker!«, schrie ich meinen Geschwistern zu. Wir sprangen in die Grube und stellten uns an die Wand unter den Baumstämmen. Die Düsengeräusche dröhnten direkt über uns, Gewehrsalven donnerten auf uns nieder, vor und neben uns spritzte die Erde nach den Einschüssen meterhoch. Dann zogen die Flugzeuge ab, kreisten und stürzten nochmals auf uns herab. Wir drückten uns wimmernd gegen die Erdwand und beteten. Die Eindeckermaschinen stiegen hoch, griffen ein drittes Mal an, zielten erneut auf die Grube und flogen weg. Wie durch ein Wunder waren wir nicht getroffen worden. Noch lange kauerten wir in der Erdhöhle mit pochenden Herzen und schlotternden Knien, bis die Bauersleute kamen und uns herausholten. Sie hatten das Schlimmste befürchtet und waren unendlich erleichtert, als sie uns unversehrt fanden. Sie umarmten und drückten uns vor Freude, dass wir am Leben und unverletzt waren. Ich stand unter Schock und ließ das alles wie in Trance über mich ergehen.

Als wir auf den Hof zurückgekehrt waren, beschenkten uns die Bauersleute mit Kuchen und Schokolade, aber ich war noch immer völlig apathisch, wusste nicht, wie mir geschah, und wusste auch nichts mit dieser überschwänglichen Freude anzufangen. Dann gingen sie mit uns zu unserer Mutter und erzählten, was passiert war. Sie reagierte kaum und nahm alles fast wortlos hin. Unser dramatisches Erlebnis schien sie nicht zu interessieren. »Warum freut sie sich nicht, dass uns nichts passiert ist? Dass wir diesen schrecklichen Angriff wie durch ein Wunder überlebt haben«, dachte ich. Ich war fassungslos. Als wäre es ihr egal, ob wir lebten oder nicht. Ja, schlimmer noch, als wäre es ihr sogar recht gewesen, wenn wir erschossen worden wären. Dann wäre sie uns los gewesen. Sagte sie nicht immer wieder: »Ihr seid eine Plage für mich.«? Hildegard deutete die Reaktion unserer Mutter ähnlich wie ich: »Die hätte vermutlich keine Träne um uns geweint, wenn wir niedergeschossen worden wären«, meinte sie. »Der war das doch egal.« Ich konnte das nicht glauben, auch nicht verstehen. »Was haben wir nur für eine Mutter?«, dachte ich. Wie konnte sie so gefühllos, so kalt sein? Natürlich sah ich, dass sie in tiefer Trauer war. Seit wir bei den Bauern lebten, weinte sie viel. Zudem hatte sie starke Schmerzen, ihr Bein war arg entzündet und quälte sie. Meistens lag oder saß sie auf ihrem Bett, stöhnte und heulte, redete manchmal mit sich selbst, völlig absorbiert von ihrem Leid. Sie war wie entrückt und nahm uns kaum wahr. Mich ängstigte und bedrückte das. Manchmal empfand ich aber auch Mitleid mit ihr und hätte sie gerne getröstet. Doch ich wagte nicht, sie anzusprechen. Sie war nicht erreichbar, das spürte ich. Gleichzeitig war ich auch wütend auf sie. Wütend, dass sie nur sich selber sah und nicht imstande war, sich um uns Kinder zu kümmern. Ja, dass sie nicht einmal in der Lage war, ausreichend für sich selbst zu sorgen. Sie war apathisch und hilflos. Manchmal konnte ich das kaum ertragen. Auch deshalb arbeitete ich bei den Bauern bereitwillig mit. Das Pflanzen und Jäten auf dem Feld lenkte mich ab und stabilisierte mich. Ich war in einen Rhythmus, in den Alltag auf dem Hof eingebunden. Hier ging das Leben weiter und die Aufgaben waren zu bewältigen.

Eines Morgens im Frühjahr, ich stand wie meistens um diese Zeit am Brunnen und wusch das Milchgeschirr, hörte ich plötzlich lautes Motorengeräusch, rasselndes Donnern, das anschwoll und näher kam. Die Erde vibrierte. Ich erschrak. Und als ich eine Kolonne von Militärjeeps und Panzern die Dorfstraße entlangfahren sah, schoss mir eine lähmende Angst durch die Glieder. Feindliche Soldaten, der Krieg hier im Dorf! Der Bauer kam aus dem Stall gerannt, stürzte ins Wohnhaus. Kurz darauf sah ich, dass er ein weißes Laken, festgebunden an einem Besenstil, aus einem Fenster im ersten Stock hängte, kurz schwenkte und dann dort flattern ließ. Wenig später kam er wieder aus dem Haus gerannt und stellte sich zu seiner Frau, seiner Tochter und dem Knecht, die sich vor der Hausfront aufgereiht hatten. Die Militärkolonne hielt an. Männer in Geländeanzügen und mit Maschinengewehren in den Armen sprangen aus ihren Jeeps und Panzern und stürmten auf die Häuser links und rechts der Dorfstraße zu. »Deutsche Soldaten hier?« Im Befehlston fragten zwei dieser Männer die Bauersleute und deuteten mit den Gewehrkolben auf das Haus. »Nein, niemand!«, sagten der Bauer und seine Frau, schüttelten heftig den Kopf und blickten ängstlich auf die Maschinengewehre. Das war gelogen. Ich wusste, dass sich drei Soldaten der Deutschen Wehrmacht im Haus versteckt hielten. Die Bäuerin blickte mich an, ich blieb reglos stehen und erwiderte ihren Blick. »Ich sage nichts«, bedeutete ich ihr und schwieg. Die Militärs liefen ins Haus, man hörte sie die Treppen hochpoltern. Kurz darauf traten sie wieder aus der Haustüre. Sie hatten niemanden entdeckt.

Die Bauersleute waren die ganze Zeit wie angewurzelt stehen geblieben. Nachdem die Männer zum nächsten Haus gelaufen waren, entspannten sie sich allmählich. Der Bauer blickte sich um, entgeistert. »Der Krieg ist aus«, sagte er mehrmals, jedes Mal lauter. Dann stieß er einen Freudenschrei aus, riss die Arme hoch und umarmte seine Frau und seine Tochter. »Du musst keine Angst mehr haben«, rief er mir zu. »Der Krieg ist aus! Frieden! Wir haben Frieden!« Ich spürte, wie sich die Anspannung in meinem Körper löste, sah, wie die Bauern sich freuten. Tränen stiegen mir in die Augen. Ich war verwirrt, fühlte mich erleichtert, gleichzeitig tieftraurig und verloren. »Frieden, was ist das?«, wollte ich wissen. Der Bauer strahlte mich an, lachte, als hätte ich eine abstruse Frage gestellt, und ließ mich stehen. Alle liefen aufgeregt vor dem Haus herum, der Bauer, seine Frau, die Tochter, der Knecht, selbst Mutter war aufgetaucht und hinkte über den Hof. »Der Krieg ist aus«, seufzte sie, hielt sich eine Hand an die Brust und weinte. »Jetzt kommt euer Vater wieder zurück.«

»Vater kommt zurück«, klang es in meinen Ohren. Ich ging zum Brunnen, stellte das gewaschene Milchgeschirr zum Trocknen an die Brunnenmauer und lief hinters Haus, wo mich niemand sah. Dann rannte ich weg vom Hof, weit über die Felder. Ich weinte und schluchzte und lief immer weiter, bis ich zu einem kleinen Wäldchen kam. Dort setzte ich mich unter eine Eiche und lehnte mich an den Stamm. Mein ganzer Kummer brach aus mir heraus. Ich sehnte mich so sehr nach meinem Vater, sehnte mich nach zu Hause. Eine verzehrende Sehnsucht schüttelte mich. Die anderen auf dem Hof waren im Freudentaumel und ich erstickte fast an meinem Schmerz. Eine ganze Weile saß ich da und allmählich versiegte mein Tränenstrom. Erschöpft legte ich den Kopf in den Nacken und blinzelte in die milde Maisonne. »Maikäfer flieg! Dein Vater ist im Krieg«, sang ich leise und der Klang meiner eigenen Stimme beruhigte mich. »Die Mutter ist im Pommerland, Pommerland ist abgebrannt. Maikäfer flieg!« Das Lied hatten wir früher oft in der Schule gesungen. Jetzt fiel es mir wieder ein und mir wurde mit einem Male bewusst, dass es meine Situation besang. »Dein Vater ist im Krieg.« Aber der Krieg war ja jetzt zu Ende. Und mein Vater? Wann würde der zurückkommen? Würde er zurückkommen? Ich begann zu frösteln, stand auf und ging langsam zum Dorf zurück.

Die Besatzungsmächte – in Schleswig-Holstein waren das die Briten – hatten ihre Militärfahrzeuge auf der Wiese neben dem Dorfplatz abgestellt und dort tagelang stehen lassen. Wir Kinder interessierten uns sofort dafür. Schon wenige Tage nach dem Einmarsch der Briten trafen sich abends nach der Feldarbeit sämtliche Dorfkinder auf dem Gelände. Jeeps, Panzer und große Munitionswagen standen unverschlossen und ungesichert mitten im Dorf. Auf den Munitionswagen lagen Granaten, Schussmagazine, Gewehre, Patronen, Sprengstoff. Wir konnten ungehindert in die Fahrzeuge klettern. Jede freie Minute verbrachten wir dort und mit jedem Tag wurden wir mutiger beim Erkunden der Fahrzeuge und Kriegsgeräte. »Das ist kein Spielzeug! Das ist gefährlich!«, warnten uns die Erwachsenen und verboten uns immer wieder, uns auf diesem Gerätepark aufzuhalten und an den Fahrzeugen herumzuhantieren. Doch Verbote konnten uns nicht abhalten. Und es schloss auch niemand die Militärfahrzeuge ab oder verriegelte das Gelände. Wir waren fasziniert von diesen Maschinen, spielten Krieg. Das war spannend. Ich interessierte mich vor allem für die Panzer.

Eines Abends war ich zusammen mit zwei Jungs wieder durch die Turmluke in eines der Panzerfahrzeuge geklettert. Wir lugten durch die Seitenschlitze, drehten das Zielrohr und peilten in alle Richtungen. Plötzlich tat es einen gewaltigen Knall. Entsetzte, durchdringende Schreie drangen über den Platz. Schreie, die nicht mehr aufhörten. Erwachsene stürzten herbei, schrien, tobten wie von Sinnen, heulten, klagten fassungslos. »O nein, mein Gott! Mein Gott!« »Was ist hier geschehen?« »O nein! Das ist nicht wahr!« Ich hielt die Luft an, war starr vor Schreck. Etwas Entsetzliches war passiert. Meine beiden Spielkameraden und ich kletterten aus der Turmluke. Zwei Männer, die neben dem Panzer standen, schraken zusammen, als wir aus dem Panzer auftauchten. »Um Gottes willen«, riefen sie. »Da sind auch noch welche.« Das ganze Dorf war zusammengelaufen. Ein Erwachsener schlug auf seine Kinder ein. »Ich sagte euch doch, ihr habt hier nichts zu suchen«, schrie er und fing an zu heulen und zu schluchzen. Die Menschen waren in Panik, standen unter Schock. Ich auch. Eine Granate war explodiert und hatte drei Jungen zerfetzt, sie waren nicht mehr wieder zu erkennen. Fünf weitere Kinder waren schwer verwundet. Zwei der Jungs, die gestorben waren, waren Brüder, Bauernsöhne, beide älter als ich. Der dritte Junge war in meinem Alter. Die Verletzten wurden ins Krankenhaus gebracht, die Toten geborgen. Doch an all das habe ich keine Erinnerung mehr. Nur noch Bruchstücke, Fetzen sind mir von diesem schrecklichen Abend geblieben. Drei Männer aus dem Dorf sprachen dann mit jedem von uns Kindern noch einzeln. Sie wollten wissen, was vorgefallen war, und untersagten uns, jemals wieder dieses Gelände zu betreten. Am nächsten Tag wurde der Platz mit einem hohen Bretterverschlag abgesperrt. Von uns Kindern hätte ohnehin keines jemals wieder einen Fuß auf dieses Gelände gesetzt.

Drei Tage nach dem Unglück war die Beerdigung. Die Kirche war voll. Die Trauernden standen bis vor das Kirchentor. Nach der Totenmesse zog die Trauergemeinde zum Friedhof, eine große Prozession mit schwarz gekleideten Menschen. Die Sonne schien, die Vögel tirilierten, es war ein warmer Frühsommertag. Während der Beerdigungsfeier fingen manche Menschen an, laut zu schluchzen. Eine junge Frau stützte die Mutter der toten Brüder, die gekrümmt und mit bleichem, schmerzverzerrtem Gesicht am offenen Grab stand. Ihr Mann stand neben ihr. Seine Augen waren rot gerändert, das magere, wettergegerbte Gesicht war tränennass. Seinen schwarzen Hut hielt er in den Händen, die er vor seinem Körper gefaltet hatte. Hinter ihm standen die Eltern des dritten verunglückten Jungen, beide stumm, mit fahlen Gesichtern, er mit gesenktem Kopf und hängenden Schultern, seine Frau mit verquollenen Augen, den Rücken vor Gram gebeugt.

Erinnerungen an den Tod meiner beiden Schwestern Lieselotte und Kätchen stiegen in mir hoch. Sie waren vor anderthalb Jahren an Scharlach-Diphtherie gestorben, beide am 16. Januar 1944. Auf den Tag genau drei Jahre zuvor, am 16. Januar 1941, war meine damals achtjährige Schwester Erika an Scharlach gestorben. Lieselotte, mit 13 die Älteste, und Kätchen, mit etwas mehr als drei Jahren die Jüngste von uns, waren nur wenige Tage im Krankenhaus gelegen. Dann waren sie ihrer schweren Krankheit, einer Epidemie, die damals, im Winter 1943/44 in Greifenberg viele Kinder, aber auch Erwachsene dahinraffte, erlegen. Kurz bevor Lieselotte ins Krankenhaus eingeliefert wurde, hatte Mutter sie in den Blumenladen geschickt. Sie sollte einen Kranz zum dritten Todestag von Erika bestellen. Dieser Kranz lag wenige Tage später auf dem Grab, in dem sie und Kätchen beerdigt wurden.

Wahrscheinlich hatte ich meine Schwestern angesteckt. Über Weihnachten 1943 lag ich mit Scharlach im Krankenhaus. Ich hatte hohes Fieber, heftige Gliederschmerzen und Atemnot. Anfang Januar wurde ich entlassen, obwohl ich noch angeschlagen war. Kurz darauf erkrankten alle meine Schwestern schwer an der Infektionskrankheit. Erst Hildegard, dann Lieselotte und zuletzt Kätchen. Klaus blieb verschont. Wir hatten damals eine Haushaltshilfe, Anna, die seit Frühjahr 1941 bei uns arbeitete. Mutter war nach Kätchens Geburt Anfang Oktober 1940 an Kindbettfieber erkrankt, lag monatelang im Krankenhaus und hatte seitdem ein offenes Bein. Kinderreichen Familien – Kätchen war das sechste Kind meiner Eltern – wurde kostenfrei eine Haushaltshilfe gestellt. Ein Geschenk des Führers. Anna war eine Bauerntochter aus der Nähe von Kolberg, eine warmherzige, zupackende junge Frau mit freundlichem, wettergegerbtem Landarbeiterinnengesicht, blauen Augen und langen dunkelblonden Zöpfen. Wir Kinder liebten sie sehr. An den Tagen, als meine Eltern in tiefer Sorge um ihre todkranken Töchter waren, kümmerte sich Anna besonders fürsorglich und liebevoll um Klaus und mich. Sie weinte mit uns, betete mit uns für unsere Schwestern, lenkte uns aber auch ab, indem sie lange Spaziergänge mit uns machte und uns Geschichten erzählte.

Der 16. Januar 1944 war ein Sonntag, Anna hatte ihren freien Tag. Wir wollten uns gerade auf den Weg zur Kirche machen, als ein Auto vorfuhr. Ein Mann stieg aus und klopfte an unsere Tür. Er war gekommen, um meine Eltern ins Krankenhaus zu holen. Dort erfuhren sie, dass ihre große Tochter Lieselotte bereits in der Nacht gestorben war und die Kleinste, Kätchen, die nächsten Stunden nicht überleben würde. Als meine Eltern zu ihr kamen, lag sie schon in ihren letzten Zügen. Sie starb in ihrem Beisein. Hildegard sei ebenfalls in der Krise, eröffneten ihnen die Ärzte; in den nächsten zwei Tagen würde sich entscheiden, ob sie überleben würde.

Um die Mittagszeit kamen meine Eltern zurück. Mutter war in Tränen aufgelöst. »Lieselotte und Kätchen sind tot«, presste mein Vater mit tränenerstickter Stimme hervor und dann fing Mutter an, wild und verzweifelt zu schluchzen. »O nein, das ist nicht wahr!«, stammelte ich. Die Tränen stürzten mir aus den Augen, eine abgrundtiefe Verzweiflung packte mich. Ich kroch zu Klaus auf das Sofa, dort kauerten wir beide lange, weinend und wimmernd. Nachmittags kamen die Großeltern Menze, Vaters Geschwister, die

Nachbarn. Alle waren fassungslos, redeten, weinten, trauerten. Lieselotte und Kätchen waren gestorben. Vor vier Tagen waren sie noch hier herumgelaufen. Und Hildegard! Sie war auch so schwer krank. Wenn sie nun auch noch starb! Vater und Mutter saßen am Tisch, beide gebeugt in tiefem Schmerz um ihre Töchter, in banger Sorge um Hildegard. Vater war in sich zusammengefallen. Gebrochen. Es war der tragischste Sonntag in meinem Leben. Der Tod meiner beiden Schwestern riss, drei Jahre nach Erikas Tod, nochmals ein tiefes Loch in unsere Familie und hinterließ eine große, klaffende Wunde.

Ich blickte auf die Eltern der verunglückten Jungen, die auf dem Friedhof in Ahrenbök an den offenen Gräbern ihrer Söhne standen. Ich sah ihre Verzweiflung, ihren Gram und spürte, wie ein brennender Schmerz in mir hochstieg, sich in mein Herz bohrte und meine Brust umklammerte, ein wilder, qualvoller Schmerz. Die tiefe Verzweiflung, in die ich an jenem Sonntag in Greifenberg gestürzt war, wurde hier in Schleswig-Holstein wieder akut. Noch einmal durchlebte ich die Trauer und Trostlosigkeit, die sich durch den Tod meiner Schwestern über unsere Familie gelegt hatten.

Anna tauchte wieder vor meinem inneren Auge auf, Anna, dieses gefühlvolle, bodenständige Geschöpf. Am Tag, nachdem meine Schwestern gestorben waren, kam sie wieder und wusste natürlich längst, was geschehen war. Sie nahm mich an ihre eine und Klaus an die andere Hand und ging mit uns spazieren. »Lieselotte und Kätchen, sie sind gestorben. Aber ich kann es gar nicht glauben«, sagte ich zu Anna. »Ja, das verstehe ich gut«, stimmte sie mir zu. »Du brauchst eine Weile, bis du das begriffen hast.« »Aber warum sind sie tot?«, jammerte ich. »Weil sie so schwer krank waren«, erklärte sie mir. »Jeder Mensch muss einmal sterben, auch ich und du müssen irgendwann sterben. Das ist so.« »Was geschieht jetzt, Anna?«, wollte ich wissen. Und sie erklärte mir, dass unsere toten Schwestern in einen Sarg gelegt worden seien und in zwei oder drei Tagen auf dem Friedhof begraben würden, nahe dem Grab, in dem Erika vor drei Jahren beerdigt worden sei. »Ich möchte den Sarg sehen«, bettelte ich. »Das geht nicht«, entgegnete sie. »Niemand darf in die Leichenhalle. Lieselotte und Kätchen hatten eine ansteckende Krankheit. Und wenn wir dorthin gehen, nehmen wir die Krankheitserreger auf und stecken uns und andere an.« Noch lange ging Anna mit uns spazieren und beantwortete geduldig unsere Fragen. Zwischendrin erzählte sie uns Geschichten, denen ich nicht folgte und die mich auch nicht interessierten. Ich lauschte nur dem Klang ihrer Stimme, der mich tröstete, hielt mich an ihrer Hand fest und fühlte mich bei ihr aufgehoben. Auch Klaus umklammerte Annas Finger und schmiegte immer wieder den Kopf an ihren Arm.

Unbedingt wollte ich den Sarg sehen, in dem meine Schwestern lagen. Ich drängte Anna so lange, bis sie schließlich nachgab. »Aber nur, wenn du niemandem davon erzählst«, beschwor sie mich und ging mit mir zur Aufbahrungshalle. Es war kalt in der Leichenhalle, unsere Schritte hallten auf dem hellen Pflaster. Der Sarg meiner Schwestern war so breit, dass er nicht durch den Eingang zur Aufbahrungshalle gepasst hatte und im Vorraum abgestellt worden war. Weil sie fürchten mussten, dass Hildegard auch noch sterben könnte, hatten meine Eltern den Sarg für drei Kinder anfertigen lassen. Er war ein breiter Schrein aus dunklem, glatt poliertem Holz. Auf dem Deckel lag ein großes Bukett mit weißen Lilien, die einen süßlichen Duft verströmten. »Da liegen die beiden drin«, flüsterte Anna mir zu, »und Kätchens Lieblingspuppe, du weißt schon, das kleine Stoffpüppchen, ist mit im Sarg.« Kätchen und Lieselotte, die Jüngste und die Älteste. Die beiden hatten sich gut vertragen, sie hatten sich gemocht. Nun lagen sie beisammen in dieser Kiste. Das tröstete mich.

Am Dienstag erfuhren wir, dass Hildegard die Krise überstanden hatte und ihr Leben außer Gefahr war. Am folgenden Tag, am Mittwoch, sollte die Beerdigung sein. Wie hier, in Ahrensbök, war die Kirche in Greifenberg voll mit schwarz gekleideten Menschen, die nach dem Gottesdienst zum Friedhof zogen. Es war ein kalter, verhangener Januartag, die Gräber waren verschneit. Aus unserem Grab war eine breite, tiefe Grube ausgehoben. Quer darüber lagen

73

Holzbalken, auf denen der Sarg mit meinen Schwestern abgestellt war. Neben dem Grab war ein hoher, dunkler Erdhaufen mit gefrorenen Erdklumpen, auf dem mehrere Kränze lagen. Als vier Männer in schwarzen Anzügen die Balken unter dem Sarg wegzogen und an dicken Seilen den Holzschrein in die Grube senkten, fing Mutter an, herzzerreißend zu schluchzen. Mein Vater hob seinen Kopf, blickte in den Himmel. Seine Lippen bebten, aus seinen Augenwinkeln liefen Tränen, er schüttelte fassungslos den Kopf. Ich presste mich an Anna, die Klaus und mich an ihren Händen hielt, und sah zu ihr hoch. Ihr Gesicht war tränennass, sie sah mich an, nickte mir zu und drückte mir fest die Hand, während sie versuchte, mich anzulächeln. Ich spürte nichts, keine Trauer, keinen Schmerz, nur eine grenzenlose Leere. Ich sah die weinenden Menschen, hörte ihr Schluchzen, doch es erreichte mich nicht. Starr vor Kälte und wie betäubt stand ich neben Anna.

Wie alle Kinder und Jugendlichen war auch Lieselotte bei der Hitlerjugend gewesen, bei den Deutschen Jungmädel. Die Mitgliedschaft war Pflicht für jedes Kind, das sein zehntes Lebensjahr erreicht hatte. Meine Eltern hatten versucht, sie von der Hitler-Organisation fern zu halten, hatten aber schließlich dem Druck der Parteifunktionäre nachgegeben, die bei uns zu Hause aufgetaucht waren und mit Sanktionen gedroht hatten. Nun vereinnahmten die Gruppenführer der Deutschen Jungmädel die Beerdigungszeremonie. Als der Sarg in die Grube gesenkt wurde, spielte eine Blaskapelle »Ich hatte einen Kameraden«. Dann zog ein Uniformierter den Kranz aus den anderen Kränzen hervor, an dem die Schleife mit dem Hakenkreuz hing und legte ihn für alle sichtbar neben das Grab. Die Gruppenführer drückten der Beerdigung ihren politischen Stempel auf. Dass Kätchen auch bestattet wurde, ging dabei unter. Meine Eltern wurden im Schmerz um ihre Töchter auch noch brüskiert.

Nach der Begräbniszeremonie zog die Trauergemeinde zum Leichenmahl, das Großmutter Menze im Trockenraum ihrer Wäscherei ausrichtete. Die Tische, auf denen normalerweise die Wäsche gefaltet wurde, waren weiß gedeckt, der ganze Raum war voll mit

Menschen. »Kommt, wir gehen spazieren«, sagte Anna, nahm Klaus und mich bei der Hand und holte uns weg von dieser traurigen und aufgewühlten Menschenansammlung. Irgendwann im Laufe des Nachmittags fuhr uns Onkel Willi mit seinem schwarzen Taxi nach Hause.

Anna blieb nach der Beerdigung noch wenige Tage bei uns. Wir waren nun nur noch drei Kinder. Mutter stand keine Haushaltshilfe mehr zu. Annas Weggang war ein herber Verlust für mich. Ich fühlte mich unendlich einsam und verlassen in dieser Zeit.

Über den Tod meiner Schwestern und den Schmerz, der seitdem auf unserer Familie lastete, wurde zu Hause nie gesprochen. Gleichzeitig waren die Trauer und das große Leid allgegenwärtig. Für mich war das schlimmer als der Verlust der zwei Schwestern. Im Gegensatz zu Erika, meiner Seelenverwandten, die mir sehr nahe gestanden hatte, die mir schmerzlich fehlte und nach der ich mich oft sehnte, hatte ich zu keiner von den beiden eine innige Beziehung gehabt, weder zu Lieselotte, die mich oft gepiesackt und vor der ich immer Angst gehabt hatte, noch zu Kätchen. Sie war erst drei Jahre alt gewesen. Und ich hatte vermutlich schon deswegen Distanz zu ihr gehalten, weil sie Lieselottes Schützling war. Das Schreckliche für mich war, dass durch den Tod der Schwestern unsere Familie fast zur Hälfte ausgelöscht worden war und meine Eltern an diesen Verlusten nahezu zerbrachen. Vor allem meine Mutter muss unglaublich gelitten haben. Als Reaktion auf dieses erdrückende Leid zog sie sich immer mehr auf ihre Krankheit zurück. Unsere Familie erholte sich nicht mehr von diesem schweren Schlag. Der Krieg tat ein Übriges. Als Dauerbedrohung lastete er über uns allen. Ein dreiviertel Jahr nach dem Tod meiner Schwestern, im Herbst 1944, musste Vater an die Front, ein Jahr danach, im Februar 1945, sind wir geflohen. Und nun, ein halbes Jahr nach unserer Flucht, stand ich hier auf dem Friedhof in Ahrensbök an den Gräbern dreier Spielkameraden, deren gewaltsamen Tod ich hautnah miterlebt hatte.

Nach der Katastrophe stand die ganze Dorfgemeinschaft tage-, wochenlang unter Schock, Lähmung und tiefe Trauer lag über allen. Später machten sich die Erwachsenen gegenseitig Vorwürfe und nach einigen Wochen kam es auch zu einer Gerichtsverhandlung. Das alles hat uns Kinder wenig interessiert. Wir trafen uns täglich auf der Wiese hinter der Scheune eines kleinen Bauernhofs im Dorf und redeten über das Unglück. Dass die drei Jungen nicht mehr lebten, konnten wir einfach nicht fassen. »Für mich ist es, als wären sie noch da«, sagten immer wieder welche von uns. Schuldgefühle plagten uns: »Ich bin ja auch auf den Munitionswagen geklettert und habe eine Granate angefasst. Sogar ein Gewehr hatte ich in der Hand«, sagte ein Junge, der etwas älter war als ich. »Aber ich lebe noch. Und sie sind gestorben. Das ging so schnell!« Ungläubig schüttelte er den Kopf. »Hoffentlich werden die anderen wieder gesund, die jetzt im Krankenhaus liegen«, jammerte ein Mädchen, das auch einmal mit mir im Panzer gespielt hatte. »Wären wir da doch bloß nie hingegangen! Die Eltern haben es uns ja ausdrücklich verboten.« Ja, hätten wir das nur nicht getan! Jetzt waren diese Jungen tot und wir waren schuld daran. »Ob das eine Todsünde ist, was wir getan haben?«, flüsterte ein anderes Mädchen. Sie sprach aus, was manche von uns dachten. Wir hatten Schuldgefühle und fürchteten, dass Gott uns bestrafen würde. »Aber die Erwachsenen fahren auch mit diesen Panzern und schießen damit. Und sie werfen Granaten und Bomben. Sie machen auch Krieg. Warum ist es uns verboten?«, fragte einer der Jungen. Warum eigentlich? So hatte ich das noch gar nicht gesehen. Tag für Tag trafen wir Kinder uns, wälzten unsere Ängste, teilten uns unsere Schuldgefühlte mit, beredeten immer und immer wieder unsere Gefühle, Sorgen und Gedanken. Wir waren eine Schicksalsgemeinschaft, zusammengeschweißt durch das schreckliche Unglück.

Es war Hochsommer, ein heißer, sonniger Tag. Mutter war mit dem Postauto nach Lübeck zum Arzt gefahren. Ich pflückte mit der Bäuerin und deren Tochter im Garten Himbeeren, als ich einen Mann die Dorfstraße auf uns zuhumpeln sah. Eine abgemagerte Gestalt, gestützt auf einen Stock. Der Mann war dunkelhaarig. Seine

Augen lagen tief in den Höhlen, dunkle Bartstoppeln standen auf seinem eingefallenen Gesicht. Er trug ein dunkelgraues Hemd und hatte die Ärmel hochgekrempelt. Die schwarze, verdreckte Hose, die er mit einer Kordel um die Taille zusammengeschnürt hatte, schlackerte ihm um die Beine. Mir blieb das Herz stehen. »Mein Vater!«, durchfuhr es mich. Da hob die Bäuerin den Kopf, sah den Mann und stieß einen Schrei aus. Sie ließ das Eimerchen mit den Himbeeren fallen, das sie in der Hand gehalten hatte, rannte zum Gartentor, riss es auf und lief auf den Mann zu, der ihr entgegenhinkte. »Hans«, schluchzte sie, »Hans! Du lebst. O mein Gott!«, und die beiden fielen sich in die Arme. Der Sohn der Bauern war aus dem Krieg heimgekehrt und die Familie war überglücklich, erlöst, dankbar, dass sie ihren Jungen wiederhatten. Bis auf die Beinverletzung, die verheilte, und die körperliche Ausgezehrtheit war er wohlauf. Ich war enttäuscht, die Sehnsucht nach meinem Vater zehrte in mir und ich verkroch mich hinter die Scheune. Es war schwer für mich, das Glück der Bauern auszuhalten.

Am nächsten Tag luden sie zu einem Fest ein, um die Freude mit uns und den Dorfnachbarn zu teilen. Doch ich konnte mich nicht freuen, im Gegenteil. Ich war traurig. Traurig, dass mein Vater nicht gekommen war, traurig über unsere zerrissene, geschrumpfte Familie, über meine Mutter, die immer wieder in ihrer Verzweiflung versank, über unser Unglück.

In den folgenden Wochen trafen noch einige Kriegsheimkehrer im Dorf ein. Auch wir warteten, bangten und hofften. Im Gemeindehaus hingen die Suchlisten und die Listen der Gefallenen. Mutter ging jeden Tag hin und studierte diese Listen. Unser Vater war nie dabei, weder bei denen, die ihre Familie suchten, noch bei den Gefallenen. Das nährte unsere Hoffnung.

Der Sommer verging. Ich arbeitete täglich auf dem Hof und auf den Feldern, half bei der Heu- und bei der Kartoffelernte, sammelte auf dem Feld Ähren ein und traf mich oft mit den Dorfkindern, mit denen ich seit dem Unglück eine gemeinsame, wenn auch schreckliche, Erfahrung teilte und denen ich mich verbunden fühlte. Ich

77

hatte mich eingelebt in Ahrensbök, hatte meinen Platz bei den Bauern und bei den Kindern.

Im Herbst begannen die Besatzungsmächte mit der so genannten Entnazifizierung: Ehemalige Nationalsozialisten und Militaristen wurden aus staatlichen, politischen und wirtschaftlichen Positionen entfernt. Auch der Bürgermeister von Ahrensbök musste sein Amt abtreten. Zu seinem Nachfolger ernannten die Briten unseren Bauern, der gut Englisch konnte und zu den Nazis Distanz gehalten hatte. Für uns bedeutete das erneut Quartierwechsel, denn der Bürgermeister von Ahrensbök war nicht verpflichtet, Flüchtlinge unterzubringen. Als Amtsperson könne er uns jetzt nicht mehr gebrauchen, teilte er Mutter mit und bereitete sie darauf vor, dass er uns eine neue Unterkunft suchen werde. Innerhalb weniger Tage hatte der Bauer eine andere Bleibe für uns aufgetan: Anfang Herbst wurden wir in ein Forsthaus umquartiert, etwa zehn Kilometer nordwestlich von Lübeck. Hans, der Sohn des Bauern, fuhr uns und unsere wenigen Habseligkeiten mit Pferd und Wagen dorthin. Wieder wurde ich herausgerissen aus einer Welt, in der ich gerade begonnen hatte, Fuß zu fassen.

SAMMELN, BETTELN, STEHLEN

Das Forsthaus stand auf einer Lichtung inmitten eines Misch-
waldes. Ein breiter Fahrweg führte auf das Haus zu. Als wir ankamen, leuchtete die Herbstsonne mild auf die golden verfärbten Buchen und grün-bräunlich schattierten Eichen, die die Lichtung
säumten. Dazwischen stachen vereinzelt dunkle Tannen und Fich-
ten hervor. Das Haus war ein Ziegelbau, braungrau getüncht, mit
schwarzbraunem Dach und dunkelbraunen Fensterläden. Im Wohn-
trakt mit gemütlicher Stube, Küche, Kinder- und Schlafzimmer lebte Förster Klopp mit seiner Frau, seiner Tochter Lotte und seinem
Sohn Horst, die beide jünger waren als ich. Wir wurden im Anbau
des Waldhauses untergebracht, zwei Lagerräumen mit rohen Holzfußböden, in denen der Förster bislang sein Wild ausgeweidet und
gelagert hatte.

Der vordere Raum wurde unsere Stube, in der Mutter schlief. Auf
der einen Seite stand eine Küchenhexe, ein weiß emaillierter Guss-
eisenherd mit Holzfeuerung, auf dem wir kochen konnten, gegenüber ein Tisch mit vier Stühlen, dahinter in der Ecke Mutters Bett
und in der anderen Ecke ein Kanonenofen. Als kleine Küchenaus-
stattung hatte uns die Bauernfamilie etwas Geschirr und einen
Kochtopf mitgegeben. Im hinteren Raum, der nicht beheizbar war,
standen ein Schrank und zwei Betten, eines für mich, das andere für
Hildegard und Klaus. Die Einrichtung hatte uns das Flüchtlingsamt
zur Verfügung gestellt. Dazu erhielten wir Federbetten, Bettwäsche
und Wolldecken. Elektrischen Strom hatten wir nur im vorderen
Raum. Von der Decke hing eine nackte Glühbirne, eine Funzel, die
bei Dunkelheit das Zimmer in schummriges Dämmerlicht tauchte.
Das Wasser mussten wir aus dem Brunnen holen, der ein paar Meter

vor dem Haus stand. Die Toilette war, wie damals üblich, ein Plumps-klo hinter dem Forsthaus.

In unserem neuen Quartier lebten wir fernab jeder Zivilisation. Nach Ahrensbök hatten wir eine halbe Stunde Fußmarsch, nach Strukdorf, dem anderen Ort, war es fast ebenso weit. Mutter war ver-zweifelt. Erneut war sie abgeschoben worden, verfrachtet in die Ein-samkeit, die sie hasste. Kein Arzt war in Reichweite. Das habe man mit ihr nur machen können, weil sie eine allein stehende, kranke Frau war, davon war sie überzeugt. Der Förster, ein großer, hagerer Mann mit wettergegerbtem Gesicht und leuchtenden blauen Augen, rede-te unserer Mutter gut zu und machte ihr Mut. »Da finden sich Lö-sungen, Sie werden sehen.« Er und seine Frau waren freundlich zu uns, wohlwollend. Sie zeigten uns, wo wir Feuerholz sammeln konn-ten und unterstützten uns nach Kräften. Doch Mutter war untröst-lich. Oft saß sie stundenlang in der Stube und beweinte ihr Unglück.

Auch ich war traurig. Gerade hatte ich angefangen, in Ahrens-bök Freundschaften zu schließen, Fuß zu fassen. Nun war mir auch das wieder genommen worden, erneut wurde ich abgeschoben. Das Gefühl, Flüchtling, Mensch zweiter Klasse, ausgegrenzt zu sein, setz-te sich mehr und mehr in mir fest. Wieder war ich ohne Zuhause. Ich fühlte mich entwurzelt und isoliert hier im Wald. Zwar wohnte die Försterfamilie bei uns und diese Menschen bemühten sich um uns. Aber sie waren Fremde. Wieder musste ich neu anfangen. Zu al-ledem war ich hier im Wald verstärkt meiner Mutter ausgesetzt, die-ser trauernden, unglücklichen, mit ihrem Schicksal hadernden Frau.

Doch je länger sie klagte, desto mehr steuerte ich dagegen. Ich wollte mich nicht dem Leiden ergeben. »Weinen bringt mich nicht wei-ter«, entschied ich und begann, unsere neue Situation zu akzeptie-ren. Immerhin waren wir jetzt wieder für uns. Wir hatten eine Un-terkunft mit zwei Räumen. Die Einrichtung war zwar dürftig, aber wir konnten selber kochen, hatten richtige Betten und mussten nicht mehr auf Strohsäcken schlafen. Wir hatten einen Start. Und so begann ich, mich nach dem ersten Schock zu arrangieren und neu zu orientieren.

Hier im Forsthaus mussten wir bei den Quartiergebern nicht mehr arbeiten, wir wurden aber auch nicht verpflegt. Beim Bauern in Ahrensbök konnten wir nach wie vor täglich Milch holen, das hatte er uns angeboten. Außerdem erhielten wir Essensmarken, wie damals jeder. Doch die halfen uns wenig, sie waren im Grunde wertlos. Die Lebensmittelläden, in denen man sie eintauschen konnte, waren leer. Es gab nichts. Attraktiv waren allerdings die Rauchermarken, die jeder bekam. Diese Abschnitte für Zigaretten wurden auf dem Schwarzmarkt hoch gehandelt. Und Mutter konnte sie gegen Nahrungsmittel eintauschen. Aber die reichten natürlich nicht einmal für das Nötigste. Und so mussten wir uns alles, was wir zum Überleben brauchten, irgendwie beschaffen. Sammeln, betteln, stehlen. Das wurde jetzt unsere Hauptbeschäftigung.

Anfangs gingen wir fast jeden Tag nach Ahrensbök, nicht nur der Milch wegen. Vor allem wollten wir unsere Spielkameraden treffen. Wir liefen die Bahngleise entlang, die durch den Wald hinter dem Forsthaus vorbeiführten, dann quer über ein Kornfeld und zwischen den Hecken, die in Schleswig-Holstein die Felder eingrenzten, zum Dorf. Oft vergaßen wir beim Spielen mit unseren Freunden die Zeit und kamen erst bei Dunkelheit ins Forsthaus zurück. Dann gabs Krach. Meistens hatten wir auch schon die Milch leer getrunken.

»Was essen wir heute?« Das war unsere Hauptsorge. Täglich schickte Mutter uns los. »Geht mal gucken, ob nicht noch ein Bauer Kartoffeln oder Rüben erntet und fragt, ob ihr was kriegt. Aber kommt mir ja nicht ohne etwas Essbares zurück!« Wir machten uns auf den Weg und fragten. Meistens wurden wir abgewiesen. Dann zogen wir weiter durch die Äcker und Gemüsefelder, die noch nicht abgeerntet waren. Überall streunten Menschen mit Rucksäcken und Einkaufsnetzen herum, auf der Pirsch nach Nahrung, wie wir. Oft waren es Männer, Kriegsheimkehrer, die aus der Stadt kamen und die ganze Umgebung nach etwas Essbarem absuchten. Die Bauern versuchten, ihre Ernte zu verteidigen, und bewachten ihre Felder, so dass wir nie wussten, ob die Herumstreichenden nun stehlen wollten, wie wir, oder ob sie zu den Bauern gehörten und die Äcker beaufsichtigten. Aus Mitleid mit uns Kindern gaben uns manche der Männer von dem ab, was sie selber gestohlen hatten. Aber wir waren immer vorsichtig, auf der Hut vor denen, die sich uns näherten. Wo wir uns unbeobachtet fühlten, gruben wir hastig mit den Händen ein paar Möhren, Steckrüben oder Kartoffeln aus, rissen einen Kohlkopf ab und rannten davon. Schnell fanden wir heraus, wo die dicksten Rüben wuchsen: nicht in den Randfurchen, sondern in der Mitte des Feldes.

Einmal entdeckte uns ein Bauer, während wir Steckrüben aus seinem Acker buddelten. »Haut sofort ab!«, schrie er, »sonst hetze ich den Hund auf euch.« Wir wollten noch rasch die Rüben aufsammeln, die wir gerade ausgegraben hatten. Da schoss auch schon der schwarze Dobermann des Bauern auf uns zu. Schnell ließen wir alles fallen und rannten los. Daraufhin pfiff der Ackerbesitzer seinen Hund wieder zurück.

Es war ein Kampf. Immer hatte ich Angst, erwischt zu werden, und dabei das Gefühl, rechtlos zu sein. Wir gehörten nirgendwo hin, waren heimatlos, fast wild und für die Einheimischen lästige Habenichtse, die hier störten und sie obendrein bestahlen. Mit der Zeit aber wurde diese Jagd nach Essen fast zu einem Sport, zu einem spannenden Wettkampf, wer geschickter, gewitzter und ausgekochter war. Ehrgeiz trieb mich, Mutter zu zeigen, dass es möglich war, sich durchzuschlagen. Ich ließ den Kopf nicht hängen, sondern wollte ihr beweisen, dass ich schlau war, pfiffig und lebenstüchtig. Ich war in der Lage, uns Essen zu beschaffen, und freute mich natürlich, wenn ich Beute nach Hause brachte. Dann war Mutter erleichtert und zufrieden mit mir.

Während unserer Zeit im Waldhaus litten wir wirklich Hunger. Nicht diesen bohrenden Hunger, denn je weniger wir zu essen hatten, desto mehr stellten sich unsere Mägen darauf ein. Es waren eher Schwächezustände, die uns zu schaffen machten, und oft hatten wir das Gefühl: Wenn wir jetzt nicht bald etwas zu uns nehmen, können wir nicht mehr laufen und brechen zusammen. Also versuchten wir, alles, was an Kräutern, Grünzeug und Wurzeln auffindbar war, zu essen. Wir kochten uns Sauerampfer, Brennnesseln und allerlei Unkräuter, die wir nicht kannten. Manches war so bitter, dass es einfach ungenießbar war. Anderes schmeckte zwar scheußlich, aber wir aßen es, denn es war besser als gar nichts. Ernährt haben wir uns hauptsächlich von dem, was wir auf den Feldern ergattern konnten. Und von Beeren, die wir in der Natur fanden, Brombeeren, Schlehen, Erdbeeren und Himbeeren. Alles wurde gesammelt und verwertet. Für einen Zentner Bucheckern bekam man an einer Abgabestelle im Dorf drei Liter Speiseöl. Weil ich mich im Wald gut auskannte, wusste ich, wo die dicksten Bucheckern zu finden waren, und sammelte mit meinen Geschwistern säckeweise diese Nüsschen. Mutter verkaufte das Öl auf dem Schwarzmarkt und brachte dann Zucker, Brot und Mehl mit. Wir aßen die Bucheckern auch selbst. Wir rösteten sie auf der Herdplatte, dabei löste sich die Schale mit dem giftigen Blausäureanteile. Die Bucheckern zerrieben wir zu Mehl und verwendeten sie für Brei oder als Suppeneinlage.

Einmal, als wir Kinder Wasser holten und sehr lange pumpten, wurden plötzlich Teile von Fröschen aus der Leitung gespült. Die Tiere waren im Brunnen gehockt und durch den Pumpsog zerrissen worden. Diese Froschstücke kochten wir lange und reicherten damit unsere Suppe an. Froschfleisch in der Brühe, das war für uns ein kleines Festmahl.

Hunger und die Suche nach Essen bestimmten einen großen Teil unseres Lebens im Wald. Aber wir Kinder waren auch verspielt, erfinderisch und hatten unseren Spaß. Vorsichtig freundeten wir uns mit Lotte und Horst, den Försterkindern, an, spielten mit ihnen Räuber und Gendarm, Fangen und Verstecken. Meistens aber blieben wir Geschwister für uns. Tagaus, tagein strichen wir in der Natur herum und erkundeten unsere Umgebung, oft bis spät in den Abend hinein. Das war spannend. Bald kannten wir jeden Baum, jeden Stein, gaben jedem Waldweg einen Namen. Eichelweg, Hasenweg, Waldstraße, Am Wall nannten wir unsere Pfade. Stück für Stück eigneten wir uns das Revier an. Aus Moos, Steinen und Zweigen bauten wir uns Waldhäuser und Burgen. Auf einer kleinen

Lichtung, unweit vom Forsthaus, war ein sumpfiges Gelände. Als wir herausgefunden hatten, wie wir zu diesem Moorgebiet gelangen konnten, ohne einzusinken, bauten wir dort ein Haus, in das wir uns oft zurückzogen. Mit Steinen und Zweigen markierten wir die Zimmer, die Einrichtung existierte nur in unserer Fantasie. Wir orientierten uns an Tag und Nacht, an Kälte, Nässe, Sonnenschein. Uhr oder Kalender spielten für uns keine Rolle, wir besaßen ohnehin weder das eine noch das andere. Wir lebten wild, aber auch frei. Und so war dieser Herbst im Forsthaus bei allem Schweren auch unbeschwert.

Je näher der Winter heranrückte, desto mehr Menschen kamen in unseren Wald, um Brennholz zu sammeln und sich für die kalte Jahreszeit einzudecken. Sie legten ihre mit Kleinholz gefüllten Beutel ab, um weiterzusuchen. Einmal rissen wir uns eine dieser vollen Taschen unter den Nagel und flüchteten damit in unser Moorgebiet. Der Besitzer sprang uns nichts ahnend hinterher, versank fast bis zu den Knien im morastigen Sumpf, schimpfte und fluchte und gab seine Verfolgungsjagd auf. Für uns Kinder war das ein Spiel, ein Kitzel und ein Erfolg.

Irgendwann erfuhr Mutter, die Besatzungsmächte hätten die Gefangenenlager geöffnet und die Insassen freigelassen. Angst ging um. Die meisten waren politische, von den Nazis verfolgte Gefangene, darunter viele Polen, von denen man fürchtete, sie würden sich nun für das ihnen zugefügte Unrecht rächen. Es waren aber auch Kriminelle unter den Häftlingen. Und die liefen jetzt alle frei herum, plünderten und gingen auf Zivilisten los? Mutter besorgte sich ein Beil und schlief nur noch mit ihrer Waffe in Reichweite. Seltsamerweise hatte ich keine Angst. »Hier vermutet uns niemand und hierher verirrt sich auch keiner«, dachte ich. Wir lebten tief im Wald. Doch Mutter brauchte das Gefühl, sich verteidigen zu können.

Sie fühlte sich elend in dieser Abgeschiedenheit, verzehrte sich vor Sehnsucht nach unserem Vater und trauerte viel um ihre verstorbenen Töchter. Ich konnte das verstehen und war auch traurig.

Dennoch tat es mir weh. Wir waren doch auch noch da! Aber weil sie sich gänzlich überfordert fühlte, erdrückt von ihrem Schicksal, bedrängt von Hunger und Not, schienen wir ihr oft eine Last zu sein. Sie war genervt, dass mein Bruder jede Nacht ins Bett nässte, klagte, dass wir ihr so viele Sorgen bereiteten, und lebte ihre Verzagtheit meist an uns aus. Es war ein Dilemma: Wir hätten eine Mutter gebraucht, aber sie war selbst am Ende. Sie schlief viel in dieser Zeit oder saß auf einem Stuhl und hatte das kranke Bein hochgelagert. Oft weinte sie, war niedergeschlagen und begehrte im nächsten Moment wieder dagegen auf. Ich als das Älteste der Kinder musste die täglichen Hausarbeiten erledigen: Wasser holen, einheizen, kochen, spülen, aufräumen. Kaum war ich fertig, verdrückte ich mich mit meinen Geschwistern in den Wald, um dieser Depression zu entkommen.

Einmal lud uns die Försterfamilie zum Essen ein. Das war außergewöhnlich, denn bei dem Wenigen, das man damals hatte, konnte und wollte man nicht auch noch teilen. Dabei erfuhr unsere Mutter, dass ein Bauer mit seinem Pferdewagen zweimal wöchentlich morgens nach Lübeck fuhr, am späten Nachmittag zurückkehrte und gegen Bezahlung Fahrgäste mitnahm. Das Fuhrwerk wurde Rummelkutsche genannt. Die nächste Haltestelle war an der Hauptstraße, zehn Minuten Fußweg vom Waldhaus entfernt. Für Mutter war das die Rettung. Nun konnte sie wieder zum Arzt. Vor allem aber kam sie unter Menschen und fand Ablenkung in der Stadt. Sie nutzte diese Möglichkeit sofort und war schlagartig ausgeglichener. An den Tagen, an denen sie nach Lübeck fuhr, weckte sie mich morgens. Ich musste sie zur Haltestelle begleiten, weil sie sich fürchtete, in der Dunkelheit alleine dorthin zu gehen. Vorher hatte sie sich stadtfein gemacht. Manchmal, wenn es sehr kalt war, schlang sie sich einen Wollschal um den Kopf und büschelte ihn, wie es damals Mode war, zu einem Turban. Sie verstand es, sich mit dem wenigen Abgetragenen, das sie hatte, herauszuputzen. Dann gingen wir beide auf dem Fahrweg durch den Wald zur Hauptstraße. Unterwegs instruierte sie mich, was ich während ihrer Abwesenheit zu tun hatte.

»Vergiss nicht, die nasse Matratze von Klaus zum Lüften und Trocknen in die Sonne zu stellen. Räum die Stube und eure Kammer auf und wasch das Geschirr, dass das nicht die ganze Zeit vor sich hingammelt.« Sie trug mir die übliche Liste von Arbeiten auf, die ich Tag für Tag zu erledigen hatte. Die Haltestelle war eine Milchrampe. Dorthin brachten die Bauern ihre vollen Milchkannen, die vom Molkereiwagen täglich abgeholt wurden. An dieser Rampe warteten Mutter und ich meistens eine Weile, bis die Rummelkutsche kam.

Hinterher musste ich allein durch die Dunkelheit zum Forsthaus zurückgehen und hatte natürlich auch Angst. Doch darüber machte Mutter sich sicherlich keine Gedanken. Schon damals, als ich noch nicht einmal elf Jahre alt war, muss sie mich für sehr stark und mutig gehalten haben. Dass auch ich mich fürchten könnte, kam ihr anscheinend gar nicht in den Sinn. Sie verkannte und überschätzte mich und ich erzählte ihr auch nicht von meiner Angst. Dazu fehlte mir das Vertrauen. Ich hatte immer das Gefühl, mich schützen zu müssen.

Auf meinem Rückweg zum Forsthaus im Dunkeln konzentrierte ich mich bei klarer Witterung auf den Himmel über mir, der mir sternenübersät den Weg beleuchtete. »Es gibt immer Engel, die uns begleiten.« Das hatte mir Erika, meine geliebte Schwester, früher in Greifenberg oft erzählt. Und so legte ich bei meinem Gang durch den nächtlichen Wald meinen Kopf in den Nacken, blickte in den Himmel und suchte Kontakt zu den Engeln, die vielleicht sternengleich irgendwo am Firmament standen. Gleichzeitig lauschte ich ständig wachsam auf die Geräusche um mich herum, zuckte jedes Mal erschrocken zusammen, wenn es im Gehölz knackte, blieb stehen und sah mich um. »Hoffentlich kein Mensch!«, fuhr es mir durch den Kopf und ich dachte an die Haftentlassenen aus den Gefangenenlagern.

Manchmal verlor ich in meinem Schreck die Orientierung. Dann wusste ich plötzlich nicht mehr, in welche Richtung ich ging, ob zum Forsthaus oder zur Hauptstraße. »Es kann ja nichts passieren!«, redete ich mir ein. Und so war es dann auch. Schlimmstenfalls musste ich wieder umkehren.

Eines Morgens, als ich von der Haltestelle zurück in den Wald ging, stand plötzlich ein Hirsch mit einem mächtigen Geweih vor mir auf dem Fahrweg. Mir stockte der Atem. Gebannt blickte ich auf das Tier, das reglos vor mir stand, erschrocken wie ich. »Ich tu dir nichts, bitte tu mir auch nichts!«, flehte ich den Hirsch an, starrte auf seine schwarzen, glänzenden Augen, sah seinen Atem, der ihm aus den Nüstern stieg. »Den muss ich jetzt ablenken«, dachte ich, zog das Stück Brot, das ich immer bei mir trug, damit meine Geschwister es mir nicht wegessen konnten, aus meiner Rocktasche und warf es ihm hin. Der Hirsch senkte seinen Kopf mit dem mächtigen Geweih, beschnüffelte das Brot und ich schlich mich um ihn herum. Leise, damit er mich nicht hörte, machte ich mich davon.

Wenn ich morgens im Waldhaus ankam, waren Hildegard und Klaus schon wach. Oft stritten sie sich. In dieser Zeit waren sie wie Hund und Katze zueinander. Ich war selten in ihre Streitereien involviert, mir war dieses Gerangel zuwider. Zudem war ich die Große. An mir orientierten sich die beiden und sie hatten Respekt vor mir. Widerwillig machte ich mich dann an die Arbeit, die Mutter mir aufgetragen hatte. Ich versuchte, meine Geschwister mit einzuspannen. Doch die hatten ebenso wenig Lust wie ich und weigerten sich. Und so erledigte ich die lästigen Pflichten, sortierte Mutters Verbandszeug, räumte hastig die Stube und unsere Kammer auf, ging dann nach draußen und trieb mich, wenn es nicht gerade in Strömen regnete, immer im Wald herum.

Im Spätherbst zog die Försterfamilie aus dem Waldhaus weg nach Struckdorf. Ich erschrak. Jetzt waren wir hier ganz allein. Herr Klopp tauchte zwar immer wieder auf, fütterte das Wild, sah im Wald nach dem Rechten, doch um diese Jahreszeit gab es für ihn im Forst wenig zu tun. Wir drei Kinder gerieten mit unserer Mutter noch mehr in die Abgeschiedenheit.

Die Tage wurden kürzer, der Winter stand vor der Tür. Wir versuchten, uns einen Vorrat anzulegen, bunkerten Bucheckern und

Rüben. Im Schuppen neben dem Forsthaus hatten wir Holz gelagert, das wir ergattert hatten, als der Förster mit den Waldarbeitern Bäume geschlagen hatte. Doch eines Tages war das Holz weg, gestohlen, und wir mussten neues suchen. Der Wald war förmlich leer geräumt. Die Holzsammler gruben sogar die Zaunpfähle aus den Weiden der Bauern aus und nahmen sie mit, um sie zu Brennmaterial klein zu hacken. Wir fanden fast nichts mehr. Nur nasses oder verfaultes Holz, das nicht brannte, wenn wir damit anheizten, und unsere Kammer vollkommen verräucherte.

Ohne es selber zu merken, verlotterten wir Kinder. Im Herbst waren wir viel über die Stoppelfelder gelaufen, um liegen gebliebene Ähren einzusammeln. Die Stoppeln zerkratzten unsere Beine und sonderten einen Saft ab, der die Haut entzündete, wenn man sich hinterher nicht sauber wusch. Das taten wir natürlich nicht und Mutter sagte auch immer: »Wascht euch nicht zu viel! Der Dreck hält euch warm.« Wir bekamen Ausschläge, Pusteln, die vereiterten, juckten und brannten. Stoppelkrankheit nannte man dieses Ekzem, mit dem wir uns wochenlang herumschlugen. Obendrein hatten wir die Krätze und Läuse. Aber das war nach dem Krieg nichts Außergewöhnliches. Das hatten viele.

Ich wusste damals nicht mehr, dass man morgens aufsteht und frühstückt. Wenn ich aufwachte – meistens war ich die Erste –, lag ich noch eine Weile im Bett und hing meinen Träumen nach. Ich erinnere mich nur schemenhaft an diese Träume. Mein Vater kam oft darin vor, und wenn ich halbwach im Bett döste, fantasierte ich, dass er kommt, irgendwann. Er hatte es mir ja bei seinem letzten Besuch versprochen. Dann stand ich auf, ich musste zur Toilette. Leise, um Mutter nicht zu stören, schlich ich durch die Stube aus dem Anbau. Wenn ich Durst hatte, trank ich kaltes Wasser. Wenig später kamen Hildegard und Klaus und wir vertrieben uns gemeinsam die Zeit.

Wir wuschen uns nicht, sondern stiegen mit unserer Wäsche, die wir Tag und Nacht trugen, aus dem Bett, schlüpften in unsere Kleider und gingen nach draußen. Jedes von uns Kindern hatte nur eine

Garnitur Kleidung. Ich trug immer einen Wollpullover, der früher mal taubenblau war und jetzt braunblau und verrußt aussah. Darüber einen speckigen Kleiderrock. Meine Strümpfe waren steif vor Dreck, die Sohlen zerfetzt und meine braunen Schnürschuhe ausgetreten und zerschlissen. Mutter wusch im Winter selten. Wir hatten keine Kleidung zum Wechseln und die Wäsche trocknete zu langsam. Als Waschmittel benutzte sie das bisschen Kernseife, das sie auf dem Schwarzmarkt ergattert hatte. Wenn sie Waschtag machte, mussten wir uns drinnen aufhalten, bis unsere Sachen wieder trocken waren. Die Haare wuschen wir uns auch mit Kernseife. Dadurch verfilzten sie noch mehr, als sie das ohnehin schon waren. Zu der Zeit trug ich lange blonde Zöpfe. Ich löste, kämmte und flocht sie nur, wenn ich sie wusch. Das tat ich im Winter selten, es war zu kalt. Ansonsten strich ich vorne links und rechts des Scheitels mit dem Kamm durch mein Haar bis zum Zopfansatz, dann war ich gekämmt. Wie ich aussah, wusste ich nicht, wir hatten keinen Spiegel.

Mutter trug uns zwar immer wieder auf, wir sollten uns sauber halten, doch wirklich gekümmert hat sie sich nicht. Vor allem in den Wintermonaten war sie sehr apathisch. Sie schlief viel und lange. Wir Kinder durften sie nicht stören und hielten uns, solange das Wetter und die Temperaturen das zuließen, draußen auf. Vormittags stand sie irgendwann auf und rief mich. Sie hatte Hunger und ich musste einheizen, Wasser heiß machen und etwas Essbares zubereiten. Ich röstete dann meist eine Handvoll Getreide, bis es dunkel gebräunt war, und goss es mit heißem Wasser auf. Der Getreidesud war unser Kaffeeersatz. Aus dem gerösteten Getreide und getrockneten zerriebenen Bucheckern rührte ich uns einen Brei. Hin und wieder machte ich aber auch schon vormittags eine Rübensuppe, die aus heißem Wasser, Salz und gedünsteten Runkeln oder Steckrüben bestand. Das war dann für uns Kinder das Erste, was wir in den Bauch bekamen. Manchmal aßen wir aber auch gar nichts.

Seit die Försterfamilie weggezogen war, die Tage kürzer und kälter wurden, lebten wir völlig isoliert im Wald. Wir gingen nicht mehr nach Ahrensbök, denn es war abends, wenn wir vom Bauern Milch bekamen, schon dunkel und Mutter fand, das sei zu gefährlich. Und so trafen wir keine anderen Menschen mehr, hatten nur noch uns selbst, unsere beiden Kammern und den Wald. Auch Mutter fuhr nicht mehr nach Lübeck, weil die Rummelkutsche in den Wintermonaten nicht verkehrte. Sie wurde mit jedem Tag unduldsamer und verzagter. Es nieselte und schneite oft. Und es war kalt, so dass wir uns kaum noch draußen aufhalten konnten und verstärkt ihren Stimmungen ausgesetzt waren. Zu essen hatten wir noch Runkel- und Steckrüben, die gefroren waren, Öl und Bucheckern. Eine Frostperiode setzte ein und in der Pumpe gefror das Wasser. Wir hatten zwei Blechfässer mit Wasser gefüllt und vor unserem Eingang unters Dach gestellt. Wenn wir etwas davon brauchten, mussten wir erst die Eisschicht auf den Fässern durchstoßen. Als die Kübel leer waren und das Wasser in der Pumpe immer noch eingefroren war, kratzten wir Schnee vor dem Haus zusammen und schmolzen ihn. Nun wurde mir klar, warum die Försterfamilie vor dem Winter ins Dorf gezogen war.

Wir hatten kaum Holz und konnten die Stube nicht mehr heizen. Aber einmal täglich machten wir Feuer im Ofen, um uns Wasser heiß zu machen. Deshalb war dieser Raum, in dem Mutter schlief, zumindest hin und wieder etwas angewärmt. Unsere Kammer aber war nicht beheizbar, der Raum war ein Eiskeller. Die Betten waren klamm und kalt. Abends lag ich immer lange wach und fror. Meine Füße und Beine waren kalt und ich versuchte, mich warm zu hauchen. Erst nach Stunden wärmte sich mein Körper, erst dann entspannte ich mich und konnte einschlafen. Morgens blieben wir lange in unseren Betten liegen, stundenlang, manchmal fast den ganzen Tag. Ich stand nur hin und wieder auf, ging zur Toilette, heizte kurz ein und machte etwas Wasser heiß, das wir dann tranken. Es waren trostlose Wochen. Wie losgelöst von der Welt hungerten und froren wir im Wald vor uns hin. Niemand schien sich für uns zu interessieren, niemand kümmerte sich um uns. Diese Tristesse und Hoffnungslosigkeit erdrückte uns fast.

Und doch fanden wir Kinder immer wieder Wege, dieser Stimmung zu entkommen. Wenn wir uns in der Stube aufhielten, spielten wir Abzählreime und erzählten uns Märchen. Schneeweißchen und Rosenrot, mein Lieblingsmärchen, und Rotkäppchen. Auch in diesen Erzählungen waren die Kinder im Wald gelandet, aber das war mir damals nicht bewusst. Einmal zogen wir die Stühle ans Fenster, knieten uns darauf, hauchten an die Scheiben und beobachteten, wie die Eisblumen sich veränderten. Die weißen Kringel verformten sich zu großen Bögen. Strahlen, Sterne und geringelte Ornamente aus Eiskristallen lösten sich, schmolzen und froren neu zu rundlichen Flächen, Kreisen und Ovalen, die wie Blütenblätter aussahen. Die Eisblumen glitzerten, waren an manchen Stellen fast durchsichtig, an anderen dicht, und je länger und genauer wir sie beobachteten, desto mehr schienen es zu werden. »Sehen denn die richtigen Blumen auch so aus«, wollte Klaus wissen. »Ich weiß es nicht«, antwortete ich. »Das können wir erst im Frühling herausfinden, wenn wieder Blumen wachsen.«

Dann hauchte jeder von uns ein großes Loch in die gefrorene Fensterscheibe, so dass wir hindurchschauen konnten. Wir stellten uns vor, wir blickten in eine fremde Welt, und erzählten uns, was wir sahen. »Ich sehe ein Schiff, das übers Meer fährt«, rief Klaus. »Und ich sehe ein Schloss, in dem viele Kinder wohnen, und jedes hat ein eigenes, großes Bett mit ganz vielen Puppen darin«, fantasierte Hildegard. »Ich sehe, wie ich mit Papa über eine große, bunte Blumenwiese gehe«, stellte ich mir vor. »Wir wandern und wandern, bis wir zu der Stelle kommen, wo Himmel und Erde sich treffen.«

So vertrieben wir Geschwister uns die Zeit. Es wurde uns nicht langweilig. Und bei aller Not und Kälte, bei aller Sorge um Essen und Feuerholz blieben wir verspielt, bauten wir uns unsere eigenen Fantasiereiche. Später erfuhr ich, dass andere Mütter ihren Kindern in den Monaten nach Kriegsende Rechnen und Lesen beibrachten. Das hat unsere Mutter mit uns nicht getan. Dazu war sie nicht in der Lage. Sie konnte sich nicht um uns kümmern. Im Gegenteil, wir mussten für sie da sein. Besonders ich als die Älteste musste sie bedienen, ihr gehorchen. Vielleicht versuchte sie damit, sich Zuwen-

dung zu holen, oder sich von ihrem Kummer, ihrer Ohnmacht abzu-
lenken. Ich weiß es nicht. Ständig schwankte sie zwischen tiefer
Depression und heftigen Wutausbrüchen, die wir Kinder abbeka-
men. Es war eine unerträgliche Situation.

»Heute ist Heiligabend«, sagte Mutter eines Tages. Es war schon
später Nachmittag, draußen begann es zu dämmern. Das Wetter war
nasskalt, der Himmel verhangen und grau. Es lag Schnee und wir
hielten uns in der Stube auf. Heiligabend. Ich hatte vergessen, dass
es das gab. Mutter suchte Fotos von unseren verstorbenen Schwestern und von Vater und stellte sie auf dem Tisch auf. Dann kramte
sie einen kleinen, weißen Kerzenstummel hervor, zündete ihn an,
ließ ein paar Tropfen heißes Wachs auf die Tischplatte tropfen und
klebte die Kerze daran fest. Sie setzte sich auf einen Stuhl, sah die
Bilder an und weinte. Tagsüber hatten wir mehrmals versucht ein-
zuheizen, doch das nasse Holz wollte nicht brennen. Beißender
Qualm stieg aus dem Kanonenofen. Wir rissen die Fenster auf, dann
war es kälter und unwirtlicher als zuvor. Immer wieder pusteten wir
in das glimmende, rauchende Holz im Ofen, um endlich eine Flam-
me zu entfachen. Mutter nahm das nicht mehr wahr. Sie war abge-
taucht in ihr Elend und hatte die Welt um sich herum vergessen. Sie
saß vor den Fotos und weinte still vor sich hin. Eine beklemmende
Schwere und Hoffnungslosigkeit breitete sich im Raum aus, drückte
mir gegen die Brust und umklammerte mich. »Wieso heult sie?«, begehrte es in mir auf. »Wir sind doch da!« In ihrem Gram machte
Mutter uns Vorhaltungen. »Wenn Lieselotte noch lebte, hätte ich
nicht diese Sorgen, die ich mit euch habe«, jammerte sie und herrschte mich an. »Die hat auf mich gehört und war nicht so unfolgsam
wie du! Nehmt euch ein Beispiel an euren verstorbenen Schwestern!« Nein! Ich konnte das nicht mehr hören! Diese gemeinen
Vorwürfe, dieses ewig verzweifelte Klagen, dieses resignierte Jammern! Wann würde das endlich aufhören? Ich hatte das Gefühl, als
stünden wir vor einer dicken, schwarzen Wand und es ginge nicht
mehr weiter. Ich fürchtete mich. Das war das Ende! Schrecklich!
Wir Kinder waren ihr zu viel. Dabei taten wir doch alles, um es ihr

leichter zu machen! Und dass sie Lieselotte nun in den Himmel lobte! Das war doch verlogen! Wie oft hatte sie mit ihr Ärger gehabt, weil Lieselotte gegen ihr dauerndes Kommandieren aufbegehrt hatte. Wut stieg in mir hoch. Klaus und Hildegard fingen auch an zu weinen. »Warum heult ihr jetzt?«, fuhr ich sie an. »Weil Mutti auch heult«, jammerte Klaus. Das ertrug ich nicht! Wohin sollte das führen? Alle heulten sie und es bewegte sich nichts. Ich wollte mich dieser Depression nicht ergeben, traute mich aber auch nicht, dagegenzuhalten. Ich war hilflos, fühlte mich gelähmt.

Plötzlich hörten wir Pferdehufe trampeln und Wagenräder rollen. Inzwischen war es Nacht geworden. Ein Pferdewagen hielt vor dem Haus. Meine Mutter und meine Geschwister verstummten. Erschrocken sahen wir uns an, die Augen weit aufgerissen. Ich hatte Angst. Wer kommt um diese Zeit in den Wald? Wir hörten Schritte, Getrappel. Da machten sich mehrere Leute vor dem Haus zu schaffen! Mein Herz raste wild. »Will uns jemand überfallen? Aber wir haben doch nichts!«

Da klopfte es an die Tür. Mutter sprang vom Stuhl auf. »Herein«, sagte sie mit banger Stimme. Die Tür ging weit auf und wir sahen als Erstes einen kleinen Weihnachtsbaum mit brennenden weißen Kerzen, funkelndem Lametta und kleinen, bunten Weihnachtskugeln vor dem Eingang. Dahinter standen die Bauernleute aus Ahrensbök, die Bauersfrau mit ihrem Sohn Hans und ihrer Tochter Inge. »Hier kommt der liebe Weihnachtsmann«, sprach Hans mit tiefer, dramatischer Stimme. Er hatte sich einen Rauschebart aus Hanf um das Gesicht gebunden, trug einen weitkrempigen, dunklen Hut und einen langen, schwarzen Mantel. Er wollte Weihnachtsmann spielen, hörte aber sofort damit auf, als er sah, wie erschrocken und verstört wir ihn anstarrten. Stattdessen stellte er uns das Bäumchen, das an einem Holzkreuz festgemacht war, mitten in die Stube. Die Bäuerin und Inge kamen mit einem Korb hinterher, der voll gepackt war mit einem Laib Brot, einer Wurst, einem geräucherten Schinken, zwei Stück Käse und Butter, einigen mit Bindfaden verschnürten Säckchen mit Mehl, Grieß, Zucker, Eiern. »Diese

Fäden kann ich gut gebrauchen, um meine Puppe zusammenzu-
schnüren«, dachte ich. Obenauf waren drei Weihnachtspappteller
gestapelt, die mit Äpfeln, Birnen, Hasel- und Walnüssen, Weih-
nachtsplätzchen und Schokolade gefüllt waren. Dann gingen die
Bauern erneut raus, brachten noch einen Sack mit Kartoffeln, eine
Kanne Milch und einen Napfkuchen. Stumm und mit offenen Mün-
dern bestaunten wir diese Bescherung, die wie ein Wunder zur Tür
hereingetragen wurde. Inge lief noch mal nach draußen, kam mit
einem Arm voll Feuerholz zurück und heizte als Erstes unseren Ofen
an. Die Bauern hatten einen Wagen voll Brennholz mitgebracht
und es vor den Anbau gestapelt. Ich traute meinen Augen nicht.
Was passierte hier? War das wirklich wahr? Oder nahmen die das alles wieder mit? Unsere Mutter, die ohnehin aufgelöst war, fing nun
vor Rührung an zu weinen. Wir Kinder standen verdattert da. Es
hatte uns die Sprache verschlagen. Inge und Hans waren unsicher.
Sie wirkten betroffen, wollten das überspielen und versuchten uns
aufzuheitern. »Oh Tannenbaum, oh Tannenbaum, wie grün sind
deine Blätter«, stimmte Hans mit klangvoller, tiefer Stimme an und
ermunterte uns mitzusingen. »Du grünst nicht nur zur Sommerzeit,
nein, auch im Winter, wenn es schneit.« Wir blieben stumm. Dann
versuchte er es mit »Ihr Kinderlein kommet«, doch es war nichts zu
machen. Stumm und verstört standen wir in der Stube. Wir konnten uns nicht freuen. Wir hatten trostlose, schreckliche Wochen
hinter uns, hatten vollkommen isoliert und ausgegrenzt vor uns hin-
gelebt und um unser physisches und psychisches Überleben gerun-
gen. Das saß uns tief in den Gliedern.

Weil wir nur vier Stühle besaßen, setzte sich keiner hin. Die Besucher standen verlegen in der Stube. »Kann man das essen?«, fragte
Klaus leise und zeigte mit dem Finger auf die Plätzchen, die in den
Weihnachtstellern lagen. »Aber sicher! Nehmt doch! Das ist alles
für euch«, ermunterte uns Inge. Doch wir trauten uns nicht. Mutter
hatte sich inzwischen beruhigt und begann, sich mit den Bauern zu
unterhalten. Ich hörte nicht, was sie sprachen. Ich sah die Besucher
an. »Das sind die Reichen, die Wohlhabenden«, dachte ich. »Sie

sind schön angezogen, tragen dicke Mäntel und müssen nicht frieren.« Mir wurde bewusst, wie armselig und dreckig wir waren, wie abgemagert und verwahrlost. Ich sah den krassen Unterschied zwischen ihnen und uns, war zutiefst verunsichert und fühlte mich minderwertig. Ich schämte mich. Am liebsten hätte ich mich unsichtbar gemacht, so sehr schämte ich mich. Eine diffuse Wut stieg in mir hoch. Wut auf Mutter, dass es uns so schlecht ging, auf die Bauern, weil sie es gut hatten und uns in unserem Elend sahen, auf Hildegard und Klaus, weil sie sich freuten über diese Bescherung, Wut darüber, dass wir so armselig und ausgegrenzt leben mussten. Das alles tobte in mir, während ich versteinert und wie hinter einer Nebelwand in der Stube stand. Ich grollte den Bauern. Wollten sie nun ihr schlechtes Gewissen beruhigen, weil sie uns im Herbst in diese Waldbude abgeschoben hatten? »Wir gehen nach Amerika. Wir haben dort Verwandte und wandern aus.« Hans erzählte unserer Mutter, dass sie gekommen seien, um sich zu verabschieden. »Wo ist Amerika?«, fragte Klaus. »Das ist weit, weit übers Meer und man muss fast zwei Wochen mit dem Schiff fahren, bis man dort ist«, antwortete ihm Hans. Meer. Darunter konnte ich mir etwas vorstellen. Das Meer, die Ostsee, hatte ich schon einmal gesehen. Die Erwachsenen unterhielten sich, doch ich war in mir versunken. Nach einer Weile verzog ich mich in unsere Schlafkammer und kauerte mich in die Ecke hinter meinem Bett. Ich wollte allein sein, wollte nicht, dass diese Leute sich noch länger in unserer ärmlichen Stube aufhielten. Sie sollten gehen. Das taten sie dann auch bald. Ich hörte, wie sie sich verabschiedeten und Mutter nach mir fragten. »Die ist in der Kammer«, sagte sie. »Die müsst ihr lassen.« »Auf Wiedersehen, Renate«, riefen sie mir zu, während sie hinausgingen, aber ich antwortete nicht.

Kaum waren die Bauern weggefahren, blies Mutter alle Kerzen aus. Sie waren zu kostbar, um sie an nur einem Abend runterbrennen zu lassen. »So ein schöner Vorrat«, sagte sie und blickte andächtig auf den großen, gefüllten Esskorb. »Damit müssen wir gut haushalten.« Dann fingen wir an, uns über die Weihnachtsteller herzumachen. Die Plätzchen dufteten fein und würzig. Ich aß eines, dann noch eines, probierte von dem Kuchen, den Mutter angeschnitten hatte, naschte von der Schokolade, knackte ein paar Nüsse. Auch Hildegard und Klaus aßen sich gierig durch die verschiedenen Leckereien. Plötzlich bekam ich Magenkneifen, brennende Stiche bohrten sich in meinen Bauch, mir wurde schlecht. Auch Klaus und Hildegard fingen an zu jammern. »Hört auf zu essen«, sagte Mutter. Doch da war es schon zu spät. Wir Kinder würgten und kämpften mit Übelkeit. Nach monatelangem Hungern vertrugen wir diese fetten Süßigkeiten nicht mehr. Wir mussten uns übergeben und fühlten uns auch am folgenden Tag noch erschöpft und elend.

Bei aller Scham und Wut, die ich während des Besuchs der Bauern am Heiligen Abend empfunden hatte, war ihre Weihnachtsbescherung für uns wirklich ein Segen. Diese Menschen hatten an uns gedacht und uns an jenem Abend aus unserer Trostlosigkeit gerissen. Zudem brachten ihre Geschenke eine kleine Wende in unser tristes Dasein im Waldhaus. Mit dem Vorrat an Holz und Essen waren wir nun etwas gerüstet für den kalten Januar und Februar. Die größte Not war überstanden. Und als die Tage allmählich länger und die Temperaturen wärmer wurden, atmeten wir auf. Der Frühling nahte. Ab Ende Februar fuhr die Rummelkutsche wieder. Mutter wurde erträglicher und das Leben leichter.

Oben: Das alte Stadttor von Greifenberg

Rechts: Blick auf die Brücke über die Rega, die durch Greifenberg fließt, dahinter der Wehrturm.

Der Bahnhof von Greifenberg. Hier arbeitete Renates Vater in der Güterabfertigung, bis er im Herbst 1944 an die Ostfront eingezogen wurde.

Hilda Menze, Renates Mutter (links); Heinrich Menze, Renates Vater in jungen Jahren (rechts)

Die Menze-Kinder im Garten des Elternhauses in Greifenberg: Hildegard, Liselotte, Klaus, Renate (von links), 1942 oder 1943

Renates Vater mit seinem ältesten
Töchterchen Liselotte um 1933

Oben: Musizieren im Garten:
Renates Vater (rechts) und der
Mann der Cousine aus Berlin.

Oben links: Die junge Familie: Das Ehepaar Menze mit ihren drei ersten
Töchtern Renate, Erika und Liselotte (von links) um 1935.
Oben rechts: Renate um 1937 in Berlin.

Vor dem Haus in der Memelstraße in Greifenberg: Liselotte, die Cousine aus Berlin, Mutter Menze, Klaus, Renate und Vater Menze. Aus dem Fenster blickt Kätchen.

ALLEIN GELASSEN

Schwarz wie Scherenschnitte stachen die Buchen und Tannen am Rande der Lichtung vom Himmel ab. Es war Mitte März, die Luft war noch kühl, aber die Sonne leuchtete warm auf unseren Kaufladen, den wir Geschwister vor dem Anbau des Forsthauses eingerichtet hatten: Feldsteine zu zwei Haufen geschichtet, darüber ein altes, ungehobeltes Brett aus dem Schuppen – das war unsere Ladentheke. Aus der Stube hatten wir eine alte Holzkiste und zwei Stühle geholt, worauf wir unsere Waren verteilt hatten: einen zerbeulten Blecheimer, alte Dosen, Rinden, Holzstücke, Wurzeln, faustgroße Kieselsteine. Wir spielten Einkaufen, stundenlang, auch noch, als es längst dunkel war. Irgendwann wurde uns kalt und wir gingen in die Stube.

»Wo ist eigentlich Mutti?«, fragte Klaus. Richtig, sie war morgens nach Lübeck gefahren und nicht wie sonst abends zurückgekommen. Wie immer hatte sie mich aus dem Bett geholt, damit ich sie zur Hauptstraße begleitete. Verwundert spürte ich, dass sie mir nicht fehlte. Klaus wurde nervös. »Mutti, wo ist Mutti?«, wimmerte er. Auch Hildegard wurde unruhig und fing an zu fragen. »Die wird schon kommen«, sagte ich und es gelang mir, die beiden zu beruhigen. Wenig später gingen wir schlafen. Am nächsten Tag schien wieder die Sonne. Und wieder trieben wir uns von morgens bis abends vor dem Haus und im Wald herum, spielten Einkaufen und Stehlen, bastelten uns aus Holzstücken, die wir mit getrockneten Schilfhalmen zusammenbanden, Puppen, Autos und Wagen. Zwischendrin holte ich uns einen Esslöffel voll Zucker aus der Stube, legte ihn auf die Ladentheke, die jetzt unser Tisch war, und wir hockten uns herum. Mit der Zunge befeuchteten wir unsere Zeigefinger, tauchten sie in den Zucker und leckten genüsslich an unseren Fingerkuppen. Wir spielten, bis uns abends wieder die Kälte ins Haus trieb. Kaum waren wir in der Stube, fiel Klaus wieder ein, dass Mutter noch immer nicht zurück war. »Mutti, Mutti, ich will zu meiner Mutti!«, weinte er. »Sei doch froh, dass sie nicht da ist. Dann kriegst du wenigstens keine Prügel, wenn du nachts ins Bett machst«, versuchte ich ihn zu trösten. »Aber was wird, wenn sie nicht mehr kommt?«, jammerte nun auch Hildegard. »Wo ist sie nur?« Ich war genervt vom Geheule der beiden. »Sie ist ins Loch gefallen und der Wolf hat sie gefressen«, entfuhr es mir. Meine Schwester merkte, dass ich sie ärgern wollte, doch Klaus blickte mich verängstigt an. »Der Bär ist über sie hergefallen und hat sie in Stücke gerissen«, höhnte nun auch Hildegard. Da brüllte der Kleine los, schluchzte und wimmerte und war nur mit Mühe zu beruhigen. »Stimmt doch gar nicht, ist doch nur Spaß«, redete ich auf ihn ein. »Mutti ist in Lübeck. Sie kommt bald wieder und jetzt hör endlich auf zu heulen.«

Mit der Zeit fand sich Klaus damit ab, dass unsere Mutter nicht da war. Immer weniger fragte er nach ihr, immer leichter war er zu trösten. Wir gewöhnten uns daran, dass wir allein waren und machen durften, was uns gerade einfiel. Ich begann, diese Freiheit zu genießen.

Eines Morgens kam Förster Klopp zu uns in den Wald. Wir grüßten ihn, doch er reagierte nicht. Wie angewurzelt stand er da, den Mund offen und starrte uns entgeistert an. »Wo ist eure Mutter?«, presste er schließlich harsch hervor. »Die ist in Lübeck«, antwortete Hildegard. »Seit wann?«, fragte er. Ich wusste es nicht. »Vielleicht seit einer Woche?« Langsam setzte sich der Förster in Bewegung. Kopfschüttelnd ging er um unser Lager, stieg über den Haufen von Blechdosen, Steinen und Rinden vor dem Anbau und öffnete die Tür zur Stube. Bestürzt blickte der hagere Mann auf das Durcheinander im Zimmer. Unsere schmutzigen Tassen und Teller standen auf dem Esstisch, dazwischen lagen Rinden, Kieselsteine, Moos, Mutters Verbandszeug. Ein Teil des Mobiliars fehlte. Das hatten wir vor den Anbau geräumt. »Seit einer Woche! Das darf doch nicht wahr sein!«, murmelte der Förster mehrere Male. Während er die

Tür zur Kammer aufmachte und wieder kopfschüttelnd den Blick durch den Raum schweifen ließ, standen wir Kinder beklommen am Eingang. Ich sah das entsetzte Gesicht des Mannes und erst jetzt wurde mir bewusst, wie dreckig und verwahrlost es bei uns aussah. Doch weit schlimmer als der Dreck war für ihn anscheinend die Tatsache, dass unsere Mutter tagelang wegblieb. Das empfand er offenbar als ungeheuerlich. Ich selbst sah das damals nicht so. Wir waren es gewöhnt, alleine zu sein und für uns zu sorgen. Sie war auch sonst zweimal die Woche in Lübeck. Irgendwann, so wussten wir, tauchte sie immer wieder auf.

Allmählich gewann Herr Klopp seine Fassung zurück. »So geht das nicht!«, sagte er. »Ihr räumt ums Haus und in eurer Wohnung auf und spült das Geschirr. Und waschen müsst ihr euch auch dringend.« Er kündigte uns an, dass er abends wiederkommen und uns belegte Brote mitbringen würde. »Bis dahin will ich hier nichts mehr rumliegen sehen.« So war es dann auch. Ich trieb meine Geschwister an und wir schafften Ordnung, so gut wir das konnten. Der Förster lobte unseren Arbeitseinsatz, als er wenige Stunden später zurückkehrte. Er setzte sich mit uns an den Tisch, gab uns die versprochenen Wurststullen und versprach, am folgenden Tag wieder zu kommen. Er sah morgens nach dem Rechten, tauchte abends nochmals mit einem Kessel heißer Erbsensuppe auf und erzählte uns, dass unsere Mutter am nächsten Tag kommen würde. Aufgeregt hopste Klaus durch die Stube. »Mutti kommt, Mutti kommt!« Aber ich konnte mich nicht freuen. Jetzt kümmerte sich doch der Förster um uns, was brauchten wir da unsere Mutter?

Als wir hinterher in unseren Betten lagen, überlegten Hildegard und ich uns Strategien, wie wir ihr gegenübertreten könnten. Wir würden ihr einfach noch mehr aus dem Weg gehen, entschieden wir. Hildegard riet ich, nicht mehr so wild herumzutoben, ruhiger zu sein und sich mehr zu beherrschen. Damit konnte sie nichts anfangen. »Ich kann nun mal nicht still sitzen.«

Am folgenden Tag, gegen Abend, traf tatsächlich unsere Mutter ein. Klaus begrüßte sie überschwänglich, Hildegard und ich begegneten ihr vorsichtig. Sie wirkte ungewohnt heiter und ausgeglichen. »Jetzt ist es aber gut«, wehrte sie den Kleinen ab, als er ihr nicht mehr von den Fersen wich. Aus Lübeck hatte sie Brot, Wurst und Käse mitgebracht, das aßen wir zu Abend. Dass sie uns von ihrem Ausflug nichts erzählte, war für uns nicht ungewöhnlich, das tat sie nie. Sie war wieder da und schickte uns nach dem Abendessen zu Bett, als wäre nichts gewesen.

Wie ungeheuerlich dieser Zwischenfall war, wurde mir erst Jahre später bewusst, als ich meinem Mann davon erzählte. Er wollte mir nicht glauben, dass unsere Mutter uns Kinder tagelang im Wald allein gelassen hatte, und fuhr mit mir im Sommer 1959 in jene Gegend nach Schleswig-Holstein, in der ich nach der Flucht mit meiner Mutter und meinen Geschwistern gelandet war. Wir konnten auch Förster Klopp ausfindig machen. Er wohnte immer noch in Struckdorf. Dort besuchten wir ihn und gingen gemeinsam mit ihm zum Waldhaus. Bis spät in die Nacht saßen wir in seiner Wohnung, die er nach wie vor in den Sommermonaten nutzte, und redeten. Der Förster freute sich, mich wiederzutreffen, zu sehen, dass es mir gut ging, und gestand, dass er sich um uns Kinder Sorgen gemacht hatte. Er erzählte mir, wie er damals, im Frühjahr 1946, Mutter ausfindig gemacht hatte. Über den Arzt, den sie immer aufsuchte, hatte er ihr bestellen lassen, sie solle sofort zu ihren Kindern zurückkehren. Wo sie sich die ganzen Tage über aufgehalten hatte, wusste auch er nicht. Wir rätselten. Was könnte sie getan, wo könnte sie gewohnt haben? Diese Fragen bohrten in mir, aber ich fand keine Antwort, keine Erklärung. »Dann lass es ruhen«, empfahl mir der Förster. Und mit diesem Rat konnte ich leben.

Nachdem Mutter mehrere Tage verschwunden gewesen war, kreuzte der Förster häufig bei uns im Waldhaus auf und sah nach dem Rechten. Oft nahm er mich auf seinen Streifzügen durch den Wald mit. Ich hatte mich schnell mit ihm angefreundet. Er mochte mich. Und als ich merkte, dass er sich Zeit für mich nahm und mir vieles erklärte, wurde er mich nicht mehr los. Stundenlang strich ich mit ihm durchs Holz. Er zeigte mir, wo die dicksten Bucheckern lagen, wo sich morgens die Rehe aufhielten, woran man eine Hasenspur oder eine Fuchsspur erkennt. »Ich möchte auch einmal am Morgen mit auf die Pirsch«, bat ich ihn und er ließ sich darauf ein. »Also gut. Morgen früh, wenn es noch dunkel ist, klopfe ich bei euch dreimal an den Fensterladen. Dann kommst du raus und wir ziehen los.« Er informierte meine Mutter und am nächsten Morgen gegen fünf Uhr klopfte er. Ich hatte darauf hingefiebert, war schon wach und lag auf der Lauer. Sofort sprang ich aus dem Bett und schlich aus dem Zimmer. Gemeinsam wanderten wir los und streiften durch den stillen, dunklen Wald, schweigend, nur manchmal flüsternd. Es war kalt und ich sah meinen Atem. Unter unseren Füßen knackten die Zweige. Wir kamen zu einer Lichtung, an deren Rand ein Hochsitz stand. »Wenn wir dort oben sitzen, haben die Tiere keine Angst«, sagte der Förster. Wir kletterten die Leiter hoch und setzten uns nebeneinander auf die Holzkanzel. Im Morgengrauen sahen wir Rehe und Rehböcke, die auf der Wiese ästen. Herr Klopp reichte mir sein Fernglas, durch das ich die Tiere beobachten konnte. Flüsternd erklärte er mir, dass man von hier aus am besten das Wild zählen könne, dass sich das Alter der Rehböcke an der Größe ihrer Geweihe ablesen lasse, und zeigte mir, woran man die kranken Tiere erkenne. Ich lauschte dem Förster, sog begierig auf, was er mir sagte, und genoss diese kostbare Stunde. Da war jemand, der sich Zeit für mich nahm und meinen Wissensdurst stillte.

Wie mein Vater! Wenn er über Mittag Dienst hatte, brachte ich ihm zusammen mit meiner großen Schwester Lieselotte das Essen zum Bahnhof in Greifenberg. Meistens war er sehr beschäftigt. In seiner Dienstkleidung, einer schwarzen Hose, einem Arbeitskittel und der schnittigen schwarzen Schirmmütze auf dem Kopf, stand er in der Schaltkabine, legte Hebel um, drehte an Kurbeln, redete in eine Hörmuschel. »Warum fährt der Zug auf diesem Gleis und nicht auf dem dahinter liegenden?«, fragte ich ihn. Dann zeigte er mir, wie er die Weichen stellte, und ich war stolz, dass die Bahn so fuhr, wie Vater das entschied. Er stieg über die Gleise zu einem Güterzug, montierte an dem Zapfen zwischen Lok und Waggon, löste Schrauben, steckte Kabel um und erklärte mir hinterher, dass er die Wagen abhängen musste, weil die Lokomotive für einen anderen Zug gebraucht wurde. »Na, Heinrich, was gibts Neues hier in Greifenberg?« Der Lokführer lehnte sich aus dem Fenster seiner Kabine und unterhielt sich mit Vater. »Ach, nicht viel! Hier, in der Kleinstadt, haben wir Ruhe, zum Glück! Aber bei euch in Stettin ist ja der Teufel los. Ich höre immer die Wehrmachtsberichte.« »Na, das sag ich dir«, nickte der Lokführer und machte eine besorgte Miene, »ich bin gespannt, wie lange noch Züge durch Stettin fahren können.« Ein kräftiger Mann mit verstaubtem Kittel und rußigem Gesicht hatte sich dazugestellt. Er war der Heizer des Zuges. Die drei Männer redeten über ihre Arbeit und die Kriegsgeschehnisse. Ich stand dabei, beobachtete die drei und ging dann mit Vater zurück in die Schaltkabine. Der schwarze Apparat klingelte schrill. Vater nahm den Hörer ab und sprach mit jemandem, den man weder hören noch sehen konnte. Dann legte er mir kurz die Hörmuschel ans Ohr, aus der es knisterte, rauschte und eine Männerstimme sprach. Nachdem er aufgelegt hatte, erklärte er mir, wie das Telefon funktionierte. »So, Renate«, sagte er schließlich zu mir. »Jetzt ist es genug. Ich muss hier weitermachen und du gehst mit Lieselotte nach Hause.« Er zog für jede von uns ein saures Fruchtbonbon aus seiner Hosentasche und schickte uns weg. Ich mochte diese Mittagsbesuche auf dem Bahnhof. Immer wieder wollte ich Vater bei der Arbeit sehen. Ich interessierte mich für die Schalthebel, Geräte und Apparate an seinem Arbeitsplatz. Es war spannend zu erfahren, wie sie funktionierten, und ich genoss jedes Mal wieder die besondere Nähe und Vertrautheit, die zwischen mir und Vater entstand, wenn er mir diese technischen Dinge erklärte. Dann fühlte ich mich erkannt in meiner Wissbegier, ernst genommen und geliebt. Es waren kostbare Momente.

Ein klagender Vogelschrei zerriss die Stille und holte mich aus dem Bahnhof in Greifenberg zurück. »Ein Bussard«, sagte der Förster, als ich ihn fragend ansah. »Er kreist dort hinten über dem Wald und sucht nach Beute. Siehst du ihn?« Ich beobachtete den großen

Vogel, der in weiten Bögen über den Bäumen dahinglitt, schwerelos. Die Waldvögel zwitscherten. Langsam schob sich die Sonne über die Buchen und Tannen, die die Lichtung säumten, und leuchtete mir ins Gesicht. Als die Rehe im Wald verschwunden waren, kletterten der Förster und ich vom Hochsitz und gingen zurück zum Haus.

Die Tage wurden wärmer, der Frühling kam. Da klopfte eines Tages ein Mann bei uns an die Tür. Er war klein, fast zierlich und abgemagert bis auf die Knochen. Der zerschlissene, dunkle Anzug, den er trug, war ihm viel zu groß und hing an ihm wie an einer Vogelscheuche. Er hatte blaue Augen und blondes, glattes Haar und hinter seinem müden, angestrengten Gesicht blitzte etwas Heiteres und Leichtlebiges hervor. Ich kannte ihn nicht, doch Mutter stieß einen Freudenschrei aus und fiel ihm um den Hals: Es war ihr jüngster Bruder Werner. Vor kurzem aus der Kriegsgefangenschaft entlassen, suchte er seine Familie, wusste nicht, wohin, und fand schließlich über den Suchdienst des Roten Kreuzes meine Mutter. Sie nahm ihn mit offenen Armen auf, glücklich. Ein Mann war wieder im Haus! Endlich war sie mit uns Kindern nicht mehr allein. Die beiden hatten sich viel zu erzählen, redeten endlos über den Krieg und über das, was ihnen widerfahren war, seit sie sich zum letzten Mal gesehen hatten. Onkel Werner war tief besorgt. Seine Frau und seine fünf Kinder waren aus Stettin geflohen und in Dresden einquartiert, als die Stadt Mitte Februar 1945 zwei Tage lang von den Westalliierten bombardiert und zerstört wurde. Zwischen 50 000 und 100 000 Menschen waren dabei umgekommen. Die Zahl der Opfer konnte man nicht feststellen, da Dresden voller Flüchtlinge war. Der Onkel, der seitdem nichts mehr von seiner Familie gehört hatte, bangte und fürchtete um sie. Mutter versuchte ihn zu trösten, hoffte und bangte mit ihm. Sie war wie ausgewechselt. Plötzlich fuhr sie nur noch selten nach Lübeck zum Arzt. Manchmal kochte sie selbst für ihren Bruder. Sogar den Paletot, den schönen grauen Wollmantel meines Vaters, Mutters Heiligtum, durfte er tragen. »Den liebt sie wirklich«, dachte ich, als ich das sah.

Ich fühlte mich gestört durch den neuen Mitbewohner. Noch einer, dem ich gehorchen, den ich bedienen musste. Er schlief viel, wir mussten leise sein und das wenige, was wir zu essen hatten, mussten wir auch noch mit ihm teilen. Im Laufe der Tage gewöhnte ich mich an ihn. Er hatte sich etwas erholt und begann, sich um unsere Essensbeschaffung zu kümmern. »Helft beim Bauern Kartoffeln pflanzen!«, schlug er vor. »Dann könnt ihr ein paar Knollen in den Taschen verschwinden lassen und wir haben wieder etwas zu essen.« Dass er selbst nicht aufs Feld zum Arbeiten ging, ärgerte mich zwar, aber immerhin machte er sich Gedanken. Schließlich zog er doch mit mir los, half mir beim Holzsammeln, war findig, wenn es darum ging, etwas Essbares zu ergattern. Und er räumte die Schlafkammer von uns Kindern auf, in der er nun auch nächtigte. Nach und nach besserte er die Betten aus, die zum Teil schon durchgebrochen waren, und wechselte die angegammelten Bretter unter Klaus' und Hildegards feuchter Matratze aus.

Seit er da war, gab es bei uns morgens Frühstück und er sorgte dafür, dass wir regelmäßig gemeinsam aßen. Er achtete auf Sauberkeit, auch bei uns Kindern. »Mädchen, so schmutzig und zerzaust kannst du nicht herumlaufen. Du musst dich waschen und kämmen«, erklärte er mir, »sonst stinkst du.« Das leuchtete mir ein, zumal ich sah, wie der Onkel sich selber putzte und wie gepflegt er aussah. Bei ihm beobachtete ich zum ersten Mal in meinem Leben, dass man sich die Fingernägel mit einer Feile sauber machen kann. Als er sah, wie fasziniert ich ihn bei seiner Nagelpflege betrachtete, lieh er mir sein Utensil. Ich fand Geschmack an seiner Art und entdeckte, dass es mir Spaß machte, mich zu waschen und mehr zu pflegen.

Eines Tages, Mutter war in Lübeck, kam der Postbote und brachte einen Brief für Onkel Werner. Er öffnete ihn hastig, las ihn, zog den Paletot aus, legte ihn auf Mutters Bett und verabschiedete sich von uns: »Das Rote Kreuz schreibt mir, dass meine Frau und die Kinder im Flüchtlingslager von Neumünster gefunden worden sind. Bestellt eurer Mutter einen schönen Gruß.« Sprach es und war weg. Als Mutter abends nach Hause kam, war sie untröstlich. Auch ich bedauerte, dass mein Onkel fort war. Selbst wenn er sich nicht groß für uns Kinder interessiert hatte, so hatte er doch etwas Heiteres in unsere Tristesse gebracht. Dafür, dass er mir gezeigt hatte, wie wohltuend und wichtig Ordnung und Rhythmus für mich sind, war ich ihm noch lange dankbar. Dass ich mich wusch und pflegte, dass es morgens Frühstück gab, dass aufgeräumt war – all das hatte ich natürlich noch nicht ganz im Griff, als er ging. Aber er hatte mir wichtige Impulse gegeben und ich hatte Gefallen daran gefunden.

Kurze Zeit nach der Abreise meines Onkels eröffnete uns Mutter, dass nach Ostern die Schule wieder losginge. Oh Gott, Schule! Ich hatte ganz vergessen, dass es das mal gegeben hatte und dass ich da wieder hinmusste! Mit Schule verband ich schreckliche Erinnerungen. Weil ich schüchtern war, wurde ich in Greifenberg an der Schule immer verspottet und getriezt. Einmal lauerten mir ältere Jungen vor der Mädchentoilette auf und wollten mich zwingen, meine Hose auszuziehen. Danach traute ich mich nicht mehr, zur Toilette zu gehen, so sehr ich auch in Bedrängnis war. Die Lehrer sprachen mit uns Kindern ständig in einem aggressiven Befehlston. Ich fürchtete diesen einschüchternden Ton, der mich erschreckte und blockierte. Jedes Mal, wenn ich laut vor der Klasse eine Frage beantworten sollte, brachte ich vor Angst nichts über die Lippen, obwohl ich das Ergebnis wusste. Auch die Pausen waren schrecklich. Wir Kinder mussten uns in Zweierreihen im Schulhof aufstellen. »Marsch ab!«, schrien die Lehrer im Kasernenton und ließen uns klassenweise in unsere Schulräume abtreten. Ein Horror waren für mich die Ehren- und Feiertage der Nazis. Dann mussten wir Schüler endlos lange im Pausenhof strammstehen, den rechten Arm zum Hitler-Gruß erheben und singen, während die Fahnen geschwenkt und lange Reden gehalten wurden. Das war militärischer Drill, einschüchternd und erniedrigend. Vor Angst bekam ich jedes Mal Bauchschmerzen. Viele unserer Lehrer in Greifenberg waren fanatische Nazis, kleine Hitler.

Das demütigendste Erlebnis aber hatte ich auf dem Marktplatz in Greifenberg. Es muss im Herbst 1943 gewesen sein. Mutter hatte mich zum Einkaufen in die Stadt geschickt. Schwer beladen mit einer Tasche voll Mehl, Zucker, Reis und Grieß in der einen Hand, mit einem Beutel voller Salben und Verbandszeug in der anderen ging ich über den Marktplatz nach Hause. »Was fällt dir ein? Warum grüßt du nicht?«, brüllte mich plötzlich ein Mann an. Ich schrak zusammen. »Dich werde ich lehren, wie man grüßt!«, schrie er. Erst jetzt sah ich, dass es ein Lehrer meiner Schule war. Ein großer, kräftiger Mann mit glattem, rötlichem Haar und sommersprossiger Haut. Seine hellen Augen hatten sich zu drohenden Schlitzen verengt, sein Gesicht war vor Zorn gerötet, die Halsschlagader angeschwollen. Er befahl mir, an ihm vorbeizumarschieren, den Arm zum Hitler-Gruß nach vorn gestreckt. »Halt! Kehrt!«, schrie er und: »Gerade stehen!«, als ich einige Schritte gegangen war. Ich musste mich umdrehen, im Stechschritt zurückmarschieren, vor ihm strammstehen und »Heil Hitler« rufen, dann wieder kehrtmachen. Dieses Manöver exerzierte er sicherlich zehnmal mit mir durch. Die Leute waren stehen geblieben und starrten auf mich. Ich fürchtete mich vor dem brüllenden Lehrer, gehorchte seinen sadistischen Befehlen und schämte mich gleichzeitig abgrundtief. Wie in Trance folgte ich seinem Gebrüll. Da hörte ich, wie ein älterer Mann den Lehrer zurechtwies. »Jetzt ist es aber genug!« Mein Peiniger ließ mich noch einmal an ihm vorbeiexerzieren, drehte sich dann wortlos um und ging weg. Ich war tief verletzt, zitterte am ganzen Leib und rang nach Luft. Und als eine junge, blonde Frau auf mich zukam, sich zu mir herunterbeugte und mich in ihre Arme schloss, schluchzte ich los. Heftige Stöße schüttelten meinen Körper. Ich weinte und schluchzte, während mir die Frau übers Haar strich, mir leise tröstend zuredete, mich wiegte und hielt. Ich lehnte lange in ihren Armen. Als mein Tränenstrom nachließ, sah ich sie an, scheu, dankbar. Sie blickte mich mitfühlend an, nestelte in ihrer Einkaufstasche und holte einen Riegel Schokolade hervor, den sie mir in die Hand drückte. »Und jetzt gehst du nach Hause«, sagte sie zu mir. »Dann wird das schon wieder gut.« Ich nickte, nahm meine beiden Taschen und ging.

Das waren meine prägenden Erlebnisse mit Schule und Lehrern. Und jetzt sollte ich wieder in eine solche Anstalt. Mir graute davor.

Die Schule, in die wir Geschwister nach Ostern gehen mussten, war in Strukdorf. Mutter beschrieb uns den Weg dorthin. Das Schulhaus, ein stattlicher, graubraun gestrichener Bau mit Klassenzimmer und Lehrerwohnung stand mitten im Dorf. Der kleine Schulhof vor dem Gebäude war von einer wuchtigen Linde überdacht, deren Äste in den Himmel ragten. Der Lehrer war ein alter Mann, klein und hager. Er ging leicht gebeugt, hatte schlohweißes Haar und eine brüchige Stimme. Als Erstes nahm er unsere Daten auf. »Name? Alter? Wo wohnst du? Einheimisch oder Flüchtling?« Dann wies er uns die Plätze zu. Wir waren 50, vielleicht sogar 60 Schülerinnen und Schüler, mehr als die Hälfte davon Flüchtlingskinder, und wurden alle in einem Raum untergebracht. Es war laut und unruhig. Ständig rannten welche herum, quatschten, johlten und machten Faxen. Schon am ersten Schultag war klar, dass der alte Mann mit uns überfordert war.

Am nächsten Tag kam der Schularzt in die Klasse. Jedes Kind wurde untersucht. Wir Menze-Kinder waren unterernährt und sollten langsam aufgefüttert werden. Als humanitäre Hilfe der Besatzungsmächte gab es von nun an für fast alle Flüchtlingskinder Mittagessen in der Schule. Täglich kamen zur großen Pause drei Frauen in Schürzen und Kopftüchern mit einem dampfenden Suppenkessel und Geschirr zu uns ins Klassenzimmer. Klein war meine Portion bei der ersten Schulspeisung: eine Kelle Möhrensuppe, die Emailschüssel war nicht einmal halb voll. Mit jedem Tag wurde meine Ration größer. Es war gut, Essen zu kriegen und satt zu werden, ohne vorher stehlen oder betteln zu müssen. Mittwochs gab es statt Suppe für jedes Kind einen großen Riegel Schokolade und drei Kekse. Als Mutter das erfuhr, mussten wir die Süßigkeiten bei ihr abliefern. Sie meinte, das seien wir ihr schuldig.

Vergeblich versuchte der Lehrer, uns Lesen, Schreiben und Rechnen beizubringen. Wir Kinder waren nicht mehr gewohnt, still zu sitzen. Die Unterrichtsversuche des alten Mannes erstickten im Stimmengewirr. »Jetzt seid doch mal still!« Vereinzelt versuchten ältere

Schülerinnen oder Schüler, die Mitleid mit dem Lehrer hatten, die laute Horde zur Ordnung zu rufen. Für ein paar Minuten ebbte der Lärm ab und schwoll dann wieder an.

Immer wenn er sich nicht mehr anders zu helfen wusste, griff sich Lehrer Göller einen der lärmenden Jungen heraus, der sich bäuchlings über seine Schulbank legen musste. Dann prügelte der Alte mit dem Rohrstock auf den Schüler ein; fast jedes Mal traf es Flüchtlingskinder. Doch auch mit diesen Züchtigungsversuchen konnte er sich keinen Respekt verschaffen. Die Jungs, auf die er es abgesehen hatte, spielten dem Alten sogar noch einen Streich. Sie stopften sich vor dem Unterricht Schulhefte in die Hosen. Hinterher feixten sie und lachten den alten Göller aus.

Dass der Lehrer zweierlei Recht walten ließ und die Einheimischen bevorzugte, empörte und verletzte mich. Doch wie sollte ich mich wehren? Die ansässigen Kinder brachten ihm von zu Hause Wurst und Speck mit und ich beobachtete, dass sie durchwegs bessere Noten erhielten als wir Flüchtlinge. Diese Ungerechtigkeit machte mich wütend, ich resignierte und verlor mein Interesse an der Schule. Ohnehin stand der Unterricht damals nicht im Vordergrund. Es ging eher darum, dass wir Kinder uns wieder an Rhythmus und Regelmäßigkeit gewöhnten. Hin und wieder schickte uns Lehrer Göller während der Unterrichtszeit hinaus auf die Felder, um Heilkräuter zu sammeln. Das waren offiziell angekündigte Aktionen, zu denen die Lehrer angehalten wurden. Dann streiften wir durch die Wiesen, pflückten eimerweise Huflattich und Kamille. Herr Göller nahm die Kräuter entgegen und lieferte sie in der Apotheke ab. Als im Frühjahr 1947 in Schleswig-Holstein eine große Maikäferplage herrschte und jedermann aufgerufen wurde, diese Plage zu bekämpfen, zogen wir Kinder ebenfalls mit unserem Lehrer los. Die Jungen schüttelten die schwerfälligen Insekten von den Bäumen, wir Mädchen sammelten sie in große Milchkannen; anschließend wurden die Käfer mit kochendem Wasser übergossen. So war Schule nach dem Krieg. Alle halfen mit, dass es wieder weiterging und sich das Leben normalisierte.

Am schönsten war der Unterricht, wenn der Lehrer seine Geige hervorholte und Volkslieder anstimmte. Damit konnte er uns alle begeistern. »Am Brunnen vor dem Tore, da steht ein Lindenbaum. Ich träumt in seinem Schatten gar manchen kühlen Traum.« So sangen wir. Ich leise und bewegt, meine Nachbarin inbrünstig. Die wehmütige Melodie erfüllte den Raum und ergriff die ganze Klasse. »Abendstille überall«, summte der Alte und wir stimmten in den Kanon ein. Unsere Stimmen schraubten sich höher und höher und manches Augenpaar fing an, feucht zu glänzen. Abendlieder und Wanderlieder, Balladen und Tanzlieder. Je nachdem, was wir sangen, wechselte unsere Gemütslage und wir ließen uns von den Melodien hinwegtragen, tauchten ein in Wehmut oder Heiterkeit oder in ausgelassenen Frohsinn.

Volkslieder habe ich schon immer gern gesungen. Manchmal, wenn uns unsere Berliner Verwandtschaft in Greifenberg besuchte und wir sonntags im Garten saßen, holte Vater sein Akkordeon. Der Mann meiner Cousine packte seine Geige aus und die beiden spielten auf. »Lustig ist das Zigeunerleben«, »Wem Gott will rechte Gunst erweisen«, »Ein Jäger aus Kurpfalz«. Sie spielten heitere Lieder, Tanzmelodien, Trinklieder und wir sangen alle mit. Bald gesellten sich die Nachbarn dazu, brachten ihre Kinder mit, die fröhliche Runde wurde immer größer. Wir Kinder sprangen ums Haus, turnten auf unserer Schaukel und auf der Wippe herum, tanzten und sangen.

Wehmütig erinnerte ich mich an diese schönen Sonntagnachmittage, die so kurzweilig und heiter waren. Sie lagen weit zurück, da hatten wir noch ein Zuhause gehabt. Jetzt lebten wir hier in Schleswig-Holstein, waren nur widerwillig geduldet und dauernden Erniedrigungen ausgesetzt. Auf dem Schulhof schubsten die Einheimischen uns Flüchtlingskinder herum. Sie stellten uns nach, löschten unsere Hausaufgaben, die wir auf Schiefertafeln geschrieben hatten, weil wir uns keine Schulhefte kaufen konnten, verspotteten und piesackten uns. »Polacken, ihr stinkt!«, riefen sie meinen Geschwistern hinterher. In der Klasse wollte niemand neben ihnen sitzen, weil sie streng rochen. Mir war das peinlich und ich schämte mich. Wir sahen natürlich ärmlich aus, waren schäbig angezogen und wirkten ungepflegt trotz Onkel Werners Erziehungsversuchen zu mehr Sauberkeit. Aber alleine schaffte ich es noch nicht, unsere Sachen in Ordnung zu halten. Und Mutter kümmerte sich nach wie vor wenig um uns. Seit ihr Bruder weg war, wirkte sie wieder verstörter und verzweifelter. Wenn wir morgens aufstanden und uns auf den Weg zur Schule machten, schlief sie noch oder sie war in Lübeck.

Als wir eines Mittags von der Schule nach Hause kamen, lag Mutter reglos auf ihrem glatt gestrichenen Bett. Sie hatte ihr bestes Kleid an, hielt einen Rosenkranz in ihren Händen, die sie über dem Bauch gefaltet hatte, und lag ohne Kissen wie eine Tote aufgebahrt. »Was ist denn, Mutti, was ist?«, rief ich, doch sie rührte sich nicht. Ein jäher Schreck fuhr mir durch die Glieder, ich geriet in Panik. Klaus schrie gellend los: »Mutti ist tot! Sie ist tot!« Im selben Moment kreischte Hildegard markerschütternd auf: »Oh nein, sie ist tot!« Wir standen vor dem Bett, gelähmt vor Schreck, hilflos und verzweifelt. »Sie ist wirklich tot und wir sind ganz alleine«, fing Hildegard nach dem ersten Schock zu wimmern an. »Was soll nur aus uns werden?« Klaus schluchzte und weinte. »Mutti ist tot, Mutti ist tot«, brach es fortwährend aus ihm heraus. Ich war stumm vor Entsetzen, fassungslos. »Oh Gott! Was soll ich bloß machen?«, durchfuhr es mich. Ich dachte an Förster Klopp, aber ich wusste ja nicht einmal, wo im Dorf er wohnte. Wir waren vollkommen hilflos. Keiner wagte, Mutter anzufassen.

Bilder vom Tod meiner Schwester Erika tauchten in mir auf. Ich hatte sie sterben sehen, damals, am 16. Januar 1941. Sie starb im Kinderheim, in dem sie, Lieselotte und ich seit November 1940 untergebracht waren. Als Mutter nach Kätchens Geburt wegen Kindbettfieber monatelang im Krankenhaus lag, wurden Klaus und Hildegard zu einer Tante nach Stettin gebracht. Wir drei ältesten Schwestern kamen in ein Mädchenheim, das von Klosterschwestern geführt wurde. Wir galten als ärmlich und waren unterprivilegiert, weil unsere Eltern nichts für uns bezahlen konnten. Viele der Mädchen schikanierten uns. Ich als die Jüngste konnte mich am wenigsten wehren und musste die meisten Gemeinheiten einstecken, obwohl Erika immer wieder schützend eingriff. Es war eine schwere Zeit für mich. Ich fühlte mich eingesperrt, gleichzeitig ausgesetzt, hatte Heimweh und weinte viel. Immerzu mussten wir still sein, im Speiseraum, im Waschsaal, im Schlafsaal. »Es ist ja nur für eine Weile«, tröstete mich Erika. »Bald kommt Mutti aus dem Krankenhaus und wir dürfen wieder nach Hause.« Ich ging damals noch nicht zur Schule und hielt mich, während die anderen Unterricht und Studierzeit hatten, als Einzige bei den Nonnen in der Nähstube auf.

Da erkrankte Erika an Scharlach. Sofort wurde sie isoliert. Infektionskrankheiten waren damals gefürchtet, besonders in einem Kinderheim. Es gab kaum Medikamente. Entweder man überlebte die Krankheit oder man starb daran. Sechs Wochen lag Erika im Krankenzimmer. Niemand durfte zu ihr. Selbst Vater konnte sie nur durch eine Glaswand sehen. Er besuchte sie fast täglich, kam aber selten zu mir und Lieselotte. Einmal suchte er uns auf, er sah müde und traurig aus. »Erika ist sehr schwer krank«, sagte er. »Wir müssen um sie beten.«

Eines Vormittags kam eine Nonne zu mir und Lieselotte und teilte uns mit, dass wir nun zu Erika dürften. Sie ging mit uns über den Hof des Kinderheims in den Trakt, in dem unsere kranke Schwester isoliert war. Wir durften das Krankenzimmer nicht betreten, sondern mussten an der Schwelle stehen bleiben. Durch die geöffnete Tür konnte ich Erika sehen. Sie lag weiß gekleidet und mit einem Kranz im Haar auf dem Bett, das an der gegenüberliegenden Wand stand. In ihren gefalteten Händen hielt sie einen weißen Rosenkranz. Auf dem Nachtschränkchen neben dem Bett standen eine lange, brennende Kerze und ein Kreuz. »Erika«, rief ich, doch sie reagierte nicht. »Sie schläft«, flüsterte mir eine Nonne zu, die mit anderen Klosterschwestern, meinem Vater und den Großeltern Menze in der Mitte des Zimmers stand. Mutter war nicht dabei, sie lag noch immer im Krankenhaus. Auf einem Tisch war ein kleiner Altar mit

Blumen, Kreuz und Kelch aufgebaut, an dem ein Priester im Ornat die heilige Messe zelebrierte. Er spendete Erika nach der Wandlung die Hostie. Es war die Erstkommunionfeier für meine Schwester. Nach dem Gottesdienst fingen die Erwachsenen zu flüstern an. Die Januarsonne strahlte ins Zimmer, es roch nach Kerzenwachs und Blumen. Eine feierliche Schwere erfüllte den Raum. Ich spürte die existenzielle und endgültige Bedeutung dieses Augenblicks. Es war ein schicksalhafter, ein heiliger Moment. Der Pfarrer trat an Erikas Bett und verabreichte ihr die Sterbesakramente. »Jetzt ist eure Schwester im Himmel«, sagte eine Nonne zu Lieselotte und mir.

Das war meine erste Begegnung mit dem Tod. Meine liebste Schwester, meine Vertraute, war gestorben. Vater sah bleich und entrückt aus, doch er weinte nicht. Niemand weinte. Er und unsere Großeltern gingen nach Hause. Lieselotte und ich kehrten mit den Nonnen zurück in den Heimtrakt. Wir mussten noch eine Woche dort bleiben. Erst allmählich begriff ich, dass Erika nicht mehr da war, und ich fühlte mich verlassen. Die Mädchen im Heim verhielten sich uns gegenüber nun auf einmal sehr vorsichtig, scheu und rücksichtsvoll. Ich spürte ihr Mitgefühl, wir waren für sie etwas Besonderes. Ende Januar, nach Erikas Beerdigung, wurden wir nach Hause geholt.

Das alles schoss mir durch den Kopf, während meine Geschwister aufgelöst flennten und ich vor dem Bett stand, auf dem Mutter lag. Unsere Schwester Erika auf dem Sterbebett – immer wieder tauchte dieses Bild vor mir auf. Und jetzt Mutter! Ich fürchtete mich. Da öffnete sie plötzlich die Augen, setzte sich auf, legte den Rosenkranz zur Seite und sah uns an. »Ich wollte bloß mal sehen, ob ihr auch traurig seid, wenn ich nicht mehr da bin«, sagte sie. Wir Kinder schraken zusammen. Meine Geschwister verstummten, ich rang nach Luft. Ich war fassungslos! Was geschah hier? War sie jetzt verrückt geworden? Was machte sie mit uns? Plötzlich spürte ich eine unbändige Wut in mir hochsteigen, die mir die Sprache verschlug. Klaus hatte sich als Erster von dem Schock erholt. »Ach, Mutti, liebe, liebe Mutti, ich bin jetzt auch ganz brav«, schluchzte er, klam-

Renate an ihrem ersten Schultag

Muttertag 1944: Mutter Menze mit Renate, Klaus und Hildegard (von links)

Renates Großmutter mütterlicherseits auf dem Einspänner

Das letzte Foto mit Vater Menze, Weihnachten 1944, wenige Wochen vor der Flucht: Hilda und Heinrich Menze, davor die Kinder Hildegard, Renate und Klaus (von links)

Der Gasthof »Zum Goldenen Hahn« am Ortsrand von Struckdorf in Schleswig-Holstein

Die Gaststube des Wirtshauses »Zum Goldenen Hahn« war das vierte Quartier der Menzes vom Herbst 1946 bis zum Frühjahr 1950.

Hildegard, Renate und Klaus (von links) in Schleswig-Holstein zwischen 1948 und 1950

Renate Hirschi-Menze (rechts) mit ihre Mutter
Hilda Menze 1980

Renate Hirschi-Menze mit ihrer Enkeltochter
Melanie 1994 in Zürich (rechts)

Besuch nach der Wende: Die Memelstraße in Greifenberg. Die Häuser
haben sich kaum verändert.

merte sich an ihrem Bein fest und legte den Kopf in ihren Schoß. »So etwas darfst du mit uns nie wieder machen!«, presste Hildegard hervor. Vor Wut konnte sie Mutter kaum ins Gesicht sehen. Benommen stand sie vor dem Bett, blickte immer wieder zornig zu Boden, dann wieder auf Mutter. Ich brachte keinen Ton hervor, immer noch war ich sprachlos und ohnmächtig vor Wut. Und als nach einer Weile auch noch Hildegard anfing, Mutters Untat hinzunehmen und ihr schönzutun, tobte ich innerlich vor Zorn.

Dieses Verhalten unserer Mutter war dermaßen unfassbar und verletzend, dass es mir bis heute schwer fällt, Worte dafür zu finden. Und bis heute kann ich nur mutmaßen, was sie dazu getrieben haben könnte, das zu tun. Sie muss völlig durchgedreht haben und in tiefer Not gewesen sein, anders kann ich mir ihr Verhalten nicht erklären. Ihr Bruder war weggelaufen, ohne sich von ihr zu verabschieden oder sich hinterher zu melden. Wieder war sie allein gelassen worden, fühlte sich womöglich ausgenutzt, verraten und vollkommen ohnmächtig. Das, so nehme ich an, muss ihr den Rest gegeben haben.

Ich brauchte lange, bis ich dieses Erlebnis halbwegs verkraftet hatte. Tagelang redete ich mit meiner Mutter kein Wort, ich konnte nicht. Ich war zu tief verletzt. Immerzu dachte ich, ich müsste das dem Förster erzählen, doch ich brachte es nicht fertig. Aus Scham, aber auch aus Selbstschutz. Er hätte mir wahrscheinlich nicht geglaubt, hätte vielleicht gesagt: »Kind, jetzt spinnst du!« Dem wollte ich mich nicht aussetzen. Ansonsten kannte ich niemanden, dem ich das hätte anvertrauen können. Also behielt ich die Begebenheit für mich. Ich muss verstört ausgesehen haben, denn Lehrer Göller fragte mich mehrmals, was mit mir los sei. Er schien sich Sorgen um mich zu machen, doch auch ihm konnte ich es nicht erzählen.

Zu dieser Zeit zog ich mich oft alleine in den Wald zurück. Ich hatte mir einen abgelegenen Platz tief im Forst auserkoren, bei dem ich sicher war, dass sich niemand dorthin verirren würde. Er lag am Rande einer kleinen Lichtung unter einer jungen Buche, die zwischen einigen Tannen und neben einer großen Buche stand. Dieser junge Baum und der Flecken Waldboden, auf dem er wuchs, wurde mein Zufluchtsort. Fast täglich flüchtete ich mich dorthin, setzte mich unter die Buche, lehnte mich an den grauen Stamm und gab mich meinem Kummer hin. Ich fühlte mich unendlich einsam. Es gab niemanden auf dieser Welt, der mich liebte, niemanden, dem ich etwas bedeutete. »Papa, ach Papa!«, weinte ich laut. Wenn er doch zurückkäme! Er hat mich geliebt. Ich krümmte mich vor Schmerz und verzehrender Sehnsucht. In lauten Schluchzern brach mein Leid aus mir heraus. Und Mutter! Was war nur los mit ihr? Warum konnten wir uns nicht verständigen, nicht verstehen? Ich spürte, dass ich mich trotz allem, was sie mit uns trieb, nach Nähe zu ihr sehnte. Trotz aller Wut, die ich immer wieder auf sie hatte, und obwohl ich mich tief verletzt fühlte, wünschte ich mir Wärme von ihr und Zuneigung. Warum war sie so abweisend und garstig zu mir? Spürte sie denn nicht, dass ich mich nach einem freundlichen Wort, nach einer liebevollen Geste von ihr verzehrte? Und wünschte sie sich das nicht auch manchmal? Zärtliche Nähe zu mir, zu ihren Kindern? Traurig schmiegte ich meine Wange an die glatte Rinde der Buche. Und während mein Kummer langsam verebbte, malte ich mir aus, wie meine Mutter mich in ihre Arme schlösse und wiegte. Wie sie mir zärtlich die Haare flöchte und mir dabei erzählte, dass auch sie als kleines Mädchen blonde Zöpfe hatte, wie ich. Ich träumte, wir beide säßen auf ihrem Bett, sie hielte mich umfangen und vertraute mir an, wie sehr sie unseren Vater vermisste. Und dann sagte sie zu mir, wie viel ich ihr bedeutete und wie Leid es ihr täte, dass sie oft so schroff und abweisend zu mir gewesen sei. Immer mehr Situationen stellte ich mir vor, in denen Mutter und ich uns nah waren und vertraut, in denen ich spürte, sie liebte mich. Es waren schöne, tröstende Bilder, die in mir entstanden und mich wegtrugen aus meiner Verzweiflung. Lange, sehr lange saß ich oft unter der Buche, bis mein Schmerz gelindert war, bis ich unter meinem Baum Trost gefunden hatte und zum Waldhaus zurückgehen konnte.

Der Sommer verging, und als die kalte Jahreszeit näher rückte, ging Mutter zum Bürgermeisteramt und setzte sich dafür ein, dass wir ein anderes Quartier bekämen. »Bevor es kalt wird, müssen wir raus aus dem Waldhaus«, sagte sie, als sie im Amt vorsprach. »Es war unmöglich, wie wir dort letzten Winter gehaust haben. So etwas machen wir nicht noch einmal mit. Das ist unzumutbar.« Die Verantwortlichen im Gemeindeamt sahen das ein und taten im Herbst 1946 eine andere Unterkunft für uns auf, in einem großen Bauern- und Gasthaus am Rande eines Dorfes. Wir kamen wieder näher an die Zivilisation. Und so liehen wir uns im September von der Dorfverwaltung einen Leiterwagen, packten unsere Habseligkeiten hinein und zogen aus dem Wald weg.

SO GEHT MAN NICHT
MIT MENSCHEN UM

Unser neues Quartier befand sich im Wirtshaus »Zum Goldenen Hahn«, einem alteingesessenen Gasthof am Waldrand, an der Hauptstraße von Lübeck nach Bad Segeberg. Das Gasthaus lag etwas außerhalb der Ortschaft, auf halber Strecke zwischen Langniendorf und Strukdorf, wo wir auch weiterhin zur Schule gingen. Es war ein stattliches, gepflegtes Anwesen aus rotem Backstein. Auf dem Giebel des reetgedeckten Wohnhauses drehte sich ein goldener Hahn. Im Blumengarten neben dem Haus blühten noch im September rote und aprikosenfarbene Rosen. Auf der rechten Seite des Hauses stand ein großer Stall mit Pferden, Kühen, Schweinen, Gänsen und Hühnern. Dahinter war ein üppiger Gemüsegarten angelegt und eine Streuobstwiese. Das ganze Gehöft wirkte großzügig, fast herrschaftlich und intakt. Alles war gepflegt, jeder Winkel aufgeräumt – das gefiel mir. Bewirtschaftet wurde das Anwesen von der Besitzerin, Frau Fleischer, der Hauswirtschafterin, Frau Feuermann, und einem Knecht. Die vier Kinder, Anke, Gudrun, Peter und Pübbi, waren alle jünger als ich. Wir Menzes wurden in der Gaststube des Hauses einquartiert. Die Familie hatte den Gastbetrieb eingestellt, nachdem der Wirt in den Krieg gezogen war, und seitdem nicht wieder eröffnet, da sich der Mann noch immer in Gefangenschaft befand.

Unsere Quartiersgeber waren bestürzt, dass sie uns aufnehmen mussten. Denn jetzt lastete uns nicht nur das Stigma der Flüchtlinge an. Wir kamen auch noch aus dem Wald und hatten den Ruf einer verwilderten, dreckigen, stehlenden Bande. Das tat weh und wir litten darunter. Dennoch waren wir erleichtert, dass wir aus dem Forsthaus wegziehen und uns in dieser hellen, freundlichen und sauberen Gaststube einrichten konnten. Es war ein riesiger Raum mit großen Fenstern und glattem Holzfußboden. An einer Wand stand ein dunkelblauer Kachelofen. Weil die Bäuerin und der Knecht des Hofes den verankerten Tresen nicht abmontieren konnten, mussten wir unsere Sachen zunächst um diese Theke herum gruppieren. Dadurch war der Raum zugestellt und ungemütlich. Nach kurzer Zeit aber wurde der Tresen ausgebaut und wir konnten uns bequemer einrichten, mussten dafür jedoch das Wasser aus der Scheune holen, weil mit der Theke auch der Wasserhahn entfernt wurde. Vor eine Fensterfront hängte Mutter eine Holzstange, das war unser Kleiderschrank. Wir besaßen inzwischen ein paar Kleidungsstücke mehr, die Mutter für uns auf dem Schwarzmarkt ergattert hatte. Die vordere Hälfte des Raumes wurde unsere Wohnküche, die uns die Hausherrin mit etwas Geschirr ausstattete, in der hinteren schliefen wir. Man hatte uns nur zwei Betten zur Verfügung gestellt. In dem einen schliefen Hildegard und Klaus, das andere musste ich mir mit Mutter teilen. Es waren zwar breite Betten, doch es war mir sehr unangenehm, so nah neben ihr zu liegen. Sie hielt sich tagsüber viel im Bett auf, erledigte dort ihre Flick- und Stopfarbeiten und hatte stets eine große Unordnung um sich herum. Wenn ich abends schlafen ging, musste ich mir erst meinen Platz frei räumen. Ich war ständig darauf bedacht, möglichst weit von ihr wegzurücken. Ich wollte ihren Atem und ihre Wärme nicht spüren, deckte mich nicht mit dem gemeinsamen Plumeau zu, sondern mit einer Wolldecke und drehte mich immer von ihr weg zur Wand. Meist lag ich lange wach, angespannt, fast verkrampft. »Du störst mich«, rügte sie mich jedes Mal, wenn ich mich bewegte oder drehte. Das ging mir genauso, sie störte mich auch. Nach einiger Zeit bekamen wir von der Hausbesitzerin ein altes Sofa, das mein Nachtlager wurde. Mutter und ich waren erleichtert und ich konnte wieder einschlafen.

Wir Geschwister hatten einen schweren Stand auf dem Gasthof. Die Wirtsfamilie fürchtete ständig um ihr Hab und Gut. Wenn bei ihnen etwas in Unordnung geriet oder verloren ging, verdächtigten sie sofort uns, wir hätten sie bestohlen oder ihnen mutwillig Schaden zugefügt. Wir waren sicher auch verwildert und streunten nach wie vor die meiste Zeit im Wald herum. Das war dieser Familie nicht geheuer, zumal sie selber ein sehr geordnetes Leben mit festen Mahlzeiten und geregeltem Tagesablauf führte. Besonders der Hauswirtschafterin, Frau Feuermann, waren wir zuwider. Sie war eine große, hagere Frau mit schwarzem Haarknoten, dunklen Augen und strengem Gesicht. Mit ihrer dunklen Kleidung, die sie ständig trug, strahlte sie etwas Hartes, Feindseliges aus. Den Wirtskindern, die behütet aufwuchsen, wohlerzogen waren und unter ihren Fittichen standen, verbot sie, mit uns zu spielen. Wir waren ihr zu dreckig, hatten immer wieder Läuse, waren Flüchtlingsgesindel, das man sich vom Leibe hält. Wir durften nicht einmal mit dem Pferdewagen mitfahren, mit dem die Kinder täglich zur Schule gebracht wurden, sondern mussten unseren Schulweg zu Fuß gehen.

Dabei begegneten uns oft britische Soldaten in ihren Jeeps. Manchmal hielten sie, wenn sie an uns vorbeifuhren, reichten uns ein Stück Brot aus ihrem Geländewagen, ein paar Äpfel, selten auch etwas Schokolade. Einmal bremste wieder ein Jeep neben uns, als wir aus der Schule heimtrotteten. Zwei junge Männer in Militärkluft saßen im Wagen und winkten uns heran. Einer reichte uns ein großes Stück Weißbrot. Als ich meine Hand ausstreckte, um es zu nehmen, warf er es auf die schlammige Straße, sprang aus dem Jeep und trat mit seinen Stiefeln darauf herum. Dann grinste er uns triumphierend an, stieg wieder ein und fuhr davon. Ich war wütend und fühlte mich erniedrigt. Was hatten wir diesen Männern getan, dass sie uns so behandelten? Auf dem Heimweg brüteten wir Geschwister noch lange über diese Gemeinheit. Künftig waren wir vorsichtig, wenn Militärjeeps an uns vorbeifuhren und hielten.

Im Gasthof war noch eine andere Flüchtlingsfrau mit ihrer Tochter untergebracht. Sie wohnte im oberen Geschoss des Hauses, wo die Hausleute ihre Schlafräume hatten. Im Gegensatz zu uns waren die beiden von der Wirtsfamilie und der Hauswirtschafterin akzeptiert und wohl gelitten. Frau Gutzmann, so hieß die Frau, arbeitete auf dem Hof mit, lebte ansonsten sehr zurückgezogen und las viel. Bücher lesen! Bis dahin wusste ich gar nicht, dass man so etwas tun konnte. Ich habe es zum ersten Mal bei dieser Frau beobachtet. Sie war schlank, hatte dunkles, kinnlanges Haar und war immer schlicht, aber gepflegt gekleidet. Durch ihre feine, ruhige und kultivierte Art wirkte sie distanziert. Ich hatte Respekt vor ihr. Dass sie nichts dagegen hatte, wenn wir mit ihrer Tochter spielten, rechnete ich ihr hoch an.

Anfangs waren wir Geschwister vorsichtig in unserer neuen Unterkunft und scheu gegenüber unseren Quartiersgebern. Doch nach der ersten Eingewöhnungsphase im Herbst und Winter wurden wir mutiger, aufmüpfiger und begannen, uns gegen die Hauswirtschafterin auf unsere Art zu wehren. Wir schnitten hinter ihrem Rücken Grimassen, streckten ihr die Zunge heraus, legten ihr im Hof oder vor dem Stall Steine oder Holzscheite in den Weg, damit sie stolperte. »Der Teufel kommt«, oder: »Da ist die Hexe!«, kreischten wir, wenn wir ihr über den Weg liefen, und rannten weg. Auf mich hatte sie es besonders abgesehen. »Kschschschsch«, zischte sie jedes Mal, wenn ich ihr im Hausflur begegnete, und funkelte mich mit ihren dunklen Augen wütend an. Dabei fuchtelte sie mit den Armen, als wollte sie einen Hund zur Tür hinausscheuchen. »Mach, dass du wegkommst!«, herrschte sie mich an. »Mit dir will ich nichts zu tun haben!« Ich fürchtete diese Frau. Um ihr so wenig wie möglich zu begegnen, gewöhnte ich mir an, nicht mehr durch den Flur und die Haustür ein- und auszugehen. Stattdessen stieg ich durch eines der Fenster in der Gaststube. Klaus und Hildegard taten es mir nach. Ehe wir hinauskletterten, horchten und spähten wir jedes Mal, ob jemand der Hausleute in Sichtweite war. Lief keiner von ihnen herum, schlichen wir uns durchs Fenster aus der Gaststube. Nur Mutter benutzte nach wie vor die Tür und den Flur.

Auf dem Hof lief eine zutrauliche schwarze Katze herum. Sie war der Liebling der Hauswirtschafterin und strich immerzu um ihre Beine. Frau Feuermann redete liebevoll mit dem Tier, streichelte und koste es. Eines Tages spielten wir Geschwister Krieg, da kam uns die Katze dazwischen. Wir nahmen sie mit in den Wald, strangulierten sie mit einem Strick, hängten sie an einem Ast auf und banden ihr an den Schwanz noch einen Stein, damit sie wirklich krepierte. Nach einer Weile, als wir glaubten, die Katze sei tot, knüpften wir sie los. Wir buddelten im Wald ein Loch, schmückten es mit Wiesenblumen aus, bastelten aus zwei Holzstücken und Bindfaden ein Kreuz, das wir am Rand des Grabes in die Erde steckten und legten die Katze hinein. Dann bestatteten wir sie feierlich, so, wie wir es auf Beerdigungen erlebt hatten. Wir beteten und sangen, scharrten zum Schluss noch etwas Erde über das tote Tier und liefen weg.

Ich traute meinen Augen nicht und erschrak zu Tode, als uns drei Tage später diese Katze über den Weg lief. Wir Geschwister hielten uns hinter dem Haus auf, da schlich das Tier entlang. Noch heute sehe ich dieses Bild vor mir. Die Katze war abgemagert, hatte ein struppiges, räudiges Fell und einen schlingernden Gang. Wie Tod und Teufel in einem Wesen kam sie uns entgegen. »Das ist die lebendige Strafe für all das Böse, das wir getan haben«, fuhr es mir durch den Kopf. Klaus und Hildegard waren beim Anblick der gefolterten Katze ebenso erschrocken wie ich. Noch Jahre später erinnerte ich mich mit Schaudern an unsere Tat und konnte nicht fassen, zu welcher Grausamkeit wir Kinder fähig gewesen waren. Einmal redete ich mit meinen Geschwistern darüber. »Natürlich war das grausam«, sagte Klaus, »aber wir hatten doch nichts anderes erlebt als Krieg und Flucht und Kampf ums nackte Überleben.«

Die schwarze Katze habe ich hinterher nie wieder gesehen, vermutlich überlebte sie die Folgen unserer brutalen Tat nicht und verendete. Für mich und meine Geschwister war das ein einschneidendes Erlebnis. Von da an waren wir gebremst in unserer Rohheit und Wildheit, wurden vorsichtiger, fast sanft. Frau Feuermann wusste nicht, dass wir ihre Katze gepeinigt hatten, und merkte vermutlich nicht, dass wir uns nun anders verhielten. Sie schikanierte uns weiterhin.

Von all dem bekam unsere Mutter wenig mit, sie interessierte sich auch nicht dafür. Nur hin und wieder, wenn sich die Hausbesitzerin,

Frau Fleischer, bei ihr über uns beschwerte, hielt sie uns eine Standpauke. »Mit euch habe ich nur Verdruss«, schimpfte sie. »Man muss sich ja wirklich schämen! Benehmt euch gefälligst anständig!« Doch wir waren mittlerweile gegenüber Mutters Schimpftiraden abgestumpft und ihre Rügen prallten an uns ab.

Mutter stopfte und flickte die Wäsche der Wirtsfamilie, dafür kriegten wir Milch, Butter, Eier, Brot. Was wir nicht brauchten, nahm sie nach Lübeck mit und tauschte es gegen Wurst oder Käse, manchmal auch gegen Kleidung ein – Waren, die es auf dem Land nicht gab. Der Schwarzmarkt florierte. Die Inflation beschleunigte sich und das Geld wurde immer weniger wert. So schlugen sich alle mit Tauschgeschäften durch. Diese Händel liefen mehr oder weniger verstohlen ab und waren offiziell verboten, obwohl sie jeder betrieb. Zu den Bauern kamen viele Städter und verscherbelten ihren Besitz, tauschten Schmuck, Kleidung, Geschirr, Teppiche gegen etwas Essbares ein. Viele Bauern nutzten die Not der Städter aus, nahmen für ein paar Eier einen teuren Teppich, für ein Stück Butter ein wertvolles Schmuckstück. Auch unsere Wirtsleute bereicherten sich an diesen Tauschhändeln. »Wieso haben die einen so viel und die anderen nichts?«, fragte ich mich manchmal, wenn ich die Stadtmenschen beobachtete, die für ein bisschen Essen ihre persönlichen Schätze hergaben.

Auch unsere Mutter verschacherte nach und nach den Schmuck, den sie in ihren Wollknäueln auf der Flucht gerettet hatte. Darunter war ein goldener Ring mit einem rautenförmigen Rubin. Es war der Ring, den mein Vater meiner Mutter zur Verlobung geschenkt hatte. Sie hatte ihn mir versprochen. Eines Tages war er weg. Ich war wütend und empfand das als Verrat an meinem Vater. Kurz darauf, Mutter war wieder in Lübeck, kramte ich in der Kiste, in der sie ihre Wertsachen und persönlichen Dinge verstaut hatte. Dabei entdeckte ich Lieselottes Kommuniontäschchen, ein kleines, weißes Stoffbeutelchen, das Großmutter Menze meiner Schwester zur Erstkommunion geschenkt hatte. Ich nahm es Mutter weg und versteckte es in meinen Sachen. Dieses kleine Erinnerungsstück, das auf der Vorderseite mit zwei silbernen Palmblättern verziert und mit rosafarbenen, lindgrünen und weißen Perlchen bestickt ist, habe ich bis heute aufbewahrt, als kostbares Andenken an meine Kindheit in Greifenberg.

Weil Lebensmittel rationiert waren und alles Vieh registriert wurde, konnten auch die Bauern nur so viele Tiere schlachten, wie ihnen amtlich zuerkannt wurde. Die meisten Tierhalter mästeten aber in versteckten Koben Schweine und schlachteten sie schwarz. Unsere Wirtsleute taten das auch. Einmal stachen sie nachts ein Schwein ab und vergruben es im Wald. Weil sie wussten, dass sie das vor uns nicht verheimlichen konnten, versprachen sie uns ein Stück Fleisch davon. Als sie das Tier in der folgenden Nacht weiterverarbeiten wollten, war es weg. Holzsucher oder vielleicht Menschen, die davon Wind bekommen hatten, müssen es entdeckt und mitgenommen haben. Die Wirtsleute verdächtigten uns, dass wir das Versteck verraten hätten.

Seit wir im Gasthof wohnten, fuhr Mutter noch häufiger nach Lübeck, als sie das vom Waldhaus aus getan hatte. Es war nun auch einfach. Die Rummelkutsche hielt direkt vor dem Haus und ich musste sie nicht mehr begleiten. Vor jeder Fahrt in die Stadt machte sie sich schick zurecht; die ganze Unordnung, die sie hinterließ, ihre Wäsche, Mullbinden und Strümpfe, musste ich hinterher aufräumen.

Eines Tages, es muss im Frühjahr 1947 gewesen sein, fuhr Mutter wieder nach Lübeck. Hildegard durfte ausnahmsweise mit. Sie hatte eine andere Beziehung zu unserer Mutter als Klaus und ich. Unter uns Kindern war sie die Einzige, die hin und wieder zu ihr vordringen konnte. An diesem Tag erbettelte sie sich die Mitfahrt in die Stadt. In Stockelsdorf, einem Ort, direkt an der Stadtgrenze von Lübeck, lahmte das Pferd. Der Bauer bat die Fahrgäste, auszusteigen und zu Fuß weiterzugehen. Bis zur Stadtmitte waren es noch etwa 20 Minuten. Mutter und Hildegard machten sich auf den Weg und gingen durch eine Wohnstraße. Da stand plötzlich Großmutter Menze am Gartenzaun eines Hauses. Was für ein Wiedersehen! Sie fielen sich in die Arme, überglücklich. Mehr als zwei Jahre nach der Flucht hatte sich die Familie aus Greifenberg wiedergefunden. Mutter blies ihren Arztbesuch ab und ging mit Hildegard zu den Großeltern, die in Stockelsdorf eine Unterkunft gefunden hatten.

»Wie gut, dass ihr gegangen seid! Es war so schrecklich, was wir erleben mussten«, sagte Großmutter und erzählte, wie es ihnen in Greifenberg ergangen war. Zwei Tage, nachdem wir mit dem Güterzug geflohen waren, fielen die Russen in der Stadt ein und hausten wie die Vandalen. Alle Häuser, in denen sie eine Hakenkreuzfahne fanden, steckten sie in Brand. Auch unser Haus in der Memelstraße fackelten sie ab; das Ehepaar, das über uns gewohnt hatte, war in der Partei gewesen und hatte selbstverständlich eine Fahne besessen. Die Russen stürmten jedes Haus, schleppten alle Frauen und Mädchen heraus und vergewaltigten sie. Zwölfjährige Mädchen mussten genauso daran glauben wie ältere Frauen. Oft boten sich die Alten an, damit die Jungen verschont würden, doch am Ende fielen die Rotarmisten über alle her. Viele Frauen wurden mit der Gewalt, die ihnen angetan worden war, nicht fertig und nahmen sich das Leben. »Unsere Elli, Martha und Anna haben sie vor unseren Augen vergewaltigt«, berichtete Großmutter. Außerdem wüteten sie in den Häusern, zerstörten die Einrichtungen, soffen, was sie kriegen konnten. »Schlimmer als die Tiere«, war Großmutters Spruch. Sie zwangen die Deutschen, ihren Schmuck herauszurücken. »Uri, Uri, Ringe«, schrien sie und Großmutter Menze gab nur stückweise die Goldketten, Ringe und Uhren heraus. Sie wollte sich eine Reserve einbehalten, aus Angst, die Eindringlinge würden sie umbringen, wenn sie ihnen nichts mehr geben könnte. Meine Tanten besaßen viel Schmuck. Die Offiziere und Galane von der Wehrmacht, die bei ihnen früher aus- und eingegangen waren, hatten sie großzügig beschenkt. Als Großmutter keinen Schmuck mehr hatte, füllte sie die russischen Soldaten mit Schnaps ab und suchte sie so zu besänftigen.

Diese Schreckensherrschaft hielt wochen-, monatelang an. Im Sommer 1945 brach eine Typhusepidemie aus, die in manchen Teilen Pommerns ein Drittel der Bevölkerung dahinraffte. Alle drei Töchter der Großeltern erkrankten an der Seuche. Erst starb Martha, dann auch noch Anna. Sie hinterließ einen dreijährigen Sohn. Elli kam durch. Weil sie ihre Töchter nicht beerdigen durften, verscharrten die Großeltern die beiden Leichen nachts im Grab meiner Schwestern. Seit Anfang August wurde die ganze Gegend offiziell unter polnische Verwaltung gestellt. Das galt als Provisorium, dem die Westalliierten zugestimmt hatten. In einer langen Übergangszeit regierten Polen und Russen nebeneinander. Es herrschte Chaos. Nun waren die verbliebenen Deutschen der Willkür von zwei Seiten ausgesetzt, sie waren rechtlos und lebten in ständiger Unsicherheit. Eine polnische Bürgermiliz aus bewaffneten polnischen Zivilisten etablierte sich und diese Bürgergarde, die sich nun an den Deutschen rächte, war bald mehr gefürchtet als die Truppen der Roten Armee.

Bis Jahresanfang 1946 harrten die Großeltern mit Elli und dem kleinen Waisenjungen noch in Greifenberg aus. Dann flüchteten sie bei Nacht und Nebel mit Onkel Willi und seiner Familie in dessen Taxi. Sie konnten nur noch das eigene Leben retten. Auf der Flucht trennten sich die Großeltern und Elli mit dem Kleinen von Onkel Willi und dessen Familie. Sie landeten im Flüchtlingslager in Lübeck, wie wir. Elli war zutiefst verstört und nicht mehr ansprechbar. Sie verkraftete ihre Traumata nicht und starb kurze Zeit später. Onkel Willi und die Großeltern trafen sich wieder in Stockelsdorf, auf der Straße, zufällig.

Das alles erfuhren Mutter und Hildegard von unserer Großmutter. Als sie abends nach Hause kamen, erzählten sie es Klaus und mir. »Ich habe es ja gewusst, aber sie wollten es nicht glauben«, sagte Mutter. »Das haben sie jetzt davon.« Diesen Triumph konnte sie sich nicht verkneifen. Hildegard war aufgewühlt und wir alle freuten uns, dass wir unsere Verwandten in Stockelsdorf gefunden hatten. »Jetzt sind wir hier nicht mehr ganz allein«, sagte Mutter.

Einige Zeit nach diesem Treffen besuchten uns die Großeltern in unserem Quartier im »Goldenen Hahn«. Auch da erzählte Großmutter wieder von ihren traumatischen Erlebnissen in Greifenberg. Die häufigen Besuche, wie wir sie zu Hause in Pommern gepflegt hatten, nahmen wir jetzt jedoch nicht wieder auf. So groß die Wiedersehensfreude anfangs auch war, schon bald tauchten die alten Ressentiments zwischen unserer Mutter und der angeheirateten Familie erneut auf.

Großmutter wurde im Sommer 1947 schwer krank. Sie hatte Magenkrebs und bald war offensichtlich, dass sie nur noch wenige Wochen zu leben hatte. Mutter schaute bei ihren Lübeck-Fahrten regelmäßig bei den Großeltern vorbei. Eines Tages kam sie nach einem dieser Besuche zu Hause an und eröffnete uns, dass wir am übernächsten Tag, am Sonntag, gemeinsam nach Stockelsdorf fahren würden. Großmutter lag im Sterben. Als Mutter und wir drei Kinder bei ihnen eintrafen, lag sie auf ihrem Bett. Sie war schwach. Unter großer Anstrengung flüsterte sie ihrer Familie, die um sie herum saß, noch letzte Worte zu. Ich weiß nicht mehr, was sie sagte, erinnere mich aber noch an ihr Gesicht, ihren Ausdruck. Trotz ihrer schweren Krankheit war sie immer noch rundlich. Die grau melierten Haare umrahmten ihr bleiches, flächiges Gesicht, das plötzlich weich und sanft aussah. Alle Strenge und Härte war aus ihm gewichen. Als sie starb, sah sie gelöst aus, ein letztes Lächeln glitt über ihr Gesicht. Ein Leuchten, als hätte sie etwas Schönes gesehen. Ich war bewegt. Und traurig. Nun war auch sie gegangen. Immer mehr schrumpfte unsere Verwandtschaft. Nur ein kleines Häuflein war noch übrig von dieser einst so großen Familie.

Im Sommer 1947 kehrte Herr Fleischer, der Gasthofbesitzer, aus der Gefangenschaft zurück. Nach seiner Ankunft stellte er sich uns kurz vor, dann tauchte er tagelang nicht wieder auf. Ich erschrak, als ich ihn vor mir stehen sah. Er war groß, klapperdürr, sein Rücken war gekrümmt. Das schwarzgrau gestreifte Hemd, das er trug, war schmutzig und zerschlissen, die braune Hose reichte ihm gerade bis zu den Knöcheln; ein dicker Bindfaden hielt den viel zu weiten Hosenbund an seiner mageren Taille fest. Er hatte dünnes, blondes Haar, ein eingefallenes Gesicht und aus seinen blauen, tief liegenden Augen schrie das Grauen, das sie gesehen hatten. Er sah erbärmlich aus, ein seelisches Wrack. Während er uns begrüßte, stand seine Frau, klein, rotwangig und wohlgenährt, neben ihm und stützte ihn. Sie weinte vor Freude, aber auch aus Bestürzung. Der Krieg und seine Gräuel hatten ihren Mann schwer gezeichnet und fast zerstört.

Erst nach zwei Wochen ließ sich Herr Fleischer wieder blicken. Er sah erholt aus, aber immer noch traurig und entrückt. Er schien sich einzuleben und nahm allmählich seinen Hof wieder in Besitz. Frau Feuermann hatte bislang das Sagen auf dem Anwesen gehabt. Was sie entschied, wurde gemacht. Sie war ein Arbeitstier, schuftete wie ein Kerl und hielt den Betrieb am Laufen. Seit der Ankunft des Hauswirts war sie verändert, vorsichtig, fast zurückhaltend. Und dann war sie plötzlich von einem Tag auf den anderen verschwunden. Der Bauer und seine Frau, die sich ihr gegenüber nicht durchsetzen hatte können, wollten sie nicht mehr auf dem Hof haben. Ich war erleichtert, denn nun änderte sich die Atmosphäre für uns Menzes grundlegend. Plötzlich durften die Kinder der Hausleute mit uns spielen. Wir waren anfangs misstrauisch und ließen uns nur vorsichtig auf sie ein. Sie wurden auch nicht mehr mit dem Pferdewagen zur Schule gefahren, sondern gingen zu Fuß wie wir. Und wir Geschwister benutzten nun wieder den Flur und die Haustüre, um aus- und einzugehen. Jedes Mal, wenn ich dem Bauern begegnete, grüßte er mich und nickte mir freundlich zu. »Kommt ruhig herein in den Stall«, sagte er zu uns, als wir uns einmal scheu und neugierig vor der Stalltür herumdrückten. »Ihr dürft gerne zusehen, wie wir melken.« Das ließen wir uns nicht zweimal sagen. Schüchtern gingen wir in den Stall und beobachteten Herrn Fleischer bei der Arbeit. Spätestens jetzt hatte ich den ernsten und schweigsamen Mann in mein Herz geschlossen.

Nach wie vor kamen viele Hamsterer auf den Hof und fragten, ob sie Eier, Butter oder Milch haben könnten. »Natürlich könnt ihr etwas bekommen«, sagte der Bauer und bot denjenigen, die wollten, an, als Gegenleistung auf dem Feld mitzuarbeiten. Andere tauschten ihren Besitz, Kleidung, Gebrauchsgegenstände, gegen Lebensmittel ein. Doch nun erhielten sie dafür angemessene Mengen. Der Hausbesitzer unterband den Wucherhandel auf seinem Hof. Er war nicht daran interessiert, Profit aus der Not der Städter zu schlagen, im Gegenteil. Was er an Nahrungsmitteln erübrigen konnte, gab er her und sorgte dafür, dass die Händel redlich und angemessen waren. Mehr und mehr schätzte ich den Mann.

Eines Tages hörte ich durch die Wand, die unseren Raum vom Wohnzimmer der Hausleute trennte, wie sich der Bauer mit seiner Frau stritt. Ich war alleine in der Gaststube und lauschte, neugierig und aufgeregt. »So geht man nicht mit Menschen um«, schalt er sie. »Die haben Schreckliches erlebt. Du hast keine Ahnung, was diese Leute durchmachen mussten. Dir ging es hier immer gut. Du kannst dir gar nicht vorstellen, was da drüben los war. Das war die Hölle!« Immer mehr redete sich der Bauer in Rage, während seine Frau heulte und schluchzte. »Ich hab mir nichts dabei gedacht, ich habe es auch nicht so gemeint«, presste sie wimmernd hervor. »Aber du hast zugelassen, dass sie schlecht behandelt werden!«, fuhr ihr der Mann dazwischen. »Das dulde ich nicht! Ich dulde nicht, dass auf meinem Hof so mit diesen Menschen umgegangen wird! Das sind Flüchtlinge und du weißt nicht, was sie aushalten mussten. Sie können nichts dafür, dass sie fliehen mussten und jetzt nichts mehr besitzen. Sie wären auch lieber zu Hause geblieben, aber dann wären sie den Russen in die Hände gefallen. Und was dann mit ihnen passiert wäre, habe ich gesehen. Es war grauenhaft!«

Mir klopfte das Herz. »Flüchtlinge«, hatte der Bauer gesagt. Er meinte uns! Ich schluckte, Tränen stiegen mir in die Augen. Leise schlich ich aus unserem Zimmer, ging durch den Flur, zur Haustüre hinaus, und als ich sah, dass niemand ums Haus herumstrich, lief ich über den Hof zum Wald. »Er verteidigt uns!«, hallte es in meinem Kopf. »Endlich versteht uns jemand und verteidigt uns.« Ich rannte tief in den Wald. Ich musste zu meiner Buche! Und während ich lief, weinte und schluchzte ich. Zum ersten Mal seit langer Zeit fühlte ich mich angenommen und verstanden. Dieser Mann hatte selbst Schreckliches erlebt und wusste, was wir durchmachen mussten.

Als ich an der Lichtung angekommen war, setzte ich mich wieder unter meinen Baum und spürte, wie sich meine Trauer löste. Ich war tief berührt und weinte über das Unglück, das durch die Flucht über uns gekommen war, über die Verletzungen und Demütigungen, die wir seitdem ertragen mussten. Und jetzt der Bauer! Wie eine gute Seele war er in mein Leben getreten. Mir wurde warm ums Herz, als ich an ihn dachte, und ich empfand eine tiefe Dankbarkeit für ihn. So saß ich eine ganze Weile, bis ich langsam zur Ruhe kam. Dann stand ich auf. Erschöpft, aber getröstet ging ich zum Gasthof zurück.

30 Jahre später kehrte ich noch einmal zu dieser Lichtung zurück. Ich besuchte meine Buche, die mittlerweile zu einem stattlichen Baum geworden war. Es war wie ein Nachhausekommen. Dieser Platz war mein Zufluchtsort gewesen, die Buche meine Vertraute in den dramatischen Jahren nach der Flucht. All meinen Schmerz hatte ich ihr mitgeteilt. Ich bedankte mich bei ihr. Dann grub ich einen jungen Buchenableger aus, der unter dem Baum wuchs. Ich packte ihn ein, nahm ihn mit in die Schweiz und pflanzte ihn in meinem Garten ein. Vier Jahre lang pflegte ich den Schössling und hoffte, er würde Wurzeln schlagen. Aber er schaffte es nicht und ging ein. Er gehörte nicht in die Schweiz, sondern nach Schleswig-Holstein.

Zu der Zeit, als wir im Gasthof wohnten, sehnte ich mich schmerzlich nach meinem Vater. So viele Männer kehrten aus der Gefangenschaft zurück. Der Bauer, Väter meiner Mitschüler, Männer aus dem Dorf. Die meisten von ihnen kamen aus der Sowjetunion und manche erzählten von schaurigen Erlebnissen. Sie hatten hungern, schwer arbeiten und frieren müssen. Andere, die aus Frankreich zurückgekehrt waren, hatten es während ihrer Gefangenschaft besser gehabt. Warum kam Vater nicht? Nachts träumte ich oft von ihm. Es war immer derselbe Traum. Darin lebte er in einem Blockhaus in Sibirien. Die Landschaft war verschneit, es war eisig kalt, der Wind heulte. Vater wohnte dort mit einer Frau, deren Gesicht ich im Traum nicht erkennen konnte, und drei Töchtern. Sie sahen aus, wie meine verstorbenen Schwestern. Er und ich schauten uns von Ferne an. Wir sprachen nie miteinander. Er lächelte mir stumm zu, winkte verhalten und legte manchmal den Zeigefinger auf seine Lippen, als wollte er mich bitten, niemandem zu verraten, dass wir uns gesehen hatten. Wenn ich nach diesen Träumen morgens aufwachte, war ich traurig und niedergeschlagen. Oft suchte ich dann Zuflucht bei meinem Baum.

Obwohl Schleswig-Holstein seit Kriegsende von Flüchtlingen geradezu überschwemmt worden war – rund eine Million Menschen aus dem Osten waren wie wir nach ihrer Flucht hier gelandet, blieben mehrere Jahre oder siedelten sich für immer hier an –, begann sich der Alltag seit 1947 mehr und mehr zu normalisieren. Wir Heimatlosen hatten ein Dach über dem Kopf, mussten nicht mehr hungern und für uns Kinder hatte schon seit einem Jahr die Schule begonnen. Wie fast überall in Deutschland war auch in Schleswig-Holstein die Arbeitslosigkeit sehr hoch, denn die wenige Industrie in der Region war durch Bombenkrieg oder Demontage zerstört worden. Vieles war kaputt oder lag brach, aber man arrangierte sich damit und brachte sich irgendwie durch. Außerdem war die Haupterwerbsquelle in dieser Region die Landwirtschaft, und die funktionierte.

Seit der Bauer zurückgekehrt war, fühlte ich mich auf dem Gasthof wohl. Ich hatte mich eingelebt, hatte ein Zuhause. Das war zwar provisorisch, doch weil damals Tausende so lebten wie wir, war es normal. Manchmal arbeitete ich nach der Schule auf dem Hof mit, half bei der Heu- und der Kartoffelernte, sammelte im Frühjahr Steine, pikierte Rüben. Jetzt, da unsere Mutter für unsere Quartiersgeber nähte und flickte, war ich nicht mehr dazu verpflichtet und machte es freiwillig. Es war eine Dankesgeste gegenüber unseren Bauern.

Eine Freundin hatte ich nun auch. Sie hieß Uschi und wohnte mit ihrer Mutter und ihren vier Geschwistern in Strukdorf. Wir beide hatten uns in der Schule kennen gelernt und uns allmählich angefreundet. Sie war klein und zierlich. Ihre Augen waren dunkel wie zwei glänzende Beeren, ihre kastanienbraunen Haare reichten ihr bis zum Kinn. Sie war ruhig, zurückhaltend und ein Flüchtlingsmädchen wie ich. Das verband uns. Zusammen mit ihrer Familie war sie aus Danzig geflohen und auf einem Bauernhof einquartiert. Uschis Vater war, wie der Besitzer vom »Goldenen Hahn«, im Sommer 1947 krank aus der russischen Gefangenschaft heimgekehrt. Kaum hatte er sich erholt, wurde er auf der Straße von einem Auto der Besatzungsmacht überfahren und starb. Ein entsetzlicher, tragischer Unfall. Nach diesem Unglück verbrachte ich mit Uschi noch mehr Zeit als zuvor. Ich erzählte ihr vom Tod meiner Schwestern. Wir redeten viel über unsere Väter und darüber, wie sehr wir sie vermissten. Unsere Freundschaft wurde eng und vertraut. Wir machten zusammen unsere Schulaufgaben, schrieben uns gegenseitig in unsere Poesiealben, vertrauten uns unsere Fantasien, Hoffnungen und Pläne an. Wir waren beide 13 Jahre alt, wollten mit unseren kleinen Geschwistern nichts mehr zu tun haben und strichen viel gemeinsam durch den Wald. Uschi hatte zwei große Brüder und erzählte mir von deren ersten Verliebtheiten. Jungen wurden für uns ein Thema – vollkommen harmlos und verschämt, wie zu damaligen Zeiten üblich. »Was meinst du, soll ich dem mein Poesiealbum geben?« Das waren unsere schüchternen Annäherungsversuche. Wir fantasierten, wie wir später einmal heißen würden, wenn wir heirateten. Es waren schöne Gespräche, wir waren uns nah. Vorsichtig, aber hoffnungsvoll blickten wir auf unsere Zukunft. In Uschi hatte ich eine echte Freundin gefunden. Das machte mich unabhängiger von meiner Mutter.

Nach Ostern 1948 gab es einen Wechsel an unserer Schule. Der alte Göller wurde wieder in den Ruhestand geschickt und wir bekamen einen neuen Lehrer. Er war etwa 50 Jahre alt, ein freundlicher Hüne mit dunkelblondem, schütterem Haar, wachen, graugrünen Augen und einer angenehmen, sonoren Stimme. Herr Kahl, so hieß er, zog mit seiner Frau in die Lehrerwohnung im Schulhaus ein. Binnen kurzer Zeit verstand er es, unsere Neugier und unser Interesse zu wecken. Bei ihm erlebte ich zum ersten Mal, dass Schule angstfrei sein, dass Lernen Freude machen kann. Ich liebte seinen Unterricht, liebte plötzlich Rechnen, Lesen, Schreiben, Heimatkunde und war begierig zu lernen. Herr Kahl machte auch keinen Unterschied zwischen Einheimischen und Flüchtlingskindern. Für ihn waren wir alle junge Menschen, die ein Recht auf Schulbildung hatten, und die wollte er uns möglichst gut vermitteln. Weil wir uns keine Schulhefte kaufen konnten, schrieb ich meine Hausaufgaben auf Zeitungsränder. Ohne ein Wort darüber zu verlieren, nahm er meine Arbeiten auf den Papierstreifen entgegen, korrigierte sie, lobte meinen Eifer und schürte damit meine Begeisterung und meinen Lernhunger noch mehr an. Oft stand ich in der Pause oder nach der Schule an seinem Pult und löcherte ihn mit Fragen: »Warum gibt es Länder?«, »Warum haben sie Grenzen?«, wollte ich wissen und: »Warum sprechen Völker verschiedene Sprachen?« Ich wollte von ihm erfahren, ob es weit nach Russland sei und wie die Gefangenen von dort wegkämen. Er fand meine Fragen interessant, beantwortete sie geduldig und staunte über meinen Wissensdurst. »Wann bist du endlich müde?«, fragte er mich einmal und schüttelte lachend den Kopf.

Bei Lehrer Kahl entdeckte ich meine Liebe zu Gedichten. Da war in wunderbaren Worten ausgedrückt, was mich bewegte. Ich fand mich wieder in den bilderreichen Versen, in den dramatischen Balladen, fühlte mich verstanden und lernte sie auswendig, um sie immer bei mir zu haben. Manchmal, wenn der Lehrer sich viel Zeit für mich genommen hatte und ich so glücklich war, dass ich nicht wusste, wohin mit meiner Freude, lief ich gleich nach der Schule hinaus in den Wald. Nicht zu meiner Buche, denn die suchte ich nur auf, wenn ich traurig war, sondern zu einer entlegenen Anhöhe, auf der zwischen Tannen, Buchen und Ahorn eine alte, geduckte Eiche stand. Ich kletterte auf den niedrigen Baum, setzte mich in eine breite Astgabel und trug laut und inbrünstig einige meiner Lieblingsgedichte vor:

>»Ich ging im Walde
>So für mich hin
>Und nichts zu suchen
>Das war mein Sinn«,

rezitierte ich feierlich Goethes *Gefunden,* manchmal auch noch Chamissos *Alte Waschfrau* oder Schillers *Bürgschaft.* Ich lauschte dem Klang meiner Stimme, dem Echo aus dem Wald, sang: »Im schönsten Wiesengrunde ist meiner Heimat Haus«, und sagte manchmal auch das Einmaleins auf. Dabei horchte ich, wie mein Vorgetragenes widerhallte, und freute mich, dass es mir gut ging.

Mit der allmählichen Normalisierung des Alltags lebten auf dem Land um Lübeck auch gesellschaftliche Traditionen wieder auf. Eines dieser Ereignisse war das Schulfest, ein buntes Frühlingsfest, das tagsüber mit spielerischen Wettkämpfen und prachtvollen Umzügen den Kindern gewidmet war und abends mit Tanz und Unterhaltung von den Erwachsenen weitergefeiert wurde. Dieser Brauch wurde in der Gegend, in der wir lebten, sehr hochgehalten. Alle, ob Jung oder Alt, nahmen daran teil. Während des Krieges und auch noch in den ersten Jahren danach war das Fest ausgefallen. Doch nun wurde das Leben leichter und die Menschen fingen wieder an zu feiern.

Das Schulfest begann am frühen Morgen. Eierlaufen, Topfschlagen, Völkerballspielen, Sackhüpfen und Ringstechen waren die Spiele, bei denen wir Kinder auf dem Sportfeld des Schulgeländes in Strukdorf um Punkte wetteiferten. Als Veranstalter und Wettkampfrichter halfen neben den Lehrern die Eltern mit. Wir waren in drei Altersgruppen und in Mädchen und Jungs aufgeteilt. Wer bei den Spielen die meisten Punkte erzielte, wurde feierlich geehrt: Die Siegerinnen und Sieger der drei Altersklassen wurden jeweils zu Königin und König gekrönt. Ich gehörte zur Gruppe der Ältesten, war weder besonders sportlich noch wettkampfgeeignet. Anderen den Rang abzulaufen war für mich eher Stress als Ansporn. Und so erhoffte ich mir auch keine großen Gewinnchancen. Beim Topfschlagen aber war ich an diesem Morgen unübertroffen. Wie den anderen Mädchen in meiner Riege wurden mir zehn Meter vor dem Topf die Augen dicht verbunden. Einer der Wettkampfrichter drehte mich mehrmals um meine eigene Achse, ließ mich los und ich steuerte bei jedem Anlauf zielsicher auf den Topf zu, schlug mit einem Stock darauf und heimste einen Punkt nach dem anderen ein. Der Kampfrichter konnte mich noch so oft drehen – ich wusste genau, wo der Pott stand. Es war, als hätte ich vor meinem inneren Auge immer das Ziel gesehen, als hätte mir ein Kompass jedes Mal die Richtung gezeigt. Nach einigen Durchläufen standen bereits drei Erwachsene um mich herum und prüften meine Augenblende. »Die kann nichts sehen«, sagten sie und standen dann doch kopfschüttelnd dabei, als ich erneut schnurstracks auf den Topf zulief. »Ich sollte ihnen den Gefallen tun und einmal in die falsche Richtung laufen«, dachte ich. Aber ich konnte nicht. Dann hätte ich gemogelt. Und so kam es, dass ich bei diesem Schulfest Siegerin und damit Königin in meiner Altersgruppe wurde. Statt mich zu freuen, war ich verlegen. Ich spürte, dass mir die Rolle einer Königin in diesem traditionellen Fest nicht zugestanden wurde. Ich war Flüchtlingsmädchen und in den Augen vieler Einheimischer keine gebührende Kandidatin. Der Sieg war mir unangenehm und peinlich. Doch nun nahmen die Dinge ihren Lauf. Wir Kinder gingen zum Mittagessen nach Hause und sollten hinterher schön gekleidet zum großen Festumzug wieder nach Strukdorf kommen. Traditionell wurden die Königspaare im geschmückten Pferdewagen zu Hause abgeholt. Weil ich sehr abgelegen wohnte, bat mich unser Lehrer, an den Ortsrand des Dorfes zu kommen. Dort könnte ich zusammen mit dem Sieger und König meiner Altergruppe den Wagen besteigen.

Als wir Geschwister im »Goldenen Hahn« ankamen, lag Mutter im Bett und schlief. Hildegard weckte sie. »Stell dir vor, Renate ist beim Schulfest Königin geworden!«, erzählte sie ihr aufgeregt. Doch Mutter reagierte nicht. »Du musst mitkommen. Die Eltern der Sieger und Siegerinnen müssen dabei sein!«, drängte meine Schwester. »Lass mich in Ruhe«, brummte Mutter und drehte sich um. Sie kam nicht mit. Ich ahnte es und war doch wieder tief gekränkt. Schon vormittags hatte ich sie entschuldigen müssen. Warum interessierte sie sich nicht für mich? Warum konnte sie sich nicht wie andere Mütter über meinen Erfolg freuen? Aufgewühlt suchte ich nach einem Kleid. Als Königin sollte ich festlich herausgeputzt sein.

Ich zog ein bunt geblümtes Hängerchen mit Puffärmeln an, das Mutter mir aus einem Gardinenstoff genäht hatte. Es war mein bestes Kleid. Gerade wollte ich mich auf den Weg machen, als mir im Flur Frau Gutzmann vom ersten Stock begegnete. Sie wusste von meinem Sieg, ihre Tochter hatte es ihr erzählt. Kritisch und bedauernd sah sie mich an. »Aber Mädchen, so sieht doch keine Königin aus!«, sagte sie. Sofort brach ich in Tränen aus, meine Ängste machten sich Luft. »Ich will überhaupt nicht zu diesem Fest«, schluchzte ich. »Und ich will auch nicht Königin sein und nicht gekrönt werden. Dann schauen sie alle auf mich. Das will ich nicht!« Beruhigend redete sie auf mich ein und tröstete mich. »Jetzt kommst du mit mir und dann machen wir dich schön.« Sie nahm meine Hand und ging mit mir die Treppe hoch in ihr Zimmer. Es war ein heller, freundlicher Raum mit glattem Holzfußboden. Vor den Fenstern hingen weiße Gardinen. Zwei Betten, ein Schrank, ein Bücherregal, ein Tisch und zwei Stühle und eine dunkle Kommode, das war die Einrichtung. Alles wirkte aufgeräumt und gepflegt. Auf der Kommode stand eine große, cremefarbene Waschschüssel. Die Frau stellte sie auf den Boden, goss einen Krug voll Wasser hinein und winkte mich zu sich. Dann zog sie mich aus. »Du brauchst dich nicht zu schämen«, redete sie mir zu, als sie merkte, dass ich mich vor ihr genierte. »Ich habe auch eine Tochter.« Dann stellte ich mich in die Schüssel und sie wusch mich von Kopf bis Fuß. Anschließend kämmte sie mir die Haare, gab mir saubere Wäsche und schwarze Spangenschuhe von ihrer Tochter und ich zog mein schönes Kleid an. »Na also«, blickte sie mich zufrieden an. »Jetzt siehst du ja doch wie eine Königin aus.« Nach wie vor war ich nervös und angespannt. Ich fürchtete mich vor dem Fest, war aber auch berührt und dankbar, dass sich die Frau meiner angenommen hatte.

Es war schon spät und ich wäre nicht mehr rechtzeitig zum vereinbarten Treffpunkt gekommen. Da bat die Frau unsere Bauern, ob sie mich mitnehmen würden. Sie wollten sich mit ihrem Wagen gerade auf den Weg zum Schulfest machen. Ich durfte mitfahren und kam noch pünktlich nach Strukdorf, wo der Sieger aus der Jungengruppe mit seinen Eltern schon stand und wartete. Kaum war ich ausgestiegen, kam der farbenprächtige Umzugstross. Vorneweg marschierte eine Musikkapelle. »Wem Gott will rechte Gunst erweisen«, spielten die Musikanten. Mädchen gingen hinterdrein, trugen Blumenbögen, Jungen schritten mit blütenverzierten Stöcken hinterher. Der prachtvolle Festzug blieb vor uns stehen, die Kapelle spielte einen Tusch und das Festkomitee setzte mir und dem König Blumenkronen aufs Haupt, der Junge erhielt einen schön geschmückten Stab. Dann legten sie uns beiden dunkelrote Schärpen um, auf denen mit Goldgarn die Namen der bisherigen Königinnen und Könige eingestickt waren. »Hoch sollen sie leben!«, sangen die Kinder, alle klatschten und wir frisch Gekrönten stiegen auf den geschmückten Pferdewagen, auf dem bereits die beiden jüngeren Königspaare saßen. In einem feierlichen Triumphzug bewegte sich der prächtige Tross durch das Dorf. Alle aus dem Dorf waren zusammengekommen, standen am Wegrand, riefen uns zu und winkten.

Wir erreichten den Festplatz, eine Scheune, die ein Bauer freigeräumt hatte und die mit Tischen, Bänken und einer Tanzbühne ausgestattet war. Auf den Tischen standen Kuchen, Brot und Schinken. Es duftete nach Kaffee und selbst gemachter Zitronenlimonade. Auf einem Gabentisch lagen Geschenke, die vor dem Fest gespendet worden waren und aus denen wir Gewinner uns einen Preis aussuchen durften. »Bei dir ist ja offensichtlich, was du nötig hast«, sagte die Frau zu mir, die den Gabentisch beaufsichtigte. »Du nimmst dir dieses Kleid.« Ich schluckte, spürte, wie mir heiß wurde, und blickte zu Boden. Ich wollte weggehen, da reichte mir die Frau das zusammengefaltete Kleid. Ich nahm es unwillig und legte es in einer Ecke unter der Bank ab, auf der wir Königspaare hinterher sitzen sollten. »Das ziehe ich nie an«, dachte ich und stellte mich mit den anderen Siegern und Siegerinnen vor der Bühne auf.

Nun führten die Mädchen und Jungen uns zu Ehren Reigentänze auf. »Das Wandern ist des Müllers Lust«, spielte die Musikkapelle und die herausgeputzten Mädchen und Jungen tanzten, dass die Röcke flatterten und die Beine über den Tanzboden huschten. Mona-

136

telang hatten wir bei Lehrer Kahl – und zuvor schon beim alten Göller – Polka, Polonäse und Reigentänze einstudiert. Angespornt vom Ehrgeiz unseres Lehrers hatten wir unermüdlich die Schrittfolgen und Tanzfiguren geübt, damit am großen Tag beim Schulfest die Tanzvorführungen gelangen. Es war ein bedeutendes Ereignis. Alle Eltern, Großeltern, Onkel und Tanten standen um die Tanzbühne, klatschten und beobachteten uns Kinder stolz beim Tanz. Die Eltern der Königspaare saßen an einem eigens für sie gedeckten Tisch. Fragend sahen sie mich an, wo denn meine Mutter sei. Ich war peinlich berührt. »Sie ist krank und liegt im Bett«, entschuldigte ich sie. Nach den Reigentänzen mussten wir Königspaare einen Ehrentanz vorführen, unsere gut einstudierte Polka. Angespannt und wie benommen stand ich vor meinem Tanzpartner. Als die Musik einsetzte, tanzten wir los. Wie betäubt bewegte ich mich im Rhythmus der Musik. Die vielen Menschen und Gesichter flogen an mir vorbei. Plötzlich drehte sich alles. Mir wurde schwarz vor Augen, in meinen Ohren sirrte es schmerzhaft. Dann sank ich in eine weiche, erlösende Leere.

Als ich wieder zu mir kam, lag ich auf dem Gras, abseits vom Festgeschehen. »Das war ja zu erwarten, dass die das nicht packt«, sagte eine Erwachsene, die ein paar Meter entfernt stand, zu einer anderen. »Ein Flüchtlingskind verkraftet doch diese Strapaze nicht.« Ich spürte kalten Schweiß auf meiner Stirn und eine unangenehme Blutleere im Kopf, mein Mund war trocken. Ich wünschte mir, der Erdboden würde sich unter mir auftun und ich könnte verschwinden. Es war mir alles so unangenehm und ich schämte mich. »Na, gehts jetzt wieder?«, fragte mich eine Frau, die neben mir hockte. Ich nickte, setzte mich auf und wischte mir den Schweiß von der Stirn. »Wahrscheinlich ist es das Beste, wenn du nach Hause gehst«, riet sie mir. Wieder nickte ich, stand langsam auf und während ich mit zittrigen Knien von der Festwiese wegging, liefen mir die Tränen übers Gesicht. Ein Mädchen rannte hinter mir her und holte mich ein. »Du hast dein Geschenk vergessen«, sagte sie, reichte mir das Kleid und lief wieder zum Festplatz zurück. Geschenk? Das hatte mir doch die Frau aufgedrückt, ohne mich zu fragen. Ich wollte dieses Kleid nicht haben. Ich wollte mir meinen Preis selbst aussuchen wie die anderen Sieger auch. Warum durfte ich das nicht? Weil ich Flüchtling war. Flüchtling! Wie ein Fluch lastete dieses Wort auf mir. Ich konnte nichts dafür, dass ich mit meiner Mutter und meinen Geschwistern von zu Hause weglaufen musste und seitdem Flüchtling war. Aber ständig wurde ich deswegen ausgegrenzt und gedemütigt. Warum durfte ich nicht spielen, gewinnen und mich daran freuen wie die anderen Kinder? Wir Flüchtlinge seien fremd hier, gehörten nicht hierher, sagten die Einheimischen hinter vorgehaltener Hand. Aber irgendwo mussten wir doch wieder hingehören! Diese Fragen wühlten in mir, während ich weinend über die Wiese ging. »Renate, warte auf uns!«, hörte ich plötzlich Hildegard hinter mir rufen. Ich drehte mich um und sah, dass sie mit Klaus, Frau Gutzmann und deren Tochter ein Stück hinter mir gingen. Ich blieb stehen, wischte mir mit dem Handrücken die Tränen aus dem Gesicht und wartete auf die vier. Gemeinsam machten wir uns auf den Heimweg. Wie schon vor dem Festakt, munterte mich die Frau auch jetzt wieder auf. »Du warst eine schöne Königin«, sagte sie. »Und dass du ohnmächtig wurdest, ist doch kein Grund, dich zu schämen. Das kann passieren! So ein Auftritt ist schließlich aufregend.«

Als wir im »Goldenen Hahn« ankamen, beschimpfte uns Mutter. »Was fällt euch ein, ohne meine Erlaubnis so lange wegzubleiben«, wetterte sie. »Das macht ihr mir nicht noch einmal, ist das klar?« Sie interessierte sich nicht für das, was wir erlebt hatten und was geschehen war. Sie war einfach wütend und empört, dass wir bis zum späten Nachmittag fortgeblieben waren. Noch lange polterte und grollte sie, doch an diesem Abend perlten ihre Vorwürfe an mir ab. Es interessierte mich nicht, was sie von sich gab. Ich ließ sie schreien und zog mich zurück.

Wenige Monate nach dem denkwürdigen Schulfest kam die Währungsreform. Sie beendete die Inflation, die in den Jahren vor dem Krieg und während des Krieges durch eine hemmungslose Aufrüstung und ungedeckte Rüstungsausgaben verursacht worden war. Einmal hatte ich auf der Straße ein paar Geldscheine gefunden. Aufgeregt hatte ich die Scheine aufgehoben und meiner Mutter gezeigt: »Mutti, ich habe Geld gefunden.« Doch sie hatte nur abgewunken. »Schmeiß es weg! Es ist nichts mehr wert.« Am Stichtag, dem 21. Juni 1948, wurde in den drei westlichen Zonen Deutschlands die Deutsche Mark eingeführt. Jeder Privatbürger erhielt ein »Kopfgeld« von 40 DM, zu dem später noch 20 DM hinzukamen. Wer Ersparnisse hatte, erhielt für 10 Reichsmark eine Deutsche Mark. Das hatten wir natürlich nicht. Aber unsere Mutter bekam das gleiche »Kopfgeld« wie jeder andere Bürger auch. Für damalige Verhältnisse war das viel.

Mit dem Tag, an dem die neue Währung eingesetzt wurde, füllten sich schlagartig die Läden und Geschäfte, die bis dahin leer gewesen waren. Plötzlich gab es alles zu kaufen. Mutter geriet in eine regelrechte Euphorie, in einen Kaufrausch. Von jeder Lübeck-Fahrt brachte sie neue Anschaffungen mit nach Hause. Als Erstes gönnte sie sich ein Radio, dann deckte sie sich mit Kleidung und Schuhen ein. Jedes Mal brachte sie Lebensmittel mit und wir bekamen Schulhefte und Stifte. In vielen Läden, nicht nur in Lebensmittelgeschäften, konnte man anschreiben lassen und am Monatsende oder am Anfang des Folgemonats bezahlen. Es war damals leicht, Kredite zu bekommen, und so kaufte unsere Mutter mehr ein, als sie bezahlen konnte. Zunehmend verschuldete sie sich.

Eines Tages kam der Postbote zu uns und brachte Mutter Geld. Ich fragte sie, woher das Geld käme. Da erklärte sie mir, sie habe unseren Vater amtlich für tot erklären lassen. Weil er bei der Reichsbahn gearbeitet habe, erhielte sie nun monatlich eine Rente. »Die steht mir auch zu!«, schloss sie ihre Erklärung. Ich war fassungslos! Nun hatte sie es behördlich festschreiben lassen, dass Papa tot war. Dabei wusste sie das gar nicht! Und wir alle bangten, hofften und warteten immerzu, dass er zurückkam. Sie doch auch! Wie konnte sie das tun? Ich war schockiert und empfand das als tiefen Verrat an meinem Vater! Für Geld hatte sie ihr Hoffen auf seine

Rückkehr preisgegeben und unsere Hoffnung erschüttert. Ich war tagelang am Boden zerstört.

Die Witwenrente reichte allerdings nicht, um Mutters Kauflust zu finanzieren. Sie konnte mit dem Geld, das sie nun regelmäßig bekam, nicht umgehen. Kaum erhielt sie die monatliche Zahlung, hatte sie sie auch schon wieder ausgegeben. Noch heute sehe ich sie vor mir, wie sie Abend für Abend am Tisch in unserer Stube saß und rechnete, wie viele Schulden sie hatte, wie viel sie im folgenden Monat würde abbezahlen können und wann sie dann schuldenfrei wäre. Tatsächlich hatte sie im nächsten Monat doppelt so viele Schulden.

Ich musste damals meistens die Lebensmitteleinkäufe machen. Eines Tages schickte Mutter mich wieder in den Kramerladen von Langniendorf. Ich sollte Zucker, Mehl und Brot holen. »Scher dich zum Teufel«, sagte der Ladenbesitzer zu mir, als ich meine Bestellung aufgeben wollte. »Ihr bekommt erst wieder etwas, wenn ihr eure Rechnung bezahlt habt.« Ich schluckte und spürte, wie mein Gesicht rot anlief. Eine Entschuldigung murmelnd, ging ich aus dem Laden. Es war mir so peinlich! Ich schämte mich vor dem Krämer und den Leuten, die im Geschäft gewartet und das mitangehört hatten.

Weil wir nun wieder kaum zu essen hatten, schickte Mutter mich betteln. Jede Woche musste ich von Haus zu Haus gehen und um eine Gabe bitten. Meine Freundin Uschi begleitete und unterstützte mich auf meinen Betteltouren. »Komm«, ermunterte sie mich, wenn ich diese unangenehmen Gänge vor mir herschob. »Jetzt gehen wir und bringen das hinter uns. Ich warte an der Straße auf dich.« Also klopfte oder klingelte ich an den Haustüren und sagte beschämt mein Sprüchlein auf. »Meine Mutter schickt mich. Sie ist Witwe, hat drei Kinder und ist krank. Ich soll fragen, ob sie nicht ein bisschen Geld für sie hätten.« Ich habe selten etwas bekommen. Manche wiesen mich unfreundlich ab. »Wir haben selber nichts! Seht zu, dass ihr weiterkommt, Flüchtlingspack!« Andere schüttelten empört den Kopf. »Bestell deiner Mutter einen schönen Gruß:

Sie soll sich schämen!« Einige gaben mir etwas Geld und baten mich, sie künftig in Ruhe zu lassen.

Später gab mir Mutter auf meine Bettelgänge einen Brief mit, in dem sie an das Mitgefühl der Adressaten appellierte und um eine Spende bat. Eines Tages schickte sie mich damit zum Bürgermeister von Langniendorf. Ich war bereits zweimal bei ihm gewesen und hatte ihn um Geld ersucht. Nun stand ich erneut vor ihm und reichte ihm das Bittschreiben. Ich fühlte mich elend und kämpfte mit den Tränen, als ich ihn kopfschüttelnd Mutters Zeilen lesen sah. Er blickte mich bedauernd an. »Du tust mir wirklich Leid«, sagte er. »Heute bekommst du noch einmal Geld von mir, aber das tue ich nur für euch Kinder.« Dann setzte er sich an seinen Schreibtisch, fasste einen kurzen Brief ab, steckte ihn in einen Umschlag und klebte ihn zu. »Der ist für deine Mutter«, sagte er, reichte mir den Brief und drückte mir einen Zehnmarkschein in die Hand. Ich bedankte mich und ging erleichtert nach Hause. Der Bürgermeister wusste, was in unserer Familie los war. Ich fühlte mich verstanden. Zu Hause legte ich das Geld und den Brief auf den Tisch und wartete, bis Mutter ihn gelesen hatte. Sie verlor kein Wort darüber. Seit diesem Tag musste ich nie wieder um Geld betteln gehen.

Wir Kinder erlegten uns jedoch andere Bettelgänge auf, um unserer Mutter einen Gefallen zu tun. Alljährlich wünschte sie sich von uns einen Tisch voller Blumen zum Geburtstag. Diese Erwartung setzte uns jedes Mal wieder unter enormen Druck, denn sie hatte am 17. November Geburtstag. Um diese Jahreszeit gab es kaum noch Blumen. Wir fürchteten, sie wäre enttäuscht und beleidigt, wenn wir ihr diesen Wunsch nicht erfüllten. Und natürlich wollten wir ihr auch eine Freude machen. Also zogen wir in den ersten Novemberwochen durch Langniendorf und Strukdorf und kundschafteten aus, in welchen Gärten Herbstblumen blühten. Am Tag vor Mutters Geburtstag nahmen wir drei Geschwister unseren Mut zusammen, teilten uns auf und fragten bei den Eigentümerinnen der entsprechenden Gärten, ob wir ein paar Blumen für unsere Mutter haben könnten, sie hätte Geburtstag. Klaus war bei diesen Bittgängen von uns dreien der Erfolgreichste. Er war noch klein und die Frauen waren gerührt, wenn er um ein paar Herbstastern für seine Mutti bat. Aber für mich war diese Bettelei mühsam. »Ach, du schon wieder!«, entgegneten die Gartenbesitzerinnen genervt, wenn ich ihnen mein Anliegen vortrug. Manchmal schickten sie mich weg, manchmal schnitten sie mir ein paar Blumen von ihren Beeten und drückten sie mir in die Hand. »Kannst du deiner Mutter nicht sagen, dass ein Blumenstrauß auch genügt?«, fragte mich einmal eine Frau, die sah, dass ich schon einen Bund Chrysanthemen in der Hand hielt. Als ich ihr von Mutters Wunsch erzählte, schüttelte sie den Kopf. »Ihr tut mir wirklich Leid«, sagte sie und gab mir ein Sträußchen aus ihrem Garten. Mutters Reaktion auf unsere Blumengeschenke waren jedoch nie so, wie wir hofften. Fast beiläufig nahm sie unsere Bescherung zur Kenntnis und signalisierte uns damit, dass sie mit uns wieder nicht zufrieden war.

Weil für uns Kriegskinder lange Zeit der Unterricht ausgefallen war und Ende der 40er-Jahre kaum Lehrstellen und Arbeitsplätze vorhanden waren, wurde damals als Überbrückung das neunte Schuljahr eingeführt. Mutter war dagegen, dass ich noch ein weiteres Jahr zur Schule gehen sollte, doch Lehrer Kahl griff vermittelnd ein und so durfte ich die neunte Klasse absolvieren. Zusammen mit meiner Freundin Uschi heckte ich damals den Plan aus, nach der Schule nach England zu gehen. Uschis Mutter hatte in der Tageszeitung eine große Anzeige gelesen, in der Auszubildende in England gesucht wurden. Im Ausschreibungstext hieß es, junge Frauen könnten sich dort um eine Lehre als Krankenschwester bewerben und müssten nicht, wie in Deutschland, dafür bezahlen, sondern würden sogar noch dafür entlohnt werden. Uschi und ich hatten zwar keine Vorstellung, was eine Krankenschwester ist, aber England und eine Ausbildung, bei der wir auch noch Geld verdienen konnten, das fanden wir gut. Außerdem wollte ich weg von meiner Mutter. In der Anzeige war die Adresse angegeben, an die wir uns wenden konnten. Es war eine Londoner Anschrift. Wir verfassten mit unserem dürftigen Schulenglisch einen Brief und baten Herrn Kahl, ihn zu überarbeiten. Als Absender gaben wir Uschis Adresse an. Meine Mutter durfte nichts davon erfahren. Ich wusste, sie würde meine Pläne sofort durchkreuzen.

Schon nach drei Wochen erhielten wir eine Antwort aus London – auf Deutsch. Darin hieß es, die Leitung der Fachschule für Krankenschwestern suche Auszubildende. Die Lehre würde drei Jahre dauern und mit einem Examen abgeschlossen. Wohnen könnten wir im institutseigenen Schwesternheim. Englische Sprachkenntnisse würden nicht vorausgesetzt, die Sprache würden wir vor Ort schon erlernen. In freundlichen, ermutigenden Worten wurden wir aufgefordert, eine Bewerbung mit Zeugnissen an die Fachschule zu schicken. Aufgeregt lasen wir den Brief. Mein Herz pochte vor Freude, juchzend fiel ich Uschi um den Hals. »Spürst du auch die Flügel?«, fragte ich sie. Es gab also doch einen Weg aus meiner Enge und Schwere! Endlich hatte ich eine Perspektive. Ich fühlte mich plötzlich leicht. Euphorisch fantasierten Uschi und ich, wie wir nach London kommen könnten, wie es dort aussähe, was das für ein Beruf sei, den wir dort erlernen könnten. »Das Geld für die Reise werden wir auch noch zusammenkratzen«, sagte Uschis Mutter, die in unsere Pläne eingeweiht war und uns unterstützte, unter der Bedingung, dass Uschi und ich gemeinsam gingen. Sie hatte uns auch die ersten Impulse gegeben, uns um eine berufliche Perspektive zu kümmern.

Unsere London-Perspektive ging in Trümmer, als Uschi ihrem großen Bruder davon erzählte. »Das kommt nicht in Frage! Du bleibst hier!«, wies er seine Schwester und dann auch mich zurecht. »Schlagt euch diese Flausen aus dem Kopf. Das sind Hirngespinste! London könnt ihr vergessen. Und jetzt macht nicht solche Gesichter! So schlimm ist das auch wieder nicht!« Damit hatte uns Uschis Bruder unsere Pläne ausgetrieben, zerschlagen. So war das damals. Weil wir die Einwilligung von dem jungen Mann nicht bekamen, gaben wir jungen Mädchen klein bei. Wir wagten nur, das zu tun, was die Großen und die Männer uns zutrauten und erlaubten.

Wenig später, im Frühjahr 1950, ging mein letztes Schuljahr zu

Ende. In einer schönen und wehmütigen Feier entließ uns Lehrer Kahl. Er gab uns die besten Wünsche mit auf den Weg. Mich hatte er besonders ins Herz geschlossen und er wusste, wie wichtig er für mich war. »Es war schön, dich unterrichtet zu haben«, sagte er mir beim Abschied und wünschte mir alles Gute. Ich war traurig, meine Zukunft war ungewiss und ich spürte, dass mir eine tief greifende Veränderung bevorstand.

Dass ich allerdings ohne mein Wollen aus dem Umfeld herausgerissen werden sollte, in das ich mich in den fünf Jahren seit unserer Flucht eingelebt hatte, ahnte ich natürlich nicht. Ohne uns Kinder zu fragen oder zu informieren, hatte Mutter für sich und uns die Umsiedlung beantragt. Nach dem Krieg waren die Flüchtlinge hauptsächlich in Schleswig-Holstein, Niedersachsen und Bayern gelandet. Um die Zugewanderten gleichmäßiger innerhalb Westdeutschlands zu verteilen, leitete das Flüchtlingsamt Ende des Jahres 1949 eine große Umsiedlungsaktion ein. Wer sich freiwillig meldete, erhielt eine Startprämie, eine bescheidene Möbelausstattung und den kostenlosen Umzug. Diese Aktion war für unsere Mutter die Rettung. Sie war tief verschuldet und konnte sich nirgendwo mehr blicken lassen. Das Wasser stand ihr bis zum Hals.

»Heute wird nicht geschlafen. Heute wird gepackt«, eröffnete sie uns eines Abends im April 1950. Erst jetzt erfuhren wir, dass wir am nächsten Morgen vom »Goldenen Hahn« weggehen und nach Süddeutschland umziehen würden. Ich konnte mich von niemandem mehr verabschieden, nicht einmal von Uschi. Auch Mutter sagte keinem Menschen Bescheid, weder den Wirtsleuten noch unserer Verwandtschaft. Nach Großmutters Tod hatte sie sich mehr und mehr von der angeheirateten Verwandtschaft isoliert – und umgekehrt. Sie wusste, dass sie von den Menzes in Stockelsdorf nicht akzeptiert wurde, und hatte den Kontakt aufgegeben, sowohl zu Großvater als auch zu Onkel Willi. Am nächsten Tag kamen im Morgengrauen drei Männer mit einem Lastwagen und luden unsere Sachen auf. Mutter trieb uns an. Es musste alles schnell gehen. Unaufgeräumt hinterließen wir die Gaststube, die nun dreieinhalb Jahre lang unser Zuhause gewesen war und fuhren los. Mutter saß in der Fahrerkabine. Wir Kinder hatten auf der Ladefläche Platz gefunden. Ich war fassungslos, starr vor Wut, aber innerlich tobte es in mir. Wie Diebe stahlen wir uns davon! Unsere Mutter machte sich aus dem Staub, ohne ihre Schulden zu bezahlen. Sie war eine Betrügerin, prellte alle Gläubiger und hinterließ ein Riesenchaos. Es war so ein Unrecht! Damals hatte ich das Gefühl, ich müsste mich mein Leben lang für sie schämen. Dass sie mir meine Zukunft zerstörte, mich wieder aus meinem Umfeld herausriss, in das ich mich langsam eingelebt hatte, nahm ich an diesem Morgen noch gar nicht wahr. Wir wurden zu einem großen Bahnhof gebracht. Dort stiegen wir aus und setzten uns in einen Zug, der in den Süden fuhr. Unsere Sachen wurden mit dem Lastwagen zu unserem Umzugsziel transportiert.

KOMM, ICH ZEIG DIR WAS SCHÖNES

Der Himmel leuchtete blau und die Aprilsonne warf ihr mildes Licht in unser Zugabteil, als wir nach einer stundenlangen Fahrt nachmittags in den Bahnhof von Waldshut einrollten. Von hier aus mussten wir zu Fuß zum Übergangslager gehen, in dem wir zunächst wohnen sollten. Müde und orientierungslos standen wir auf dem Bahnhofsvorplatz. Da kam ein junger Mann auf uns zu und fragte Mutter, ob er uns helfen könne. Er war keine 30 Jahre alt, schlank, mittelgroß, hatte schwarze, leicht gewellte Haare und dunkle Augen. Ein attraktiver und auffallend eleganter Mann, geschmackvoll gekleidet mit Anzug und Krawatte. Mutter lächelte ihn erleichtert an. »Wir müssen in ein Flüchtlingslager, das in der Nähe von Tiengen sein soll. Wissen Sie, wie wir dorthin kommen?« Er wusste es. Galant bot er ihr an, uns dorthin zu begleiten. Es sei ein Fußmarsch von etwa 40 Minuten. Er würde gerne unsere Koffer tragen, wenn sie das erlaube. Mutter war angetan von diesem freundlichen, zuvorkommenden Mann und nahm dankend an. Dann zogen wir los, Mutter und der Kavalier voran, wir Geschwister hinterher. Angeregt unterhielten sich die beiden. Der Mann fragte Mutter, wo sie denn herkäme und was sie dazu bewegt habe, in den Süden zu ziehen. Sie erzählte ihm, dass sie in Schleswig-Holstein nicht habe heimisch werden können und hoffe, sie würde sich in einer katholischen Gegend eher zurechtfinden. Er wusste natürlich von der Umsiedlungsaktion und ließ sie wissen, dass er regelmäßig in das Tiengener Lager komme, um den dortigen Bewohnern einige Schweizer Spezialitäten anzubieten. »Ach, dann werden wir uns dort sicherlich noch über den Weg laufen«, sagte Mutter und er nickte ihr lächelnd zu. »Das hoffe ich doch! Übrigens, Lindinger«, stellte der

147

Mann sich vor. Er sei Deutscher, wohne in Rheinfelden in der Schweiz und arbeite dort in einer Firma in der Exportabteilung. An den Wochenenden fahre er mit einem Vorrat an Schweizer Kaffee, Schokolade und Zigaretten nach Deutschland und bringe diese Genussmittel unter die Leute. »Ich bin eben eine Händlernatur«, kokettierte er und lächelte Mutter gewinnend an. Inzwischen waren wir beim Lager angekommen. Unser Begleiter verabschiedete sich von uns. »Bis demnächst also«, sagte er, nickte höflich, drehte sich um und verschwand. Wir suchten die Anmeldestelle auf, wo man uns bereits erwartete und uns unsere Unterbringung zeigte.

Das Lager, in dem wir nun einquartiert waren, muss früher ein Gefangenenlager gewesen sein, denn das ganze Grundstück war mit hohem Stacheldraht eingezäunt. Jetzt lebten hier etwa 300 so genannte umsiedlungswillige Flüchtlinge, die darauf warteten, dass man für sie eine Wohnung fand. Es war ein riesiges Gelände, ein hölzernes Dorf mit zahlreichen großen Baracken, einer Großküche, einem Laden und einem Kiosk. Die Ausstattung war wesentlich komfortabler als im Lager in Lübeck. In den Baracken gab es fließendes Wasser. Wir erhielten einen eigenen Raum für uns, der zwar klein war, aber sauber; vor dem Fenster hingen sogar Gardinen. Die Mitarbeiter der Flüchtlingsbehörde nahmen sich viel Zeit für uns Lagerinsassen und führten mit allen ausführliche Gespräche, um herauszufinden, welche Wünsche sie bei der Wohnungssuche berücksichtigen müssten. Und sie bereiteten uns darauf vor, dass es einige Monate dauern könne, bis sie die passende Bleibe für uns gefunden hätten.

Unsere Mutter lebte sich schnell ein. Sie war ständig im Lager unterwegs, schloss Bekanntschaften, plauschte viel und genoss es, unter Menschen zu sein. Regelmäßig kamen Leute von auswärts und boten Zigaretten, Schweizer Kaffee und Schokolade an. Damals waren das begehrte Luxusartikel, die es im Lagerladen nicht zu kaufen gab und auf die unsere Mutter sehr erpicht war. Eines Tages brachte sie Besuch mit auf unser Zimmer. Es war der Mann, der uns von Waldshut zum Lager die Koffer getragen hatte. Er stellte sich uns als

Johannes vor, duzte sich also schon mit Mutter und schenkte jedem von uns eine Tafel Schweizer Schokolade. Der Gast blieb den ganzen Nachmittag bei uns, die beiden unterhielten sich angeregt und unsere Mutter wirkte heiter, fast aufgekratzt. Zum ersten Mal seit langer Zeit erlebte ich sie an diesem Tag fröhlich und unbeschwert. Seit jenem Nachmittag besuchte dieser Mann unsere Mutter regelmäßig. Er kam den ganzen Sommer über, solange wir im Lager lebten. Wenn er auftauchte und ich im Zimmer war, musste ich den beiden Kaffee kochen, den er immer mitbrachte. Dann wurden wir Geschwister hinausgeschickt.

Ich dachte mir nichts dabei. Wie immer, so hatte ich auch jetzt eine große Distanz zu meiner Mutter. Ihre Angelegenheiten gingen mich nichts an und es interessierte mich auch nicht, was sie mit diesem Mann redete oder was die beiden taten. Ich hatte damals andere Sorgen. Seit unserer Ankunft im Lager war mir meine Misere schlagartig bewusst geworden. Ich war aus der Schule entlassen, meine Englandpläne waren geplatzt, meine Freundin war weg. Durch den Umzug war ich aus allem, was mich gestärkt hatte, herausgerissen worden und ich fühlte mich zurückgeworfen. Wieder war ich in einem Flüchtlingslager und wusste nicht, wohin man uns stecken würde. Wieder war ich Fremde unter Fremden, entwurzelt. Ich hatte keine Perspektive. Wenn ich versuchte, mit Mutter über meine Zukunft zu reden, wehrte sie ab. »Dich brauche ich zu Hause«, sagte sie. »Ich habe ein krankes Bein und du musst mir zur Hand gehen.« »Aber ich möchte einen Beruf lernen«, flehte ich. »Kommt nicht in Frage«, entgegnete sie. »Ich durfte das auch nicht. Irgendwann heiratest du und dann brauchst du auch keinen Beruf mehr. Das wäre rausgeschmissenes Geld!« Das war deutlich und in damaligen Zeiten die übliche Einstellung gegenüber jungen Frauen und Berufsausbildung. Ich wagte nicht, gegen die Entscheidung meiner Mutter aufzubegehren und ergab mich in mein Schicksal. Dadurch fiel ich in eine tiefe Depression. Oft war mir nach Weinen zumute. Doch im Lager hatte ich keinerlei Rückzugsmöglichkeiten. Und so schluckte ich meine Trauer hinunter, vergrub meine Verzweiflung in mir und verstummte. Ich habe kaum Erinnerungen an diese Monate, weiß nicht mehr, wie ich die Tage und Wochen dort verbrachte und was ich tat. Ich spürte keinerlei Drang, etwas zu unternehmen, um diesem Zustand zu entkommen, empfand aber auch keine Bitterkeit. Ich muss stumpf und lethargisch vor mich hin gelitten haben, vollkommen isoliert von meinem Umfeld und wie in einer Nebelwolke. Das war meine Überlebensstrategie. Immer wieder sprachen mich im Lager Frauen an. »Du siehst so traurig aus. Was ist mit dir?« »Ich habe dich noch nie sprechen hören. Kannst du überhaupt reden?« Ich habe nie geantwortet, ich konnte nicht. Dann ließen mich die Frauen meist kopfschüttelnd und mit besorgten Mienen in Ruhe.

Der Sommer verging. Allmählich leerte sich das Lager und wir Menzes gehörten zu den wenigen Lagerinsassen, für die noch keine Wohnung gefunden worden war. Eines Tages im September erhielten wir Bescheid, dass man für uns in Berau, einem Dorf unweit vom Lager, eine Wohnung aufgetan habe. Wieder kam ein Lastwagen, zwei Männer luden unsere Habseligkeiten auf und brachten uns zu unserer neuen Unterkunft. Die Fahrt ging über Serpentinen einen steilen, waldigen Berg hoch. Der Wagen schlängelte sich die kurvenreiche Strecke nach oben. Mir wurde übel. Endlich kamen wir in Berau an, einem 500-Seelen-Ort mitten im Schwarzwald. Der Laster hielt vor einem Bauernhof. Ich wunderte mich und dachte: »Hier können wir doch gar nicht einziehen, hier wohnen doch die Bauern.« Da sah ich, dass die beiden Männer unsere Sachen in einem kleinen Nebengebäude hinter dem Bauernhaus abstellten.

Ich traute meinen Augen nicht, als ich den Anbau betrat. Er war mehr Schuppen als Wohnung. Von der Haustüre aus gelangte man in einen langen Flur, an dessen Ende sich ein feuchter Raum mit Betonfußboden befand. Aus einer Wand ragte ein verrosteter Wasserhahn, an dem ein alter, brüchiger Schlauch hing. Daneben stand ein verstaubter, angerosteter Herd. Auf dem Boden lagen drei rostige Blechtröge. In der Mitte des Bodens befand sich ein kleines Loch, ein Ablaufschacht. Teilweise bröckelte der bräunliche, ungestrichene Putz von den Wänden. Es roch modrig in dem Raum und stank nach Abfall. Als ich aus dem Fenster sah, wusste ich auch, warum. Direkt neben dem Anbau ging ein Abhang hoch, eine Mülldeponie, auf der neben Schutt und ausrangierten Maschinen auch Küchenabfälle lagen. Am helllichten Tage sah ich dort Ratten und Mäuse herumlaufen. Vom Flur führte links eine Tür in einen Raum mit einer dunklen Holzbalkendecke. Der dahinter liegende Raum war mehr Loch als Zimmer, ein Verschlag ohne Fenster, den man nur durch den vorderen Raum erreichen konnte. Das also war unsere Wohnung. Ein Verließ, das jahrelang nicht benutzt worden war. Die Zimmer waren niedrig, nicht einmal zwei Meter hoch, und der blaugraue Wandanstrich starrte vor Flecken und Schmutz. Die Fenster waren blind vor Dreck. Überall hingen alte, verstaubte Spinnweben und die rauen Holzfußböden waren grau und verrußt.

Unsere Mutter platzte fast vor Verzweiflung und Wut darüber, wo wir gelandet waren. Ich konnte sie verstehen, denn mir ging es genauso. Wie konnte man fünf Jahre nach Kriegsende Menschen noch so unterbringen? Vermutlich wollte die Flüchtlingsverwaltung das Lager noch rasch vor Winterbeginn räumen, und weil die Zuständigen keine bessere Wohnung mehr auftreiben konnten, quartierten sie uns in dieser Bruchbude ein. Es war wie verhext. Mutter schien das Pech förmlich anzuziehen. Wieder hatte sie keine Wohnung in der Stadt bekommen, sondern einen schäbigen Verschlag in einem abgelegenen Bergdorf im Schwarzwald. Nach der gepflegten Unterbringung im »Goldenen Hahn« und dem sauberen Raum in der Lagerbaracke war dieses feuchte, dunkle Quartier für uns eine Katastrophe. Aber nun waren wir hier und nach dem ersten Schock machten wir uns ans Werk. Wir fegten die Spinnweben von den Decken und aus den Ecken, schrubbten die verdreckten Dielen, putzten die Fenster und richteten uns ein. Das vordere Zimmer wurde unsere Stube und Mutters Schlafzimmer. Hier stellten wir die Küchenhexe, Tisch, Stühle und Mutters Bett auf. Im hinteren Verlies mussten wir Geschwister schlafen. Immerhin hatte jetzt jedes von uns ein eigenes Bett. In dem Raum mit dem Betonboden hatten sich

Ratten und Mäuse eingenistet. Wir konnten ihn unmöglich benutzen, sondern hielten die Türe immer fest verschlossen. Das Wasser holten wir uns aus einem Brunnen vor dem Anbau.

Über unseren Räumen war noch eine kleine Wohnung, in der eine alte, allein stehende Frau wohnte. Sie war eine Verwandte des Bürgermeisters, eine wunderliche Alte, die von allen im Dorf belächelt wurde und dennoch in der Dorfgemeinschaft ihren Platz hatte.

Nachdem wir uns eingerichtet hatten, versuchten wir, uns in der neuen Umgebung zu orientieren. Wir wohnten nun in einer katholischen Gegend, so, wie Mutter sich das gewünscht hatte. Schon beim ersten Gang durch das Dorf erkannte ich, dass wir in einer völlig fremden Welt gelandet waren. Mitten im Ort stand eine wuchtige, weiß verputzte Kirche, deren spitzer Turm in den Himmel ragte. Rund um die Dorfkirche waren Gräber angelegt. Das Gotteshaus auf dem Friedhof – noch nie zuvor war mir das begegnet. Ebenso wenig hatte ich bislang Berge gesehen, nun wohnte ich auf einem. Die Landschaft war karstig, rau und zugewachsen mit dunklen Tannenwäldern. Die Menschen sprachen anders als wir, ich konnte sie anfangs kaum verstehen. Sie sahen anders aus, waren anders gekleidet, aßen andere Gerichte und verhielten sich anders als Pommern oder Schleswig-Holsteiner. Ich fühlte mich sehr fremd.

Wir wohnten erst wenige Wochen in Berau, als Mutter uns ankündigte, dass Johannes am Wochenende zu Besuch kommen würde. Tatsächlich traf er am Freitagabend bei uns ein. Er kam mit dem Fahrrad. Pfeifend stellte er sein Vehikel an unsere Hauswand, klopfte an und trat in unsere Stube. Er sah wie immer blendend aus, war schick gekleidet und gut gelaunt. Er hatte einen kleinen, dunkelbraunen Lederkoffer bei sich, aus dem er ein Paket Kaffee, mehrere Schachteln Zigaretten und vier Tafeln Schokolade nahm und auf unseren Esstisch legte. Auch Mutter hatte sich herausgeputzt. Sie freute sich über den Besuch, lachte viel und wirkte gelöst. Die beiden hatten sich viel zu erzählen. Mutter hatte bereits gekocht. Es gab Braten mit Rotkohl und Salzkartoffeln und wir aßen gemeinsam zu Abend. Dann schickte sie uns ins Bett. Ich hörte die beiden noch lange reden und schlief irgendwann ein. Was zwischen ihnen passierte und wo der Mann schlief, wusste ich nicht. Ich wollte es auch nicht wissen. Vermutlich machte ich mir nicht einmal Gedanken darüber. Jedenfalls erinnere ich mich nicht, Fantasien gehabt, gelauscht oder spioniert zu haben. Vielleicht habe ich aber auch alles verdrängt, weil ich nichts wissen oder hören sollte. »Was ich mache, geht euch nichts an«, hatte Mutter uns Kindern von klein an eingebläut und uns natürlich auch in der Angelegenheit mit diesem Mann deutlich gemacht. Wir nahmen es hin, denn wir waren es nicht anders gewohnt. Der Besucher, der nun fast jedes Wochenende kam, blieb bis zum Sonntag und reiste nach dem gemeinsamen Kirchgang mittags wieder ab.

Hildegard und Klaus waren noch schulpflichtig und Mutter meldete sie gleich nach unserer Ankunft in Berau in der örtlichen Schule an. Dadurch fanden die beiden Anschluss an andere Kinder. Vor allem Hildegard integrierte sich rasch im Dorf. Sie hütete bei einer kinderreichen Bauernfamilie die Kleinen. Schon wenige Wochen nach unserem Einzug war sie kaum noch zu Hause. Sie aß bei den Bauern, übernachtete und wohnte schließlich bei ihnen und rückte immer weiter von uns weg. Schon während unseres letzten Jahres im »Goldenen Hahn« und vor allem seit unserer Umsiedlung in den Schwarzwald hatten wir Geschwister uns mehr und mehr voneinander entfernt. Hildegard und Klaus waren noch Schulkinder. Ich konnte immer weniger mit ihnen anfangen. Aber auch sie lösten sich von mir. Früher hatten sie sich viel an mir orientiert; das ging nun nicht mehr. Ich war in meiner tiefen inneren Einsamkeit kaum mehr erreichbar.

Es war September, Erntezeit, und die Bauern im Dorf suchten Erntehelfer. Eines Tages ging ich einkaufen, als mich der Jungbauer eines der beiden Dorfgasthöfe auf der Straße ansprach und fragte, ob ich bei ihm auf den Feldern mitarbeiten wolle. Ich könne mir ein paar Mark verdienen und ihm wäre geholfen. Er war Mitte 20, drahtig und nicht allzu groß, hatte kurze, dunkle Locken, braune, gemütvolle Augen und eine weiche, tiefe Stimme. Freundlich lachte er mich an und seine kurzen weißen Zähne blitzten. »Du hast doch Zeit, oder?«, fragte er. Ich nickte und vereinbarte mit ihm, ich würde am nächsten Morgen zu seinem Hof kommen. Von dort sollte ich mit der Erntekolonne aufs Feld gehen. Und so arbeitete ich in den nächsten Wochen beim Bauern des Dorfgasthofs, half bei der Kartoffel- und der Rübenernte mit, bereitete im Stall das Futter für die Kühe vor und packte auch sonst an, wo er mich brauchen konnte. Das Geld, das ich dabei verdiente, steckte immer Mutter ein. Ich bekam nie auch nur eine Mark davon in die Hand. Doch die Arbeit auf dem Feld und dem Hof tat mir gut. Der Jungbauer, aber auch seine Familie und die anderen Landarbeiter waren freundlich zu mir. Hin und wieder scherzten und plauderten sie mit mir, ließen mich aber meist in Ruhe, denn sie spürten, dass ich sehr zurückgezogen war. Diese Selbstverständlichkeit, mit der sie mich aufnahmen, holte mich aus meiner Isolation und lenkte mich von meiner persönlichen Misere ab. Ich tat etwas Sinnvolles und war in einen Rhythmus eingebunden, der mich stabilisierte. Zudem war ich mittlerweile eine geübte Erntehelferin und bekam viel Lob und Anerkennung, weil ich fleißig und selbständig arbeitete.

Auch Mutter hatte sich um eine kleine Einnahmequelle gekümmert. Sie strickte für andere Leute, erledigte Näharbeiten und besserte sich so ihre Witwenrente auf. Eine Mitfahrgelegenheit in die nächste Stadt hatte sie auch schon aufgetan. Ein- bis zweimal wöchentlich fuhr sie mit dem Milchwagen nach Waldshut. Wieder einmal arrangierten wir uns mit unserer neuen Situation. Nur mit diesem Quartier wollten und konnten wir uns nicht abfinden. Die Balkendecke in der Stube hatte breite Ritzen, aus denen ständig Dreck und Staub rieselten. Im Gebälk wohnten die Mäuse. Sie lugten neugierig und ungeniert zwischen den Holzspalten hervor und verkrochen sich dann wieder hinter den Pfosten. Oft hingen die Schwänze der kleinen Nagetiere von der Decke. Mochten sie auch noch so possierlich aussehen, ich ekelte mich vor den Mäusen und fand es widerlich, dass sich ganze Scharen von ihnen in unserem Quartier tummelten. Einmal nahm ich vor Zorn eine Schere und schnitt drei Mäusen die Schwänze ab. Die Tiere quietschten und schrien – und wir lachten, obwohl mir nicht nach Lachen zumute war. Es waren unhaltbare Zustände und ich fand es fürchterlich, so zu leben. Auch in dem kalten, feuchten und fensterlosen Loch, in dem wir Geschwister schliefen, huschten Tag und Nacht die Mäuse über unsere Betten. Einmal wachte ich auf und sah auf meinem Laken eine tote Maus liegen. Ich muss sie im Schlaf zerdrückt haben. Ich ekelte mich dermaßen, dass ich in dieser Nacht nicht wieder einschlafen konnte.

Mutter sprach mehrere Male beim Bürgermeister vor, schilderte die Zustände in unserer Unterkunft und bat um eine andere Wohnung. Daraufhin ließ die Gemeindeverwaltung die Deponie sperren. Doch weil die Halde nicht geräumt und nur hin und wieder Kalk darüber gestreut wurde, blieb das Gelände ein Tummelplatz für Ratten und Mäuse und strömte einen furchtbaren Gestank aus. Die Dorfbewohner wunderten sich, dass wir in diesem Anbau einquartiert worden waren, und fanden unsere Unterbringung unzumutbar. Aber niemand kam auf die Idee, uns ein anderes Quartier anzubieten. Das lag natürlich daran, dass kaum jemand etwas mit uns zu tun haben wollte. Mutter hatte einen Freund. Zur damaligen Zeit war das ungehörig und schamlos. Von Anfang an waren wir Menzes im Dorf abgestempelt. Wir galten als asozial und unsere Mutter wurde richtiggehend gemieden.

Es sah erst mal nicht so aus, als würden wir in nächster Zukunft eine andere Wohnung bekommen. Also verhandelte Mutter nach Weihnachten mit der alten Frau, die über uns wohnte, und fragte sie, ob sie eines ihrer Zimmer an uns abtreten würde. Anfang Januar räumte die Alte tatsächlich eine Kammer frei, in die ich einziehen durfte. Ich wunderte mich, denn ich hatte damit gerechnet, dass Mutter sich das Zimmer nehmen würde. Bald sollte mir allerdings klar werden, warum ich nach oben ziehen durfte. Der Raum war hell, freundlich und konnte mit einem Öfchen beheizt werden. Die Wände waren mit Holz vertäfelt. Durch die zwei kleinen Fenster schien am Nachmittag die tief stehende Januarsonne. Begeistert richtete ich mich ein. In einer Ecke stellte ich mein Bett auf, an der gegenüberliegenden Wand einen kleinen Tisch und einen Stuhl. Auf der Kommode, die vor dem Bett stand, breitete ich meine Schätze aus: Steine, getrocknete Blätter von meiner Buche in Schleswig-Holstein, gepresste Blumen. An einem Nagel neben der Tür hängte ich meine wenigen Kleider auf. Das Zimmer wurde mein eigenes kleines Reich.

Ich hatte mich schon schlafen gelegt, als an einem Samstagabend plötzlich meine Zimmertür aufging und Johannes hereinkam. Er drehte das Licht an, machte die Tür hinter sich zu, kam zu mir ans Bett und setzte sich auf die Kante. Ich blinzelte gegen die Deckenleuchte. Was wollte der hier? Ich war erschrocken und schämte mich, weil ich im Nachthemd vor ihm lag. Schnell zog ich meine Bettdecke bis zum Hals, mein Herz raste und das Pochen dröhnte in meinen Ohren. »Komm, ich zeig dir was Schönes«, sagte er leise und eindringlich, taxierte mich mit seinen dunklen Augen und verzog seinen Mund zu einem leichten Lächeln. Dann schob er eine Hand unter die Bettdecke und fasste mir unter dem Nachthemd zwischen die Beine. Ich zuckte zusammen, schrie vor Schreck, rückte jäh mit meinem ganzen Körper von ihm weg, strampelte, versuchte, seine Hand wegzuschlagen, und verhedderte mich dabei mit meinen Händen in der Bettdecke. »Bschschsch«, zischelte er beruhigend und lockte: »Ich tu dir doch nichts. Du wirst sehen, das gefällt dir.« Er nahm meine beiden Handgelenke, umklammerte sie mit seiner rechten Hand, schob seine andere Hand erneut unter die Bettdecke, griff mir in den Schritt und zog mich mit einem raschen Ruck zu sich hin. Gellend schrie ich auf, riss meine Hände aus seiner Umklammerung, rückte wieder weg, schlug wild um mich. »Lass mich! Hau ab! Ich will nicht!«, stammelte ich, klatschte ihm mit der Hand auf seine Brust und schlug ihn weg. »Na, na, na, wer wird denn so wild sein«, raunte er, schüttelte leicht den Kopf und setzte einen sanft mahnenden Blick auf. »Du bist doch kein Kind mehr«, flüsterte er beschwörend. »Du bist eine Frau und diese Dinge musst du jetzt lernen.« »Lass mich! Geh weg!«, presste ich immer wieder hervor, bis er schließlich von mir abließ und aufstand. »Du brauchst noch ein bisschen«, sagte er leise, drehte sich um und ging langsam zur Tür. Dort knipste er das Licht aus, murmelte ein »Gute Nacht« und trat hinaus.

Ich saß im Bett, hörte, wie er leise die Treppe hinunterstieg, und lauschte ängstlich, ob er zurückkam. Ein lautes Pfeifen sirrte in meinen Ohren, mein ganzer Körper bebte vor Schreck und Anspannung. Was wollte der von mir? Mitten in der Nacht hatte er sich in mein Zimmer geschlichen, mich bedrängt und an meiner intimsten Körperstelle angefasst. Ich war entsetzt und fürchtete mich. Lange Zeit, nachdem er gegangen war, legte ich mich hin. Immer wieder hielt ich den Atem an und horchte. Ich konnte die ganze Nacht nicht einschlafen und starrte in das dunkle Zimmer. Bei jedem Geräusch zuckte ich zusammen.

Ich war damals 16 Jahre alt, aber in manchen Dingen ahnungslos und naiv wie ein Kind. Das Thema Sexualität war zu meiner Zeit streng tabuisiert, und weil wir seit unserer Flucht stets abgeschieden gewohnt hatten und ich auch immer sehr in mich gekehrt war, nahm ich kaum wahr, was die Mädchen in meinem Alter bewegte und womit sie sich beschäftigten. Als wir im Forsthaus gewohnt hatten, hatte ich zwar hin und wieder an verschwiegenen Plätzen Liebespärchen gesehen und heimlich beobachtet, wie sie sich küssten und aneinander schmiegten. Aber mehr hatte ich dabei nie zu sehen bekommen. Auch die Gespräche mit Uschi waren vollkommen harmlos gewesen, unschuldige Fantasien und Mädchenschwärmereien. Vielleicht hatte es daran gelegen, dass wir beide Flüchtlingskinder und schon von klein an mit Not und Tod konfrontiert waren. Sexualität war jedenfalls für uns beide kein Thema gewesen. Natürlich hatte mich auch nie jemand aufgeklärt. Und so brach dieser Besuch des Freundes meiner Mutter wie eine unbegreifliche Katastrophe über mich herein. Ich fand nicht nur seine Zudringlichkeiten schrecklich, Angst erregend und zutiefst entwürdigend, ich wusste noch nicht einmal, was er von mir wollte. Ich war wie im Schock und fühlte mich, als wäre ich aus meinem Körper herausgefallen.

Am nächsten Tag wagte ich kaum, in die Stube zu gehen. Doch der Mann tat so, als wäre nichts gewesen. Ich verstand die Welt nicht mehr, war vollkommen verwirrt und verstört. Bei der alten Frau besorgte ich mir einen Schlüssel für meine Kammer und sperrte die Tür nun immer ab. Im Laufe der Woche trat mein nächtliches Erlebnis in den Hintergrund. »Vielleicht wars das schon und ich hab jetzt Ruhe«, hoffte ich, wenn ich daran dachte. Dann kam das Wochenende und mit ihm Johannes. Ich war in höchster Alarmbereitschaft, verbarrikadierte mich abends in meinem Zimmer und lag angespannt im Bett. Als jemand an meine Tür ging und die Klinke herunterdrückte, fing mein Herz an zu rasen. Doch es war meine Mutter, die draußen stand und mir befahl, aufzumachen. Verwundert ließ ich sie zu mir ins Zimmer. Sie wolle kurz mit mir reden, begann sie. Dann faselte sie etwas vom Erwachsenwerden und dass ich bereits Blutungen hätte und sicherlich wüsste, wie Kinder entstehen und woher sie kommen. Es sollte wahrscheinlich ein Versuch sein, mich aufzuklären, doch sie redete für mich nur in Rätseln. Ich war spätentwickelt, wusste weder vom Monatszyklus noch hatte ich mich je mit Zeugung beschäftigt. Aber ich ahnte, dass sie von Johannes' Besuch bei mir wusste. Was geschah hier eigentlich? »Übrigens, die Tür wird nicht abgeschlossen«, sagte Mutter, als sie hinausging.

In mir drehte sich alles. Ich fühlte mich bedroht, in die Enge getrieben, ausgeliefert. Und während ich mich wälzte, trat Johannes in mein Zimmer. Mir stockte der Atem. Das Licht war noch an. Er trug einen dunkelblauen Pyjama. Wortlos kam er zu mir ans Bett, hob die Bettdecke hoch und legte sich, während er mich sanft zur Seite schob, zu mir. »Na, wollen wir es noch mal probieren?«, raunte er und sah mich prüfend an. Dann schob er flink eine Hand unter mein Nachthemd. »Schschsch«, wisperte er beruhigend, als ich zusammenzuckte, und strich mit seiner Handfläche über meine Brüste, meinen Bauch, meine Beine. »Na also, geht doch«, flüsterte er und schob seine Finger zwischen meine Schenkel. Ich atmete ganz flach, hechelte fast und merkte, wie ich innerlich abdriftete. Ich war sprachlos, wie erstarrt und spürte nichts, ein Gefühl, als würde ich mich aus meinem Körper entfernen. Während er über meine Haut strich und seine Finger in meine Körperöffnungen steckte, wurde sein Atem schneller. Er schlang seinen Arm um mich und presste mich fest an seinen Körper. »Wollen wir es versuchen?«, flüsterte er heiser. Ich bäumte mich auf, tat einen leisen Schrei und muss ihn so entsetzt angestarrt haben, dass er seinen Griff lockerte und sich auf den Rücken rollte. So lag er eine Weile, bis sein Atem ruhiger wurde. »Dann warten wir noch ein bisschen«, murmelte er, musterte mich kurz und stieg aus dem Bett. »Schlaf schön!«, flüsterte er, während er aus dem Zimmer ging. Die Holztreppe knarrte unter seinen Füßen. Wieder lag ich die ganze Nacht wach. Mir war schlecht vor Angst. War das wirklich wahr oder war alles nur ein schrecklicher Traum?

Am nächsten Morgen tat Johannes wieder so, als wäre nichts gewesen. Es war Sonntag und wie immer gingen wir gemeinsam zur Kirche. Wie ferngesteuert ging ich hinter ihm und Mutter her. Ich sah und erlebte alles wie durch eine dicke gläserne Wand. Unter der Woche arbeitete ich täglich beim Bauern, half das Futter für die Kühe und Kälber vorbereiten und rang mit meinen Gefühlsschwankungen. Meistens war ich in einem tauben Dämmerzustand. Immer wieder aber tauchten meine nächtlichen Erlebnisse vor mir auf. Dann überfiel mich eine große Not. Ich fühlte mich unendlich bedrängt, ohnmächtig. Ängste, Ekel, Schuldgefühle quälten mich. Was war nur über mich gekommen?

Wieder war Wochenende und wieder kam Johannes am Samstagabend im Pyjama in mein Zimmer, trat auf mich zu und schlüpfte ohne Umschweife zu mir ins Bett. »Heute zeig ich dir, wie es wirklich geht«, sagte er leise, lockend. Er zog mir mein Nachthemd aus. »Na komm schon«, flüsterte er energisch, als ich mich wehrte. »Das tut nicht weh. Das musst du lernen.« Dann entkleidete er sich. Alles in mir zog sich zusammen. Ich ekelte und fürchtete mich vor ihm, vor seinem behaarten Körper, und erstarrte. Wieder strich er mit seiner Hand über meine Haut, knetete und befingerte meinen Körper.

Ich hatte mich längst in meine Gefühlsbetäubung zurückgezogen und nahm alles, was er mit mir tat, nur vernebelt wahr. »Sei fügsam«, hatte man mir von klein an eingebläut und ich hatte gelernt, mich zu fügen. Das machte mich wehrlos gegenüber diesem Mann. Er flüsterte eindringlich und befahl mir, was ich zu tun hatte, und ich brachte vor Angst keinen Ton heraus, war stumm, gelähmt und ihm damit ausgeliefert. Im Laufe meines Lebens hatte ich gelernt, mich innerlich zu schützen, indem ich mich zurückzog. Aber dieser seelische Panzer half mir jetzt nicht, denn der Mann drang körperlich in mich ein. »Verkrampf dich nicht«, presste er heiser hervor. Doch ich war nur noch eine einzige Verkrampfung. Ich wehrte mich innerlich. Alles in mir begehrte gegen diesen Missbrauch auf. Ich widerstand mit meinem Schutzverhalten, erstarrte, erlahmte und stellte mich innerlich tot. Aber damit war ich ihm vollkommen ausgesetzt. Er benutzte mich, verletzte mich zutiefst und zerstörte etwas in mir.

Jedes Wochenende besuchte mich nun Johannes und befriedigte sich an mir. In mir tobte es. Ohne brutal zu sein, tat er mir Gewalt an und trieb Schreckliches mit mir. Es war anrüchig, schamlos, obszön und demütigend. Und weil er mir das antat, zog er mich in diese Obszönität mit hinein. In meiner Not wollte ich mich einmal Mutter anvertrauen. »Wenn der immer am Abend zu mir ins Zimmer kommt, …«, begann ich. Weiter kam ich nicht, denn schon schlug sie mir mit der flachen Hand ins Gesicht. »Stell dich nicht so an!«, schrie sie und sah mich drohend an.

Manchmal liefen im Dorf Kinder hinter mir her. »Wenn du willst die Tochter kriegen, musst du erst die Mutter lieben«, riefen sie und johlten. Die Leute im Ort wussten, was bei uns geschah. Manche sahen mich abschätzig an, andere mieden mich. Es war schrecklich. Ich fühlte mich wie eine Verdammte. Dann erkrankte ich an Gelbsucht. Es war wie eine Erlösung. Ich war matt, durfte im Bett liegen und dämmerte vor mich hin. Wochenlang wurde ich in Ruhe gelassen. »Wenn ich doch nie mehr gesund würde!«, wünschte ich mir. Ein kindlich magisches Wünschen, so, wie ich auch jede Woche gehofft hatte, Johannes würde nicht mehr kommen. An den ersten Tagen meiner Bettlägerigkeit stellte sich die wunderliche Alte jeden Abend vor mein Fenster, betete den Rosenkranz und bat nach jedem Vaterunser: »Ich bete, dass Renate an Krebs erkrankt.« Wie ein Schatten stand die dürre, schwarz gekleidete Gestalt vor dem Haus und leierte monoton ihre Gebete herunter. Es war gespenstisch. Auch sie wusste von Johannes' Besuchen bei mir. Statt die Alte zur Rede zu stellen und ihr Einhalt zu gebieten, lachte Mutter darüber, als wäre das ein guter Witz. Das verletzte und ängstigte mich noch zusätzlich.

Langsam wurde ich gesund und Johannes suchte mich wieder auf, jedes Wochenende. Noch immer ließ ich das mit mir geschehen, doch nun trat ich allmählich aus meiner Lähmung heraus. Mir war klar, dass jeder im Dorf wusste, was bei uns lief, und ich begann, um Hilfe zu rufen, vorsichtig, nur angedeutet und verdeckt. Im Pfarrhaus lebten drei Klosterschwestern, die dem Pfarrer den Haushalt machten und die Kirche putzten. Einmal hatte ich ihnen nach der Beichte meine Mithilfe angeboten. Seitdem putzte ich samstags immer den Fußboden der Kirche, während sie den Altarraum schmückten. Eines Abends, als wir mit der Arbeit fertig waren, fragte ich sie, ob ich heute bei ihnen schlafen dürfte. Ich wollte nicht nach Hause, denn ich wusste, dass Johannes schon wieder da war. Aber sie verstanden meinen Hilferuf nicht oder wollten nicht darauf reagieren. »Das geht nicht«, sagten sie. »Wir sind eine Schwesternschaft und beherbergen keine Laien.«

Auch die Bauern, bei denen ich werktags arbeitete und bei denen ich mich wohl fühlte, ließ ich indirekt wissen, dass ich Zuflucht suchte. »Ich will heute gar nicht nach Hause. Ich würde viel lieber bei euch übernachten«, sagte ich einmal, als wir am Samstagmittag zusammen aßen, uns unterhielten und scherzten. Da wurden sie unsicher. »Du hast doch zu Hause dein Zimmer«, wehrten sie ab. Einer Flüchtlingsfrau, mit der Mutter befreundet war, bot ich an, ihre kleine Tochter samstags in den Musikunterricht zu begleiten. »Das ist nicht nötig«, wimmelte sie mich ab. »Die Kleine ist es gewohnt, alleine zu gehen.« Ich erzählte natürlich nie offen, was mich quälte und umtrieb. Und auf meine indirekten Hilferufe ging niemand ein. Jeder meiner Versuche wurde abgewiesen. Keiner wollte hören, dass ich in Not war und Hilfe brauchte.

Gleichzeitig wurde im Dorf immer unverhohlener über uns geredet. Die Leute zeigten schon mit dem Finger auf uns. Mutter und Johannes reagierten darauf, indem sie unsere Verlobung bekannt gaben, natürlich ohne mich zu fragen oder in ihre Entscheidung einzubeziehen. Ich wusste nicht einmal, was das Wort Verlobung bedeutete. »Als Verlobte grüßen Johannes Lindinger und Renate Menze«, war in einer kleinen Anzeige in der Osterausgabe der Zeitung zu lesen. Die beiden inszenierten einen feierlichen Tag. Mutter ließ sogar Verlobungskarten drucken. Sie kaufte mir ein dunkelrotes Kleid mit Faltenrock und Stehkragen und ich bekam zum ersten Mal feine Strümpfe. Johannes wollte, dass ich mir meine Haare schneiden lasse, auf Schulterlänge, wie es damals Mode war. Also schickte mich Mutter zum Friseur und ich musste meine schönen dunkelblonden Zöpfe lassen. Ich weinte und war entsetzt darüber, wie ich hinterher aussah: Die Haare waren viel zu kurz, sahen buschig und strubbelig aus. Die Frisur passte überhaupt nicht zu mir.

Am Ostersonntag wurde der Verlobungstag zelebriert. Wir gingen zur Kirche und taten nach außen hin kund, dass bei uns alles in Ordnung und so gewollt war. Ich schämte mich! Es war verlogen! Auch die Kirchgänger fand ich verlogen. Obwohl sie wussten, dass das Ganze eine Inszenierung war, falsch und geheuchelt, spielten sie mit. Nach dem Gottesdienst gingen wir durch das Dorf. Mutter und Johannes vorneweg, ich hinterher. Hildegard ließ sich bei uns ohnehin kaum noch blicken und Klaus hatte sich an diesem Vormittag bereits verdrückt.

Es war ein grauenvoller Tag, ein Albtraum, wie diese ganzen Wochen und Monate. Mein Leben war aus den Fugen. Nichts stimmte mehr. Ich war in tiefer Not und konnte zu niemandem gehen, mich nirgendwo orientieren. Nicht einmal mehr an der Kirche. Die Menschen, die hier beteten, waren für mich nicht glaubwürdig. Niemand wollte mir helfen. Gleichzeitig fühlte ich mich beschmutzt, elend, unrein. Ich war am Zerbersten und fiel jeden Sonntag während der Messe in Ohnmacht. Weil ich dem Druck nicht standhielt, rettete ich mich in die Bewusstlosigkeit.

Im Frühsommer besuchten uns Onkel Leo und Tante Lieschen aus Berlin im Schwarzwald. Sie verbrachten ihre ersten Ferien nach dem Krieg bei uns. Ich musste mein Zimmer räumen, hatte dafür aber Ruhe vor Johannes' Besuchen. Sie lernten ihn jedoch kurz kennen und erfuhren auch von der Verlobung. »Was ist denn mit Renate los? Sie ist so komisch!«, hörte ich Tante Lieschen einmal meine Mutter fragen. »Die ist in der Pubertät und spinnt«, sagte Mutter. »Lass sie sein, die kommt schon wieder zu sich!« Und so reisten sie nach zwei Wochen wieder ab, ohne gemerkt zu haben, was bei uns geschah.

Eines Tages, es muss im Juli gewesen sein, nahm ich all meinen Mut zusammen und ging am Samstagnachmittag zur Beichte. Ein Aushilfspfarrer versorgte seit zwei Wochen die Gemeinde. Ihm wollte ich mich anvertrauen. Als niemand mehr in der Kirche war, betrat ich den Beichtstuhl. Nach dem anfänglichen Beichtritual rückte ich mit meinem Anliegen heraus. »Ich habe unkeusch gelebt«, bekannte ich. Sofort hakte der Pfarrer nach. »Ein Mann will etwas von mir, aber mir ist das zuwider«, flüsterte ich. »Was tut er mit dir?«, wollte der Geistliche wissen. Ich machte einige Andeutungen. Wieder und wieder fragte er nach und während ich überlegte, wie ich ihm antworten könnte, hörte ich den Pfarrer plötzlich schnell und laut atmen, fast keuchen. Ich stieß die Tür auf, sprang aus dem Beichtstuhl und rannte aus der Kirche. Er hatte sich an meiner Beichte ergötzt und dabei befriedigt!

Ich lief aus dem Dorf und einen Berghang hoch, bis ich zu einem Wald kam. Am Waldrand stand ein Hochsitz. Ich kletterte hinauf und kauerte mich auf die Kanzel. Mir war schlecht und schwindelig. Ich würgte an einem quälenden Ekelgefühl. Was war geschehen mit mir und meinem Leben? Alles lief falsch! Gab es denn wirklich keinen Ausweg aus diesem Albtraum? Niemanden, der mir zuhören und mir helfen wollte? Mit banger Hoffnung hatte ich mich dem Pfarrer anvertraut, doch er interessierte sich nicht für meine Not. Er geilte sich daran auf. Widerlich war das! Ich fühlte mich verraten und doppelt beschmutzt. Was sollte nur werden? Ich war zutiefst verzweifelt. Lange saß ich auf dem Hochstand, weinte, wimmerte und beruhigte mich nur ganz allmählich. Die Waldvögel sangen. Hinter dem tannenbewachsenen Berg versank die Sonne, der Horizont fing an zu glühen, berückend schön. Als es dämmerte, kletterte ich vom Hochsitz hinunter und ging langsam zurück zum Dorf. Es war schon dunkel, als ich zu Hause ankam. Johannes und Mutter saßen in der Stube. »Wo warst du so lange?«, fragte sie. »Beim Beichten«, antwortete ich. Johannes lachte. »Das muss aber eine lange Beichte gewesen sein.«

Wenige Wochen später war der Aushilfspfarrer weg und unser Seelsorger wieder zurück. »Du sollst übermorgen um fünf Uhr nachmittags zum Pfarrer kommen«, teilte mir Klaus eines Tages mit, als er vom Religionsunterricht nach Hause kam. Aufgeregt ging ich zum vorgeschlagenen Termin ins Pfarrhaus. Der Geistliche begrüßte mich freundlich an der Tür und ging mit mir in sein Büro. Er war etwa 50 Jahre alt, groß und wohlgenährt. Die schwarze Soutane wölbte sich über seinem Bauch. Dunkelblondes, schütteres Haar umrahmte sein gemütvolles, rundes Gesicht. Er hatte rote, fleischige Lippen. Seine Wangen waren von feinen, bläulichen Äderchen durchzogen. Um seine kleinen, braunen Augen ringelten sich viele Lachfältchen. Er bot mir an, mich hinzusetzen, und ließ sich dann in einen weinroten Plüschsessel fallen.

Locker begann er das Gespräch. Er fragte mich, wie lange ich denn nun in Berau sei. »Seit letzten September«, antwortete ich ihm. »Fast schon ein Jahr!« Er schüttelte ungläubig den Kopf. »Wie die Zeit vergeht!« Dann wurde sein Gesicht ernst. »Du bist ja jetzt verlobt und hast damit eine wichtige Entscheidung für dein Leben getroffen«, sagte er. Mein Herz fing an zu rasen und ich blickte zu Boden. »Aber ich sehe, dass du jeden Sonntag während des Gottesdienstes ohnmächtig wirst«, fuhr er fort und sah mich besorgt an.

»Geht es dir nicht gut?« Ich presste meine bebenden Lippen zusammen und schüttelte den Kopf. »Was ist denn los?«, fragte er. »Möchtest du erzählen?« Mir wurde heiß. »Ich kann doch vor dem Pfarrer nicht anfangen zu weinen«, dachte ich, schluckte und wollte ansetzen zu erzählen. Da quoll schon meine ganze Not aus mir heraus. Ich schluchzte und weinte und brachte zwischen den Schluchzern immer nur ein paar Worte hervor. In wilden Stößen schüttelte mich mein angestauter Schmerz. Und die Erleichterung darüber, dass sich endlich jemand meiner annahm, riss Dämme in mir ein. Ich weinte und weinte, das Wasser lief mir aus den Augen und aus der Nase. Stockend und stotternd schüttete ich dem Pfarrer mein Herz aus. Er blickte mich die ganze Zeit mitfühlend an, nickte, schüttelte mehrmals betroffen den Kopf. »Ich habe mir schon gedacht, dass da etwas nicht in Ordnung ist«, sagte er schließlich, als ich ruhiger wurde. »Und deswegen habe ich mich beim Pfarrer in Rheinfelden nach diesem Johannes Lindinger erkundigt. Dieser Mann ist verheiratet und hat drei Kinder«, eröffnete er mir. »Eure Verlobung muss sofort gelöst werden.« Ich wischte mir die Tränen aus dem Gesicht, schnäuzte mich und sah dem Seelsorger ins Gesicht. »Du musst keine Angst mehr haben«, sagte er. »Morgen Abend kommt deine Mutter zu mir, dann rede ich mit ihr.« Langsam lehnte ich mich zurück und atmete tief ein. Ich spürte, wie sich mein verspannter Körper löste und in den Stuhl sank. Ich war plötzlich unendlich müde. Wieder kamen mir die Tränen, doch jetzt aus Erleichterung und Dankbarkeit. Ich saß noch eine Weile beim Pfarrer. Dann stand ich auf und bedankte mich bei ihm. »Du wirst sehen, es wird wieder alles gut«, tröstete er mich und verabschiedete sich von mir mit einem festen Händedruck.

»Die Verlobung muss gelöst werden«, klang es in meinen Ohren, als ich nach Hause ging. Ich verstand zwar nicht, was das bedeutete, aber ich wusste, nun war mein Martyrium zu Ende. Ohne Mutter zu begrüßen, ging ich gleich auf mein Zimmer. Wenig später klopfte Hildegard an meine Tür. Sie war an diesem Abend seltsamerweise zu Hause. »Mutti lässt fragen, ob du etwas brauchst.« »Lass mich in Ruhe«, entgegnete ich. Dann legte ich mich hin. Ein Gefühl der

Erlösung breitete sich in mir aus. Ich fühlte mich aufgehoben, weit weg von allem Alltäglichen, entrückt. Die ganze Nacht lag ich halb wach im Bett und spürte dieser Erlösung nach.

Am nächsten Morgen stand ich auf und ging, ohne Mutter zu sehen, gleich zu den Bauern. Sie waren an diesem Tag anders zu mir. Sonst machten sie immer Scherze. Jetzt begegneten sie mir vorsichtig, aber voller Mitgefühl. Meine Aussprache mit dem Pfarrer musste also im Dorf bereits die Runde gemacht haben. Ich arbeitete den ganzen Tag still vor mich hin, und als ich abends nach Hause kam, zog ich mich gleich wieder auf mein Zimmer zurück. Mutter hatte an diesem Nachmittag das Gespräch mit dem Pfarrer, doch ich wollte sie nicht sehen und auch sie ging mir aus dem Weg.

Dann kam das Wochenende. Johannes traf neuerdings immer erst samstags ein. Ich stand gerade am Brunnen, als er fröhlich pfeifend sein Fahrrad in unseren Hof schob. »Hallo, da bin ich wieder«, grüßte er mich, stellte sein Rad an die Hauswand, nahm seinen Koffer vom Gepäckträger und ging zu Mutter in die Stube. Aufgeregt und mit klopfendem Herzen lief ich in mein Zimmer hoch und wartete ab, was geschah. Eine Viertelstunde später hörte ich unten die Haustür ins Schloss fallen. Ich sprang auf und sah durchs Fenster, wie Johannes seinen Koffer auf dem Fahrrad festzurrte und, sichtlich gedrückt, sein Vehikel auf die Straße schob. Mutter hatte sich offensichtlich auf Druck des Pfarrers von ihrem Freund getrennt. Er tauchte jedenfalls nie wieder auf und die ganze Geschichte wurde bei uns unter einem Mantel des Schweigens begraben. Mutter und ich gingen uns aus dem Weg und ich spürte, dass sie ein schlechtes Gewissen hatte. Lange hoffte ich, sie würde das Gespräch mit mir suchen. Nichts geschah und auch ich brachte den Mut nicht auf, dieses dunkle Kapitel anzusprechen.

Jahre später, als mein Sohn schon geboren war, sah ich eines Abends im Fernsehen zufällig einen Bericht über Johannes und seine Familie. Ich dachte, mich trifft der Schlag. In der Sendung wurden Menschen gezeigt, die ein schweres Schicksal hatten. Als einer dieser Betroffenen wurde Johannes vorgestellt. Seine drei Söhne waren schwer krank. Sie litten unter Muskelschwäche und waren gelähmt. An den folgenden Tagen war ich unglaublich aufgewühlt. Die grauenvollen Monate in Berau drangen mir wieder ins Bewusstsein und ich beschloss, bei nächster Gelegenheit meine Mutter darauf anzusprechen. Wenige Wochen später besuchte ich sie zusammen mit meinem Mann und unserem Sohn. Ich passte einen günstigen Augenblick ab, in dem sie und ich alleine waren. »Neulich sah ich Johannes Lindinger im Fernsehen«, setzte ich an. Da holte meine Mutter mit der Hand aus, als wollte sie mir ins Gesicht schlagen, bremste sich dann aber, weil ihr offensichtlich bewusst wurde, dass sie ihre 30-jährige Tochter nicht mehr ohrfeigen konnte. Es war ein schrecklicher Moment. Ich wollte ja keine Schuldbekenntnisse von ihr. Ich suchte das Gespräch und wollte verstehen, wie es damals in Berau zu dieser Verstrickung hatte kommen können, was sie bewogen hatte, all das zuzulassen. Doch in diesem Augenblick wurde mir klar, dass ich mit ihr nicht darüber reden konnte. Das Verständnis und die Aussöhnung, die ich so sehnlich suchte, würde ich nicht im Dialog mit ihr finden.

Noch lange, nachdem Johannes entlarvt worden war, war ich verstört und zog mich zurück. Eines Tages im September bot mir Mutter an, ich könne mit ihrer Freikarte, die sie alljährlich von der Bundesbahn erhielt, zu Tante Lieschen und Onkel Leo nach Berlin fahren. Sie hatte mir gegenüber ein schlechtes Gewissen, das spürte ich, und die Fahrt zu den Verwandten sollte eine Art Wiedergutmachung sein. Ich überlegte. Rauskommen und etwas Abstand gewinnen würde mir vielleicht ganz gut tun. Und so entschied ich mich, nach Berlin zu fahren, auch wenn es mich nicht wirklich zu Onkel und Tante zog. Ein paar Tage später reiste ich ab. Als ich mich verabschiedete, gab mir Mutter noch auf den Weg mit, dass es für sie ein großes Opfer gewesen sei, mir diese Fahrkarte zu schenken. Sie konnte es sich nicht verkneifen, mir Schuldgefühle zu machen und die Freude an der Reise zu vermiesen.

Die Berliner erwarteten mich schon und integrierten mich in ihren Alltag. Anfangs erzählten sie viel von ihren Kriegserlebnissen, den Bombenangriffen auf die Stadt. Das belastete mich, denn schließlich hatte ich genug eigenes Leid erlebt. Allmählich begannen sie sich aber auch für mich zu interessieren. »Gut, dass du die Verlobung gelöst hast«, sagte die Tante zu mir. »Was willst du in deinem Alter schon heiraten.« Onkel Leo fand, dass ich, gemessen an meinem Alter, naiv sei und mir zu wenig Gedanken um meine Zukunft mache. »Hast du denn eine Vorstellung, welchen Beruf du lernen willst?«, fragte er mich und war bestürzt, als er hörte, dass ich keine Idee hatte. Eines Morgens schlug er mir beim Frühstück vor, ich könne bei ihnen in Berlin bleiben, eine weiterbildende Schule besuchen und einen höheren Schulabschluss nachmachen. Dann würde ich auch herausfinden, welche berufliche Richtung ich einschlagen wolle. »Du musst allerdings selber mit deiner Mutter verhandeln«, stellte der Onkel als Bedingung. »Wenn sie dich lässt, hast du hier bei uns freie Bahn.« Ich war wie elektrisiert, schrieb sogleich an Mutter, berichtete ihr, was die Berliner Verwandten mir angeboten hatten, und bat um Erlaubnis, in Berlin bleiben zu dürfen. Postwendend kam ihre Antwort, ein bitterböser Brief, in dem sie ihrer Schwester und dem Schwager vorwarf, sie würden mich beeinflussen und gegen sie aufhetzen. Sie wüssten sehr wohl, dass sie krank sei und mich im Haushalt bräuchte. Mich beschimpfte sie, ich würde sie verraten, und sie befahl mir, sofort nach Hause zu kommen. Das sei ich ihr schuldig. Kopfschüttelnd las mein Onkel den Brief, während ich deprimiert neben ihm saß. »Lass dich doch nicht einschüchtern«, sagte er nach einer Weile. »Du bist alt genug und musst selber entscheiden, was du aus deinem Leben machen willst!« Also fasste ich mir noch mal ein Herz, schrieb und bat Mutter erneut um Erlaubnis und Verständnis für meinen Wunsch nach einer Ausbildung. Wenige Tage später kam ihre Antwort. »Du darfst mich nicht im Stich lassen«, schrieb sie. »Fahr auf der Stelle nach Hause, sonst komme ich und hole dich!« Damals war ich nicht stark genug, mich gegen ihre Vehemenz durchzusetzen. Es war aber auch nicht üblich, als junger Mensch seinen Weg zu suchen und zu gehen, zumindest nicht in einfacheren Schichten. Töchter gehorchten ihren Eltern, selbst wenn sie schon fast erwachsen waren. Ich kapitulierte. »Du tust mir Leid«, sagte Onkel Leo, »aber unter diesen Bedingungen würdest du hier nicht glücklich werden.« Und so fuhr ich wieder zurück nach Berau.

Es dauerte einige Wochen, bis ich meine Enttäuschung verdaut und mich in meine Situation gefügt hatte. Der Pfarrer lud mich ein, in die katholische Mädchengruppe zu kommen, die er leitete. Erst ging ich widerwillig hin, doch als ich entdeckte, welch interessante Diskussionen wir dort führten, ließ ich kein Treffen mehr ausfallen. Wir lasen gemeinsam ein Buch, in dem ein Jude, ein Holocaust-Überlebender, das Leben im Konzentrationslager beschrieb. Die Lektüre wurde für mich zur wichtigen Einsicht. Obwohl ich es längst gewusst hatte, erkannte ich nun auf einer tieferen Ebene, dass andere Menschen auch leiden und Entsetzliches durchleben. Es war, als hätte sich mein Bewusstsein erweitert.

Wir redeten jedoch nicht nur über ernste und schwere Themen in der Gruppe, wir sangen auch gemeinsam Lieder und studierten kleine Theatersketche ein, die wir bei den Treffen der Heimatvertriebenen aufführten. Sonntagnachmittags stapften wir jungen Mädchen durch den Schnee in den Nachbarort nach Brenden, wo sich die Flüchtlinge aus Pommern und Westpreußen, aus Ostpreußen und Schlesien im Gemeindehaus trafen. Es waren bewegende Zusammenkünfte. Die Menschen tauschten Erinnerungen aus, weinten über das Verlorene, feierten, dass sie durchgekommen waren, aßen und tranken gemeinsam und sangen die Lieder aus ihrer Heimat. Wir Jugendlichen verkleideten uns als Bäuerinnen und feine Damen und führten unsere Sketche auf, kurze derbe Einakter in ost- oder westpreußischem Dialekt, in pommerschem oder schlesischem Tonfall, für die wir stets großen Beifall ernteten. Gleichzeitig waren diese Treffen Informationsbörsen über neueste politische Entscheidungen. Ich erfuhr dort, dass ein neues Gesetz verabschiedet worden sei und Flüchtlinge oder Vertriebene einen Anspruch auf einen so genannten Lastenausgleich hätten, eine Entschädigung für den verlorenen Besitz.

Ich mochte diese Zusammenkünfte, sang gerne die alten Lieder mit, stand mit Begeisterung auf der Bühne und genoss es, mit Gleichaltrigen die Sonntage zu verbringen. Ansonsten aber lebte ich in diesen Monaten des Winters 1951/52 sehr isoliert, verbrachte viel Zeit auf meinem Zimmer und trauerte immer wieder meinen verlorenen Perspektiven nach. Ein schwerer Schock war für mich der plötzliche Tod unseres Pfarrers im Frühjahr 1952. Auf dem Weg zu einer Krankenkommunion erlitt er einen Herzinfarkt und starb wenige Stunden später im Krankenhaus. Sein Tod war tragisch für mich. Nicht nur, weil ich in ihm einen väterlichen Beschützer und Förderer verloren hatte. Just an dem Tag, an dem er starb, hatte ich mir vorgenommen, zu ihm zu gehen und ihm persönlich unter vier Augen zu danken, dass er mir im Sommer aus meiner Bedrängnis geholfen hatte. Nun konnte ich es ihm nicht mehr sagen. Mein Retter war tot! Ich brachte es nicht einmal fertig, zu seiner Beerdigung zu gehen. Von da an ging ich nicht mehr zur Jugendgruppe.

Bei uns Menzes stand mal wieder ein Umzug bevor. Mutter war es leid, zwischen Ratten und Mäusen zu leben. Lange und vergeblich hatte sie sich beim Bürgermeister um eine andere Wohnung bemüht. Nun kümmerte sie sich selbst um eine neue Unterkunft und fand über eine Tauschbörse in der Lokalzeitung eine Familie, die von Aach-Linz, in der Nähe des Bodensees, nach Waldshut ziehen wollte. Ein Umzug in einen anderen Landkreis war damals für Flüchtlinge nur auf diesem Weg möglich, denn der Flüchtlingsanteil war kontingentiert: Jeder Landkreis musste und durfte nur eine bestimmte Quote an Vertriebenen aufnehmen. Es war aber nicht nur die menschenunwürdige Wohnung, die unsere Mutter aus Berau wegtrieb. Sie war wieder einmal verschuldet und konnte nirgendwo mehr einkaufen. Und natürlich war sie wegen der Sache mit Johannes in der ganzen Umgebung verrufen und geächtet. Auch ich war stigmatisiert. Obwohl alle wussten, dass ich gegen meinen Willen missbraucht worden war, trug ich die Schande.

Also packten wir im Frühjahr 1952 erneut unsere Sachen und zogen an den Bodensee. Für Hildegard war das ein schwerer Schritt,

denn sie hatte in den Bauern, bei denen sie sich fast durchwegs auf-
hielt, eine intakte Ersatzfamilie gefunden, die sie sogar adoptieren
wollte. Auch Klaus tat sich schwer wegzugehen, obwohl er aufgrund
unseres Familienrufs im Dorf Prügelknabe war. Und für mich war es
erneut ein Bruch, nachdem ich allmählich begonnen hatte, Boden
unter den Füßen zu gewinnen. Dass der Umzug nach Aach-Linz für
mich eine Chance werden sollte, wurde mir erst bewusst, als wir Berau verlassen hatten.

DU MUSST WEG!

Aach-Linz war ein beschauliches kleines Dorf im Kreis Konstanz, etwa 20 Kilometer nördlich vom Bodensee. Wir zogen in die Wohnung der Familie, die mit uns den Landkreis getauscht hatte und in Waldshut untergekommen war. Zum ersten Mal seit unserer Flucht aus Greifenberg hatten wir wieder eine richtige Wohnung. Sie lag im ersten Stock eines Siedlungshauses: zwei Zimmer, eine Küche, fließend Wasser. Die Räume waren hell und freundlich. Wir richteten uns ein und orientierten uns wieder mal neu.

Hildegard erkrankte damals an der Scheuermann'schen Krankheit, einer Entwicklungsstörung der Wirbelsäule, und musste monatelang liegen. Klaus war noch schulpflichtig und fand dadurch Anschluss an Gleichaltrige. Und ich musste sehen, wo ich blieb. Wieder fühlte ich mich sehr fremd. Die Landschaft, das Wetter, die Leute, alles war noch einmal anders als in Berau. Ich brauchte Zeit, um den Umzug vom Schwarzwald an den Bodensee zu verarbeiten. Erst nach und nach wurde mir bewusst, dass mich dieser Wechsel von meinem Stigma befreit hatte. Hier kannte niemand meine schreckliche Geschichte. Bis auf die Tatsache, dass ich Flüchtling war, begegneten mir die Menschen unvoreingenommen. Ich war in einem seltsamen Schwebezustand, fühlte mich entwurzelt und spürte gleichzeitig den Drang, mich von meiner Mutter loszueisen. »Du musst weg, du musst dich lösen.« Diese Stimme wurde immer lauter in mir.

Neuerdings musste Mutter nicht mehr zum Arzt. Ein Allgemeinarzt aus Pfullendorf, dem nächsten größeren Ort, machte bei ihr regelmäßig Hausbesuche, um sie zu behandeln. Dieser Mann muss meine Unzufriedenheit gespürt haben, denn er sprach eines Tages meine Mutter an. »Ihre Tochter ist schon fast 18 Jahre alt. Die muss von zu Hause weg und etwas lernen.« Mutter wehrte wieder ab. »Das kommt nicht in Frage. Die brauche ich hier im Haushalt.« Doch der Arzt ließ nicht locker: »Ich suche eine Hausangestellte. Wäre das nichts für Ihre Tochter?« Pfullendorf sei nur fünf Kilometer entfernt, so dass ich an den freien Tagen zu Hause sein könne. »So ein junges Fräulein will sich schließlich ein paar Mark verdienen«, sagte er zu Mutter. Das war vermutlich das überzeugende Argument: mein Lohn, den sie für sich beanspruchte.

Bereits sechs Wochen nach unserem Umzug begann ich beim Arzt in Pfullendorf als Haushaltshilfe zu arbeiten. Ich putzte, räumte auf, wusch die Wäsche und beaufsichtigte die drei kleinen Kinder des Doktors und seiner Frau, die zwischen drei und fünf Jahre alt waren. Schlafen konnte ich in einer kleinen, primitiven Dachkammer im Haus meiner Arbeitgeber. Auch wenn ich bei ihnen viel leisten musste, selten einen freien Tag hatte und nichts von dem Geld sah, das ich verdiente, bedeutete diese Stelle für mich doch eine erste Loslösung aus den Fesseln meiner Mutter.

Ich arbeitete etwa ein halbes Jahr bei der Arztfamilie, als mich die Hausfrau eines Tages ansprach. »Mir ist aufgefallen, dass Sie sehr isoliert leben«, sagte sie. »Das ist doch nichts! So ein junger Mensch und immer allein. Sie sollten zu den Treffen der katholischen Mädchengruppe gehen. Dort lernen Sie Gleichaltrige kennen und bestimmt ist das eine oder andere Mädchen dabei, mit dem Sie sich verstehen.« Ich war skeptisch und sperrte mich zunächst gegen ihren Vorschlag. Ich hatte damals Pickel im Gesicht, war sehr schüchtern und unsicher und die Vorstellung, mich einer Gruppe lauter fremder junger Mädchen anzuschließen, machte mich nervös. Doch die Hausfrau und ihr Mann blieben hartnäckig und überredeten mich schließlich.

Also suchte ich im Spätherbst erstmals die Mädchengruppe auf. Ich stellte mich kurz vor und wurde wohlwollend aufgenommen. An den ersten Abenden, an denen ich in der Gruppe war, spielten wir viel: Mensch ärgere dich nicht, Halma, Mühle. Die Mädchen schienen sich gut zu kennen und gingen vertraut miteinander um.

Sie unterhielten sich über Kleider, Kino, Bücher. Das interessierte mich wenig. Ich konnte auch nicht mithalten. Weder von Mode noch von Filmen oder Büchern hatte ich eine Ahnung. Sie tuschelten über Jungen und erste Liebschaften. Damit wollte ich schon gar nichts zu tun haben. Ich spürte deutlich, dass ich anders war als sie und nicht zu ihnen gehörte. Sie waren unbeschwert, in meinen Augen albern. Ich war ernst und still. Als die Gruppenleiterin eines Abends fragte, wer die Tische für die Nikolausfeier dekorieren möchte, meldete ich mich. Damit konnte ich mich nützlich machen und meine Unsicherheit kaschieren.

Im Februar veranstaltete die Mädchengruppe zusammen mit den jungen Männern des Kolpingvereins einen großen Faschingsball mit Maskenzwang. Ich war damals nicht für Frohsinn zu haben und wollte auch nicht tanzen; ich konnte keine Berührung ertragen. Also mietete ich mir einen Leierkasten und verkleidete mich als alter Mann. In den Tanzpausen stellte ich mich auf das Parkett und drehte an meiner Leier. Ich genoss es, mich unerkannt in Szene zu setzen. Im Laufe des Abends sprach mich ein junger Mann an. Er interessierte sich für das Mädchen hinter dem Drehorgelmann. Als wir gegen Ende des Balls unsere Masken auszogen, kam er wieder auf mich zu. Er war groß, schlank, hatte dunkelbraune, leicht gewellte Haare, dunkle, ernste Augen und ebenmäßige Gesichtszüge. Das Anziehendste an ihm waren seine schmalen, feingliedrigen Hände. Er hieß Helmut, war Student im Priesterseminar und leitete die Kolpinggruppe. Zwischen uns funkte es. Wir unterhielten uns eine Weile und entdeckten rasch unsere gemeinsame Vorliebe für philosophische Fragen. »Warum ist es wichtig, ehrlich zu sein? Was ist Wahrheit?« Darüber redeten wir bei unserer ersten Begegnung. Die Tanzgesellschaft löste sich auf und er fragte, ob wir uns wieder sehen könnten. Wir vereinbarten, am kommenden Montag nach meiner Arbeit einen Spaziergang zu machen.

Helmut holte mich vor dem Haus des Arztes ab, wir schlenderten durch die Straßen von Pfullendorf und setzten die tiefsinnigen Gespräche fort. »Was ist unsere Aufgabe im Leben? Was ist bedeutsam, was wesentlich? Gibt es ein Leben nach dem Tod?« Auf dieser Ebene trafen und verstanden wir uns. »Ich habe noch nie ein Mädchen getroffen, mit dem ich über all diese Themen so reden konnte wie mit dir«, gestand er mir. Mir ging es ebenso. Ich war glücklich, jemanden gefunden zu haben, der sich für meine Fragen und Gedankengänge interessierte und gerne mit mir diskutierte. Seitdem trafen wir uns regelmäßig. Wir führten wunderbare Gespräche. Ohne uns Persönliches zu erzählen, waren wir uns nah. »Das gibt was mit euch beiden«, fingen die Mädchen aus der Jugendgruppe an zu tuscheln. Ich ärgerte mich. Was wussten die schon! Wir redeten über ernsthafte Dinge.

Es war Hochsommer, als wir uns an einem Sonntagnachmittag im Park neben dem Friedhof verabredeten. Pünktlich um zwei Uhr stand ich an unserem Treffpunkt, einer alten Linde, und wartete. Doch Helmut kam nicht. Verunsichert und enttäuscht ging ich nach einer Stunde vergeblichen Wartens nach Hause. Am Mittwoch erfuhr ich in der Jugendgruppe, warum er nicht gekommen war. Er war bei einem Autounfall tödlich verunglückt. Benommen ging ich von der Gruppe weg. Ich war bestürzt, wollte allein sein und machte einen langen Spaziergang. Erst in den folgenden Wochen spürte ich meine Trauer. Mir wurde klar, dass ich aus Pfullendorf wegmusste. Die Arbeit bei der Arztfamilie gefiel mir ohnehin nicht, ich wurde ausgenutzt. Und jetzt, wo Helmut nicht mehr da war, gab es für mich keinen Grund mehr zu bleiben. Außerdem suchte ich Abstand zu meiner Familie, vor allem zu Mutter. Sie zerrte an mir, forderte, dass ich an jedem freien Tag zu ihr kam. Neuerdings hatte sie Probleme mit Klaus. Sie fühlte sich hilflos, überfordert und erwartete von mir, dass ich helfend eingriff. Mein Bruder hatte einen Schulplatz in einem Priesterseminar bekommen, die Probezeit aber nicht bestanden. Dann hatte Mutter für ihn eine Lehrstelle bei der Bahn aufgetan. Dort war er fristlos entlassen worden, nachdem er Geld aus der Schalterkasse genommen hatte. Sie klagte und schimpfte über ihre nichtsnutzigen Kinder und ich sollte mir das anhören. Ich hatte es satt.

Im Stellenmarkt der Lokalzeitung las ich, dass eine Apotheker-familie in Meersburg eine Haushaltshilfe suchte. Meersburg lag am Bodensee, etwa 40 Kilometer von Aach-Linz entfernt. Ich bewarb mich und stellte mich vor. Die Mutter des Apothekers, eine strenge, ältere Dame, musterte mich von Kopf bis Fuß und erkundigte sich nach meinen Erfahrungen im Haushalt. Sie würde mich gerne neh-men, sagte sie schließlich, nachdem sie sich einen Eindruck von mir verschafft hatte, und verabschiedete sich. Ich kündigte beim Arzt in Pfullendorf und berichtete Mutter von meinem Stellenwechsel. Sie erschrak, sagte aber nicht viel. Ich glaube, sie erkannte, dass ich ihr allmählich entglitt.

Im Spätsommer 1953 trat ich meine neue Stelle bei der Hofapo-thekerfamilie von Meersburg an. Das Haus, in dem ich künftig ar-beiten sollte, war ein altehrwürdiges, dunkelrot gestrichenes Bau-werk im Ortszentrum von Meersburg, unmittelbar neben dem Schloss. Außer der alten Dame, die offensichtlich das Sagen im Haus hatte, wohnten der Apotheker, seine Frau und deren zwei kleine Söhne im Haus. Ich musste bei der Familie wieder putzen, Wäsche waschen und die Söhne betreuen. Schlafen konnte ich in einer kleinen Dienstbotenkammer unter dem Dach des alten Bürgerhauses.

Auch nachdem ich mich an meinem neuen Wohnort einge-wöhnt hatte, lebte ich sehr zurückgezogen. Ich war viel mit mir be-schäftigt und wollte keine Kontakte, begann mich aber für die Ge-gend zu interessieren, in der ich nun arbeitete. Noch nie zuvor hatte ich eine Burg gesehen, nun wohnte ich in einem Ort, in dem eine Burg und ein Schloss standen. Baden-Württemberg war damals noch unter französischer Besatzung und das Meersburger Schloss von französischen Militärs beschlagnahmt, so dass es nicht für die Öffentlichkeit zugänglich war. Doch die Burg war offen. Ich nahm an Besichtigungen teil, bei denen ich Näheres über die Entstehung und Geschichte dieses erhabenen Baus erfuhr. Der Stadtführer, ein älterer Herr aus Meersburg, sah, wie interessiert ich war, und fragte mich, ob ich denn Lust hätte, selbst Führungen durch die Burg zu geben. Er würde mir seine Unterlagen gerne zur Verfügung stellen.

Begeistert studierte ich seinen ausgearbeiteten Vortrag, lernte ihn auswendig und führte im Wechsel mit dem alten Herrn Besucher durch das Kastell von Meersburg. Meine Chefin, die alte Dame, erkannte meinen Bildungshunger und lieh mir Lektüre von der Dichterin Annette von Droste-Hülshoff, die zeitweise in Meersburg gelebt hatte. Ich fand ihre Gedichte schwer verständlich, war aber fasziniert von ihrer sensiblen, ahnungsvollen, von Zweifeln geprägten Sprache und entdeckte meine Liebe zur Poesie wieder.

In Meersburg kam mir, vermutlich durch die Anwesenheit der französischen Soldaten, erstmals seit Jahren mein Vater wieder in den Sinn. Er war nach unserer Abreise aus Schleswig-Holstein weit von mir weggerückt. Nun wurde mir bewusst, dass er nicht mehr lebte, und ich begann, das zu akzeptieren.

Mutter bekam mich immer seltener zu sehen. Sie forderte von mir nach wie vor mein Gehalt. Das Geld, das ich mir durch die Führungen verdiente, behielt ich für mich. Davon wusste sie nichts.

Die Arbeit bei der Apothekerfamilie war aufreibend. Die junge Frau hatte mit der alten viel Streit und ich musste den Unmut von beiden ertragen. Ich war unzufrieden mit meiner Situation. Warum musste ich immer Dienstmädchen sein? Früher für meine Mutter, jetzt für Menschen, die sich zu schade waren, ihre Hausarbeit selbst zu machen. Ich wollte nicht mehr für andere putzen. Mein Wunsch, eine Berufsausbildung zu machen, lebte wieder auf. Um mir das zu finanzieren, brauchte ich Geld. Damals bewarben sich junge deutsche Frauen häufig als Angestellte in Schweizer Haushalten, weil sie dort wesentlich besser bezahlt wurden als in Deutschland. Das wollte ich auch probieren. Deutsche waren zwar nach dem Krieg überall geächtet, auch in der Schweiz, als Haushälterinnen waren sie jedoch gefragt. Sie galten als zupackend und gründlich.

Wieder studierte ich den Stellenteil der Zeitung. Eine Schweizer Fabrikantenfamilie in Kreuzlingen suchte ein Kindermädchen. Das traute ich mir zu. Ich bewarb mich und wurde zum Vorstellungsgespräch eingeladen. Die Hausherrin war eine große, schlanke Frau und trug ihr mittellanges brünettes Haar nach hinten gesteckt. Sie hatte einen ernsten, aber freundlichen Gesichtsausdruck, dunkle Augen und ein klassisches Profil. Frau Weidmann, so hieß sie, informierte mich, welche Aufgaben mich in ihrem Haus erwarten würden. Ich hätte zu kochen und ihre drei Kinder zu betreuen, die 16-jährige Tochter, den neunjährigen Sohn und die Kleinste, die noch im Kindergarten war. Sie und ihr Mann waren sehr beschäftigt. Sie besaßen eine Bademodenfabrik und gehörten zu einer alteingesessenen jüdischen Familie in Kreuzlingen, gleich an der deutsch-schweizerischen Grenze hinter Konstanz. Ich war sehr interessiert, zweifelte allerdings, ob ihrer Familie meine Kochkünste genügen würden. Sie reagierte gelassen. »Das lernen Sie«, sagte sie und gab mir zu verstehen, dass sie mich gerne nehmen würde. Monatlich würde sie mir 150 Schweizer Franken zahlen, Essen und Wohnen wäre frei. Wenn ich damit einverstanden wäre, könnte ich zum nächstmöglichen Zeitpunkt bei ihnen anfangen. Ich jubelte innerlich, als ich nach Meersburg zurückfuhr.

Noch am selben Abend kündigte ich bei der Apothekerfamilie. In der folgenden Woche beantragte ich einen Pass. Um meine Einreisegenehmigung und Arbeitsbewilligung kümmerte sich Frau Weidmann. Anfang Mai 1955, drei Monate, nachdem ich gekündigt hatte, trat ich meine neue Stelle als Kindermädchen in Kreuzlingen an. Das Fabrikgebäude der Weidmann, ein riesiger gelber Backsteinbau, stand in der Nähe des Bahnhofs. Ein paar hundert Meter dahinter lag in einem gepflegten Park eine vornehme, weiße Villa, das Wohnhaus der Familie. Ich durfte ein großes, geschmackvoll eingerichtetes Zimmer beziehen. Bett, Schrank, Tisch, Stuhl und Kommode waren aus edlem Kirschbaumholz, in einer Ecke des Raumes stand ein gemütlicher hoher Lehnstuhl mit dunkelgrünen Samtpolstern, daneben eine Leselampe. An den Fenstern hingen helle, groß geblümte Vorhänge. Das also war mein Reich, großzügig, stilvoll und wohnlich.

Ich war nicht mehr das Dienstmädchen, das herumgeschubst wurde, sondern wurde als Angestellte der Familie respektiert und geschätzt. Frau Weidmann kaufte ein, stellte den Speiseplan zusammen und ich bereitete das Essen zu. »Renate, sagen Sie nie wieder, Sie können nicht kochen. Was Sie uns auf den Tisch stellen, schmeckt ausgezeichnet!«, lobte sie mich schon in der ersten Woche. Sie redete mich immer mit Namen an. Das berührte mich und ich fühlte mich wirklich gemeint. Ich nahm gemeinsam mit der Familie die Mahlzeiten ein, betreute die Kinder bei ihren Hausaufgaben, spielte mit der Kleinen, tollte mit dem Jungen im Park herum und fühlte mich schon nach wenigen Wochen integriert. Nur zum Hausherrn hatte ich kaum Kontakt. Er zog sich oft tagelang zurück, legte Patiencen und war für niemanden ansprechbar, auch nicht für seine Familie.

Oft ging ich mit Frau Weidmann abends in den Garten. Dann harkten und jäteten wir gemeinsam die Beete, unterhielten uns und lauschten den Vögeln, die ihr Abendkonzert gaben. Eine große Nähe hatte ich auch zu Elisabeth, der ältesten Tochter. Sie war schlank, groß, dunkelhaarig wie ihre Mutter und hatte ein ebenmäßiges Gesicht. Sie ging aufs Gymnasium. Fast täglich fragte ich sie die Lateinvokabeln ab und lernte eifrig mit. Wenn sie am Klavier übte, stand ich neben ihr und blätterte die Noten um. Sie gab mir viel zu lesen, Romane, aber auch Schulbücher. Ich schmökerte in ihrem Lesebuch, in ihrem Geschichtsbuch und wir unterhielten uns über meine Fragen, die sich mir bei der Lektüre stellten. »Was ist ein Schriftsteller?«, fragte ich sie. »Ein Mensch, der Romane oder Erzählungen schreibt«, antwortete sie. »Und was ist ein Religionsfrieden?« »Ich weiß es nicht«, sagte sie, »aber wir können im Lexikon nachschlagen.« Durch mein Interesse, meinen Wissensdrang wurde Elisabeth erst bewusst, dass Bildung ein Privileg ist. Das motivierte sie in der Schule.

»Ich bin sehr froh, dass wir Sie bei uns haben, Renate«, bescheinigte mir Frau Weidmann immer wieder. »Sie haben einen guten Einfluss auf unsere Kinder und wir mögen Sie alle sehr.« Auch ich war glücklich in dieser Familie. Gemeinsam mit ihnen machte ich an den Sonntagen Bergwanderungen und ich sah zum ersten Mal in meinem Leben die Alpen, auf deren Gipfeln auch im Sommer noch

Schnee lag. Im Winter nahmen die Weidmanns mich in die Skiferien nach St. Moritz mit. Sie organisierten mir ein Paar Ski und ich pflügte mit ihren Kindern durch den Schnee. Eine neue Welt tat sich mir auf. »Ist das wirklich wahr?«, fragte ich mich manchmal, selig vor Glück, aber auch ängstlich, dass alles im nächsten Moment zusammenbrechen und mir wieder genommen würde.

Meine Mutter hatte ich vor vollendete Tatsachen gestellt. Von meinem Wechsel erzählte ich ihr erst, als ich schon bei den Weidmanns arbeitete. Eines Sonntags besuchte ich sie, unwillig und mit schlechtem Gewissen, weil ich mich lange nicht bei ihr gemeldet hatte. Sie war empört, dass ich ins Ausland gegangen war, denn nun hatte sie noch weniger Zugriff auf mich. Wie immer forderte sie, dass ich meinen Lohn bei ihr abzuliefern hätte. Das sei ich ihr schuldig. Ich schwieg sie an, kehrte nach dem zermürbenden Pflichtbesuch erschöpft nach Kreuzlingen zurück und schwor mir, mich lange nicht mehr bei ihr blicken zu lassen.

Ich dachte, mich trifft der Schlag, als Mutter einige Wochen später an einem Samstag vor der Tür der Fabrikantenvilla stand. Natürlich wagte ich es nicht, sie wegzuschicken. Ich stellte sie Frau Weidmann vor und ging mit ihr auf mein Zimmer. Mit ihrem autoritären, mächtigen Auftreten schaffte sie es wieder, dass ich mich schuldig und klein fühlte und ihr meinen letzten Lohn abtrat.

Als sie gegangen war, muss ich verstört ausgesehen haben. Frau Weidmann sprach mich an: »Renate, geht es Ihnen nicht gut?« Ich spürte, wie mir die Tränen in die Augen stiegen, senkte den Blick und schüttelte den Kopf. »Kommen Sie«, sagte sie, nahm mich bei der Hand und ging mit mir in das Musikzimmer, in dem wir ungestört waren. Dort setzten wir uns auf die kleine Sofaecke. »Was ist denn los? Ist mit Ihrer Mutter etwas nicht in Ordnung?«, fragte Frau Weidmann. Ich fing an zu weinen und erzählte ihr von meinen Konflikten mit Mutter: Dass sie mir keine Ausbildung zugestand, ständig meinen Lohn konfiszierte, weil sie fand, dass ich ihr das schulde. Dass sie mich und meine Geschwister dafür verantwortlich machte, dass sie unglücklich war, uns als Last, als undankbare Brut beschimpfte und uns mit ihren Launen tyrannisierte. Frau Weidmann fragte nach und hörte mir lange und aufmerksam zu. »Ich sehe, Sie haben große Schwierigkeiten mit ihrer Mutter«, sagte sie schließlich. »Aber lassen Sie sich das eine gesagt sein: Ein Kind ist der Mutter nichts schuldig, im Gegenteil. Eine Mutter sollte ihr Kind lieben, fördern, ihm Kraft und Selbstvertrauen auf seinen Lebensweg mitgeben. Darauf kommt es an! Lassen Sie sich von Ihrer Mutter nicht erpressen. Sie sind nicht verpflichtet, ihr Geld zu geben, schon gar nicht, wenn sie eine Rente bekommt und ihr Auskommen hat. Lösen Sie sich von Ihrer Mutter. Sie sind erwachsen und müssen Ihren eigenen Weg finden! Außerdem«, fuhr sie fort, »brauchen Sie Ihr Geld für sich. Nicht nur, um sich eine Ausbildung zu finanzieren. Sie müssen in der Schweiz von ihrem Lohn selbständig die Steuern und die Krankenversicherung zahlen. Wenn Sie all Ihr Geld abgeben, kommen Sie am Ende des Jahres in Schwierigkeiten.« Weil sie erkannte, dass ich dem Druck meiner Mutter nicht standhalten konnte, schlug mir Frau Weidmann vor, meinen Lohn künftig auf ein Konto einzuzahlen, zu dem ich nur Zugang hätte, wenn wir beide, sie und ich, unterschrieben. Dann könne meine Mutter mich nicht mehr nötigen, Geld abzuholen, denn ohne Frau Weidmanns Einwilligung würde ich nichts bekommen. »Das machen wir zu Ihrem Schutz«, sagte Frau Weidmann. »Was halten Sie davon?« Ich war ihr zutiefst dankbar. Sie gab mir nicht nur praktische Hilfe in meiner Geldverwaltung, sondern stärkte mir vor allem den Rücken gegenüber meiner Mutter, machte mir Mut und half mir, mich abzugrenzen. Und sie war authentisch, wenn sie sagte, die wichtigste Aufgabe einer Mutter sei es, ihre Kinder zu lieben. Das beobachtete und erlebte ich tagtäglich bei ihr. Sie ging liebevoll und fürsorglich mit ihren Kindern um, respektierte sie. Nach so einer Zuneigung hatte ich mich immer gesehnt.

Mutter spürte natürlich, dass ich ihr aus den Fängen glitt, und schreckte vor keinem Mittel zurück, um mich kleinzuhalten und an mein Geld zu kommen. Eines Tages erhielt ich von ihr einen Brief, der eine lange Rechnung enthielt. Auf einem DIN-A-4-Blatt hatte sie mir aufgelistet, was ich ihr schuldete. Sie hatte alles aufgeführt, angefangen von meiner Geburt über sämtliche Entbehrungen, Opfer und Schmerzen, die sie meinetwegen habe auf sich nehmen müssen, über Zeit, die sie für mich verwendet habe, bis hin zu materiellen Dingen wie Kleidung, Essen, Fahrten. Für jeden Posten hatte sie mir eine Summe mit Zinsen in Rechnung gestellt. »Das schuldest du mir«, stand neben der Endsumme, die sie doppelt unterstrichen hatte. Ich weiß nicht mehr, wie hoch sie meine Schuld veranschlagt hatte. Es waren Hunderttausende von Mark und mein erster Gedanke war, dass ich diese Summe bis an mein Lebensende nicht würde tilgen können. Ich war fassungslos und zeigte Frau Weidmann das Blatt. Sie überflog die Rechnung. Dann sah sie mich entgeistert an, setzte sich auf einen Stuhl, las die Auflistung noch einmal durch und schüttelte mehrmals ungläubig den Kopf. Schließlich fasste sie sich. »Glauben Sie das bitte nicht, Renate«, sagte sie eindringlich zu mir. »Glauben Sie es nicht! Vergessen Sie, was hier steht. Es ist vollkommen absurd. Das Leben ist ein Geschenk und nicht mit Geld zu bezahlen. Niemals!«, appellierte sie an mich. »Und wenn ich Ihnen einen Rat geben darf, dann empfehle ich Ihnen, Ihre Mutter so wenig wie möglich zu besuchen. Ich glaube, das tut Ihnen nicht gut.« Dann stand sie auf, strich mir mit der Hand über die Schulter und reichte mir kopfschüttelnd die Rechnung. Ich habe dieses Schriftstück meiner Mutter lange aufgehoben. Eines Tages riet mir mein Mann, es zu vernichten. »Sonst kannst du dich nie davon lösen«, meinte er. Daraufhin trennte ich mich von diesem Papier.

Einige Wochen, nachdem ich diesen denkwürdigen Brief erhalten hatte, unternahm ich an meinem freien Tag einen Ausflug nach Konstanz. Ich ging am Seeufer spazieren, kaufte mir ein Eis, und als ich nachmittags nach Kreuzlingen zurückkam, zog mich Frau Weidmann beiseite. Sie erzählte mir, dass mein Bruder Klaus mit einem Schreiben meiner Mutter bei ihr vorgesprochen habe. Darin stand, ich, Renate, hätte verfügt, dass Frau Weidmann meinen Lohn an Klaus aushändigen müsse. Ich konnte es nicht fassen. Die Mittel, zu denen meine Mutter griff, wurden immer infamer. »Hab ich mir doch gedacht, dass das nicht stimmt«, sagte Frau Weidmann, als sie meine Reaktion sah. »Wie gut, dass wir vereinbart haben, nur mit unserer beider Unterschrift Geld von ihrem Konto abheben zu können. Weil Sie nicht da waren, um zu unterschreiben, musste ich Ihren Bruder ohne Geld wieder wegschicken.« Besorgt sah sie mich an. »Das ist wirklich heftig, was Ihnen Ihre Mutter entgegensetzt. Und ich glaube, es ist für Sie das Beste, wenn Sie zunächst Abstand zu Ihr halten«, sagte sie. »Wann immer Sie Unterstützung benötigen, lassen Sie es mich wissen.«

Ich brauchte einige Zeit, bis ich diese erneute Attacke meiner Mutter verdaut hatte. Heute weiß ich natürlich, dass sie Angst hatte, mich zu verlieren, und in ihrer Ohnmacht wild um sich schlug. Doch damals fühlte ich mich bedroht und terrorisiert. Gleichzeitig spürte ich die große Chance, die ich im Hause Weidmann bekam: Mit Hilfe meiner Chefin konnte ich mich aus den Verstrickungen mit meiner Mutter lösen. Ich fühlte mich bei meiner Arbeitgeberin geschützt und gefördert.

Es war Anfang Januar 1957, als das Ehepaar Weidmann einen Klavierlehrer für seine Tochter Elisabeth suchte. Auf eine Anzeige hin kamen mehrere Bewerber ins Haus und stellten sich bei den Eltern und der Tochter vor. Am Mittagstisch diskutierten die drei über die einzelnen Kandidaten. »Am meisten hat mich der ältere Herr aus Deutschland überzeugt«, sagte Elisabeth. »Ich glaube, das ist ein guter Klavierlehrer und ich finde ihn auch sehr sympathisch.« »Der? Kommt nicht in Frage!«, erregte sich Herr Weidmann. »Warum nicht?«, wollte die Tochter wissen. »Der war ein Nazi«, mischte sich Frau Weidmann ein. »Dass er dich unterrichtet, ist für uns nicht tragbar.« »Aber das ist doch längst vorbei und es stört mich auch nicht«, entgegnete Elisabeth. »Er kann ja trotzdem ein guter Klavierlehrer sein.« Da fing ihr Vater an zu toben. »Dieses Nazi-Schwein kommt mir nicht ins Haus. Wer bin ich denn, dass ich diese Verbrecher, die uns alle ausrotten wollten, auch noch beschäftige? Dieses deutsche Schweinepack, diese Faschistenbrut hat uns verfolgt und unsere Leute vergast! Wo sind wir eigentlich, dass ich mich darüber mit dir auch noch streiten muss?«, fuhr er seine Tochter an. Ich erschrak. So kannte ich den Mann nicht, so aufgebracht hatte ich ihn noch nie erlebt. Elisabeth versuchte, ihren Vater zu bremsen. »Jetzt beherrsche dich bitte. Wir sitzen nicht allein am Tisch.« Daraufhin rastete Herr Weidmann vollends aus. »Was soll ich? Mich beherrschen? Vor den deutschen Dreckschweinen? So weit kommt es noch!«, schrie er. Sein Gesicht war rot angelaufen, seine Halsschlagader trat hervor und er fixierte mich: »Vor euch Dreckpack soll ich mich mäßigen? Ihr Deutschen seid alle durch die Bank schuld am Krieg und an der Judenvernichtung. Ihr habt das alle mitgetragen und mitgemacht. Ausgeburten an Unmenschlichkeit seid ihr. Ein Volk von Bestien. Alle, ohne Ausnahme!«, brüllte er. Dann verstummte er so unvermittelt, wie er zu toben begonnen hatte. Am Tisch herrschte Totenstille. Ich atmete ganz flach, zitterte und alles Blut war mir aus dem Kopf gewichen. Wortlos stand ich auf, nahm meinen Teller und mein Besteck und ging in die Küche. Dort setzte ich mich auf einen Hocker, stützte meine Ellbogen auf meinen Knien ab und legte meinen Kopf in die Hände. In mir drehte sich alles. Dreckpack war ich für ihn, schuld am Krieg und an der Judenvernichtung. Ich spürte, wie mir der Boden unter den Füßen wegrutschte, wie durch diese Anwürfe für mich jäh eine Welt zusammenbrach. Plötzlich fühlte ich mich elend, unerwünscht und angefeindet in diesem Haus, in dem es mir noch vor wenigen Minuten so gut gegangen war.

Nebenan im Esszimmer wurden Stühle gerückt, die Familie war mit dem Essen fertig. Ich hörte Schritte, die Esszimmertür fiel ins Schloss. Dann war es still. Ich räumte den Tisch ab, spülte das Geschirr, und als ich mit der Arbeit fertig war, kam Frau Weidmann zu mir in die Küche. »Ich möchte mich bei Ihnen für das, was soeben passiert ist, entschuldigen, Renate«, sagte sie mit tiefem Bedauern in der Stimme. »Es ist mir sehr unangenehm. Mein Mann hat sich vergessen.« Dann erzählte sie mir, dass ein Teil ihrer Familie in Konzentrationslagern umgekommen sei. Die Wunden seien noch offen. »Wäre dieser Eklat für Sie ausgeräumt, wenn mein Mann sich bei Ihnen entschuldigen würde. Wäre es für Sie dann wieder in Ordnung?«, fragte sie. Ich sah sie an und spürte in mich hinein. Schließlich schüttelte ich den Kopf. »Wenn Ihr Mann der Auffassung ist, dass wir Deutschen alle Dreckschweine sind, dann muss ich gehen«, sagte ich. Sie schaute mich traurig an und nickte. »Das verstehe ich, aber es tut mir unendlich Leid.« Dann kam Elisabeth in die Küche. Auch sie bedauerte den Vorfall. »Ich bin mit schuld, weil ich Vater provoziert habe«, bekannte sie. Das mochte sein, doch es änderte nichts an meiner Situation und konnte nichts zurechtrücken. Ich konnte nicht bleiben, denn ich spürte, dass ich mich hier unwohl fühlte, ja dass ich litt, weil ich Deutsche war. Obendrein hatte Herr Weidmann nicht die Deutschen allgemein attackiert. Er hatte mich ganz persönlich für etwas angegriffen, was ich nicht getan hatte. Ich fühlte mich überhaupt nicht schuldig. Ich wollte und konnte mir das nicht gefallen lassen. Also musste ich gehen.

Frau Weidmann bedauerte meine Entscheidung. »Noch nie hatte ich eine Kinderfrau, die so gut mit unseren Kindern umgehen konnte und so zuverlässig war wie Sie, Renate«, sagte sie mir viele Male. Sie stellte mir ein hervorragendes Zeugnis aus und ihr lag viel daran, dass ich eine gute Stelle fand.

Schon am darauf folgenden Wochenende studierte ich die Stellenanzeigen und entdeckte eine interessante Ausschreibung. Eine amerikanische Familie, die in Zürich wohnte, suchte ein Kindermädchen, das hochdeutsch sprach. Bedingung war, für ein Jahr mit der Familie nach Amerika zu ziehen. Ich war elektrisiert. Dieses Stellengesuch war wie auf mich zugeschnitten. Amerika! Dann wäre ich endlich weit genug von meiner Mutter weg, um wirklich Abstand zu ihr zu gewinnen. Sofort schrieb ich meine Bewerbung und schickte sie los.

Schon wenige Tage später wurde ich zu einem Gespräch nach Zürich eingeladen. Die Hausfrau, Taylor war ihr Name, empfing mich an der Tür einer großzügigen Wohnung in einem Zürcher Patrizierhaus. Sie war gut 30 Jahre alt, blond und blauäugig. Sie wirkte sympathisch, unkompliziert und sprach fließend deutsch mit stark amerikanischem Akzent. Auch in ihrem Haushalt hätte ich zu kochen und die beiden kleinen Kinder, ein Mädchen und einen Jungen, zu betreuen. Ihr Mann hatte eine leitende Funktion bei IBM. Er war von der US-amerikanischen Firma nach Zürich geschickt worden, um dort ein Tochterunternehmen mit aufzubauen, musste Mitte des Jahres nochmals für ein Jahr in die USA, um danach in die Schweiz zurückzukehren und die Züricher Firma weiterzuführen. Das sei eine bewegte Zeit für ihre Familie, meinte sie. Um ihren Kindern Kontinuität zu bieten, suche sie eine Kinderfrau, die bereit sei, diese Umzüge mitzumachen. Das war ich und auch sonst entsprach ich ihren Anforderungen. Mein Deutsch war fast dialektfrei und ich konnte ein hervorragendes Zeugnis vorweisen. Die Amerikanerin wollte mich haben. »So bald wie möglich«, sagte sie.

Auch ich war entschieden zuzusagen. Vor der Vertragsunterzeichnung wollte ich jedoch mit Frau Weidmann noch Rücksprache halten, das hatte ich ihr versprochen. »Ja, das klingt gut«, sagte sie, als ich ihr von meinen neuen Arbeitgebern erzählte. »Lassen Sie sich nicht aufhalten.« Und so begann ich, meine Sachen zu packen. Knapp zwei Wochen nach dem Eklat, Mitte Januar 1957, ging ich von Familie Weidmann weg. Es war ein trauriger, tränenreicher Abschied. Frau Weidmann nahm meine Hand in ihre Hände, drückte sie fest und sah mich lange an, die Kinder umarmten mich. Dann gingen sie mit mir noch bis vors Haus und winkten mir hinterher. Mit einem kurzen Gruß und ohne sich bei mir zu entschuldigen hatte sich Herr Weidmann zuvor im Flur von mir verabschiedet. Schweren Herzens ging ich zum Bahnhof und fuhr mit meinem Besitz, der noch immer in einen Koffer passte, mit dem Zug nach Zürich.

Bei den Amerikanern arbeitete ich mich schnell ein. Für Kinder hatte ich ohnehin ein Händchen und Herr und Frau Taylor waren legere Menschen. Die Atmosphäre bei ihnen war zwanglos und entspannt. Ihre Wohnung ging über eine ganze Etage, war einfach, aber gemütlich eingerichtet, ebenso wie das Zimmer, das ich bezog.

Zu dieser Zeit arbeitete auch meine Schwester Hildegard als Kindermädchen in einem Züricher Haushalt. Wenige Tage, nachdem ich bei den Taylors angefangen hatte, trafen wir uns in einem Café und vereinbarten, am kommenden Samstag gemeinsam tanzen zu gehen. Meine Schwester hatte einen Verehrer. Ihn und einen Freund ihres Galans wollte sie zum Tanzvergnügen mitbringen. Ich freute mich auf den Abend und die Geselligkeit. Alles war neu für mich und aufregend. Die große Stadt, meine Arbeitsstelle, bald würde ich nach Amerika umziehen – ich war in Aufbruchsstimmung.

Wie vereinbart traf ich mich mit Hildegard, ihrem Freund und dessen Bekannten vor dem Tanzlokal. Wir stellten uns vor, gingen hinein und setzten uns an einen Tisch. Während sich Hildegard mit ihrem Verehrer unterhielt, kam ich mit dessen Freund ins Gespräch. Er hieß Otto Hirschi, war groß und schlank, hatte blondes, gelocktes Haar, blaue Augen und eine angenehme, sonore Stimme. »Ein schöner Mann, aber viel zu jung. Ein Grünling«, war mein erster Eindruck von ihm. Er wusste, dass ich Hildegards Schwester und Deutsche war, und fragte mich, was mich nach Zürich geführt hätte. Ich erzählte ihm von den Weidmanns, deutete den Eklat an und berichtete ihm, dass ich nun bei einer amerikanischen Familie arbeitete, mit der ich demnächst in die USA ziehen würde. Er war Züricher, von Beruf Vergolder, dekorierte vor allem Bilderrahmen, restaurierte aber auch Decken und Innenräume von Kunstbauwerken. Ein Kunsthandwerk. Das interessierte mich und ich wollte mehr über seine Arbeit wissen. Wir unterhielten uns angeregt, und weil uns die Musik zu laut war, zogen wir uns in eine Ecke des Tanzlokals zurück. Pausenlos redeten wir. Nach einer Zeit kam Hildegard zu uns an den Tisch. Sie beschwerte sich über uns Langweiler und forderte Otto zum Tanzen auf. Er wollte nicht. »Wir sind gerade mitten im Gespräch«, wehrte er ab. Verständnislos schüttelte meine Schwester den Kopf, ging wieder und schon redeten wir weiter.

Er fragte mich nach meiner Weltanschauung. »Ich bin katholisch«, sagte ich, »aber sehr kritisch gegenüber der Kirche.« »Das geht mir genauso«, pflichtete er mir bei. Er war allerdings reformiert. Wir tauschten uns über politische Themen aus, über Deutschland und die Juden, die Ächtung der Deutschen nach dem Krieg und stellten immer wieder fest, dass wir in vielem übereinstimmten. Ich war überrascht und beeindruckt, dass ich mit diesem Mann, den ich als jugendlich und unreif eingeschätzt hatte, solche Gespräche führen konnte. Ich fragte ihn, ob er eine Freundin hätte. Er war ungebunden, wie ich. Er gefiel mir. Doch ich wollte das nicht und wehrte mich dagegen. Ich hatte Amerika im Visier und war fest entschlossen, mich nicht von meinem Plan abbringen zu lassen. Die Musikkapelle hörte auf zu spielen, der Abend ging zu Ende und er fragte mich, ob er mich nach Hause bringen dürfe. »Ja, aber nur bis vor die Tür«, sagte ich bestimmt. »Darf ich Sie denn wiedersehen?«, fragte er mich, als wir am Haus meiner Arbeitgeber angekommen waren. »Nein«, entgegnete ich. »Es hat keinen Sinn. Sie wissen, dass ich nach Amerika gehe, also lassen wir das. Es war nett mit Ihnen. Und vielleicht laufen wir uns irgendwann wieder über den Weg.« »Schade«, sagte er, reichte mir die Hand und ging.

Am nächsten Abend, ich brachte gerade die Kinder ins Bett und zog die Gardinen zu, sah ich Otto Hirschi vor der Haustür stehen. »O nein, bitte nicht!«, dachte ich. »Was will der hier? Der bringt alles durcheinander!« Ich überlegte, blickte nach einer Weile aus dem Fenster, und als ich ihn immer noch stehen sah, ging ich nach unten. Unwillig machte ich die Tür auf. Er begrüßte mich höflich. »Es war so ein anregender Abend. Ich habe selten derart tiefsinnige und interessante Gespräche geführt wie gestern mit Ihnen«, sagte er. »Ich musste einfach noch mal kommen.« Ich seufzte. »Ja«, entgegnete ich distanziert, »aber ich bat Sie doch, nicht mehr zu kommen. Sie wissen, ich habe andere Pläne.« Betreten blickte er mich an und zuckte mit den Schultern. »Wollen wir noch einen kleinen Gang machen, wo ich doch jetzt schon hier bin?«, fragte er. Ich brachte es nicht fertig, ihn wegzuschicken. »Also gut«, sagte ich, ging nach oben, zog mir feste Schuhe und meinen Mantel an und spazierte mit Otto Hirschi durch das kalte, nächtliche Zürich. Wir setzten unser Gespräch vom Vorabend fort. Ich erfuhr von ihm, dass er das älteste von vier Kindern sei und aus einer Handwerkerfamilie komme. Den Beruf des Vergolders habe er nicht erlernt, weil er ihn so spannend fand, sondern weil die Lehre nichts kostete und sein Vater ihm keine teurere Ausbildung zugestand. »Also ähnliche Konflikte wie bei mir«, dachte ich, erzählte ihm aber nicht von meiner Familie. Dieses Kapitel wollte ich nicht ansprechen. Stattdessen redete ich viel von Amerika. Ich war neugierig, voller Erwartungen und freute mich auf die Reise über den großen Teich. Nachdenklich sah er mich an, während ich ins Schwärmen geriet. Zwischendrin wärmten wir uns in einem Café auf. Dann begleitete er mich bis zum Haus und verabschiedete sich galant.

So ging das nun Abend für Abend. Gegen 20 Uhr war ich mit meiner Arbeit fertig. Eine halbe Stunde vorher tauchte Otto auf, täglich, und wartete unten an der Haustür. Oft las ich den Kindern extra lange Gute-Nacht-Geschichten vor. Ich hoffte, er würde die Geduld verlieren und aufgeben. Doch wenn ich aus dem Fenster blickte, stand er immer noch da und zog frierend die Schultern hoch. Dann hatte ich Mitleid mit ihm, ging nach unten und schlenderte mit ihm durch die Straßen. Wir unterhielten uns, angeregt, pausenlos. Immer wieder beschwor ich ihn, nicht mehr zu kommen. Doch es war nichts zu machen. Hartnäckig stand er tagtäglich vor der Tür. Eines Abends, als wir gerade im Café saßen und uns gegenseitig das Du angeboten hatten, fing er an, mir meine USA-Pläne madig zu machen. »Was willst du dort eigentlich? Da bist du wieder fremd! Dazu kommt das Sprachproblem. Bleib doch hier!« Ich wies ihn harsch zurück. »Das ist meine Sache und geht dich nichts an.« Er verstummte einen Moment. »Ich möchte dir gern die Schweiz zeigen. Es ist ein wunderschönes Land«, sagte er. »Sobald es warm wird, machen wir uns mit meinem Motorrad auf Tour. Hast du Lust?« Ich war verblüfft über seine Beharrlichkeit und musste lachen. »Bis es warm wird, ist es noch ein Weilchen hin«, meinte ich und bedeutete ihm, dass ich gehen wollte.

An einem Sonntagmorgen, nachdem wir am Abend zuvor ausnahmsweise nicht spazieren waren, klingelte Otto mich aus dem Bett. Ich erschrak, als ich ihm aufmachte. Aufgewühlt stand er an der Tür und sagte, er müsse dringend mit mir reden. Ich ließ ihn in die Wohnung und nahm ihn mit auf mein Zimmer. Dort erzählte er mir, er sei am Vorabend mit Freunden, darunter meiner Schwester Hildegard, unterwegs gewesen. Im Laufe des Abends habe sie fallen lassen, dass ich wilde Zeiten hinter mir hätte. Sie habe von Männergeschichten gesprochen, die ich während meiner Zeit im Schwarzwald gepflegt hätte. Wie dumpfe Schläge fuhren seine Worte auf mich nieder. Ich fröstelte und fing innerlich an zu beben. Dann wurde ich ganz ruhig. »Wenn du das glaubst, warum kommst du dann noch zu mir?«, fragte ich ihn und sah ihn abweisend an. »Weil ich es von dir hören will«, flüsterte er. Ich schüttelte den Kopf und brachte kein Wort über meine Lippen. »Bitte, Renate, erzähl mir, was war«, drängte Otto behutsam. Schließlich ging ich mit ihm in ein Café und erzählte ihm die ganze schreckliche Geschichte von Berau. Er war schockiert. Dass ein Mann so mit einer Frau umgehen konnte und meine Mutter so mit mir, entsetzte ihn über die Maßen. Wir saßen bis mittags zusammen. Immer wieder fragte Otto nach und ich erzählte.

An diesem Tag wurde mir bewusst, dass er mir viel bedeutete, und ich fühlte mich ihm tief verbunden. Meine Amerika-Pläne hatte ich aber keineswegs aufgegeben und teilte ihm das nach wie vor unmissverständlich mit. Dennoch kreuzte er täglich auf. Und weil ich mich nicht anders abgrenzen konnte, versuchte ich, ihm aus dem Weg zu gehen. Einmal trieb ich mich an meinem freien Tag bis spät abends in der Stadt herum. Ich kam nach Hause und sah erleichtert, dass er nicht mehr vor der Tür stand. Als ich die Wohnung betrat, kam mir Frau Taylor entgegen. »Wo waren Sie den ganzen Tag«, fragte sie mich. »Ich habe ihren Freund hereingelassen. Er wartet schon seit Stunden in Ihrem Zimmer.« Und dann eröffnete sie mir, dass sie mich nicht in die USA mitnehmen würde. »Ich sehe, dass Ihre Beziehung ernsthaft ist und sehr eng und ich will Sie beide nicht trennen. Sehen Sie sich nach einer anderen Stelle um. Ich werde mir eine neue Kinderfrau suchen.« Ich war wie vom Donner gerührt. Enttäuscht und zornig stürmte ich in mein Zimmer. »Du hast hier nichts verloren!«, herrschte ich Otto an, der in meinem

Sessel saß und mich erschrocken ansah. Und dann brach meine ganze Wut aus mir heraus. »Du hast mir alles vermasselt! Du weißt, dass ich nach Amerika wollte, und ich hab dir tausendmal gesagt, ich will von dir nichts wissen! Jetzt hat mir meine Chefin die Stelle gekündigt und Amerika ist geplatzt! Das habe ich dir zu verdanken! Womöglich werde ich auch noch aus der Schweiz ausgewiesen. Ohne Arbeit habe ich keine Aufenthaltsgenehmigung. Das weißt du auch!« Er starrte mich mit großen Augen an, stammelte mehrmals, dass es ihm Leid täte und er wieder alles gutmachen möchte, und verabschiedete sich hastig. Wie ein begossener Pudel ging er zur Tür hinaus.

Am nächsten Mittag klingelte er an der Haustür, und als ich aufmachte, hielt er mir freudestrahlend ein Papier unter die Nase. »Das ist deine Aufenthaltsgenehmigung«, jubelte er. »Die habe ich eben bei der Fremdenpolizei erhalten. Du kannst bleiben und dir in Ruhe eine neue Arbeit suchen.« Verdutzt blickte ich ihn an und wunderte mich, wie er das hingekriegt hatte. Dann erst spürte ich, wie ich mich freute, und war hingerissen. Der meinte es wirklich ernst mit mir! Glücklich umarmte ich ihn. »Ich habe doch immer gesagt, du sollst in der Schweiz bleiben«, witzelte er. »Dann soll es wohl so sein«, dachte ich. Ein warmes Gefühl durchströmte mich. Dieser Mann wollte mich und stand zu mir. Dass er mir meine Pläne durchkreuzt hatte, konnte ich ihm schnell verzeihen. Es war schön so. Nun war ich nicht mehr allein.

Dass er zu mir stand, durfte ich noch mehrere Male erleben. Die Deutschen waren zu dieser Zeit verhasst, geächtet und wurden manchmal auf offener Straße als »deutsche Dreckschweine«, »Nazischweine« beschimpft. Entsprechend defensiv habe ich mich in der Schweiz verhalten. Ich war vorsichtig in der Öffentlichkeit, redete so wenig wie möglich und bemühte mich, rasch den Zürcher Dialekt zu lernen, damit ich nicht als Deutsche identifiziert wurde. Eines Abends gingen Otto und ich mit zwei weiteren Pärchen zum Tanzen. Es waren Freunde von Otto. Als er mit der Verlobten eines Freundes tanzte, forderte ich deren Partner auf. »Wollen wir auch?«, fragte ich. Doch der ließ mich abblitzen. »Mit einer Deutschen tanze ich nicht«, sagte er und drehte sich von mir weg. Ich war verletzt, behielt den Vorfall aber für mich. Als Otto wenige Wochen später mit denselben Leuten ausgehen wollte, sagte ich ihm, ich käme nicht mit. Er wollte wissen, warum. Da erzählte ich ihm von der Abfuhr, die mir sein Freund erteilt hatte, woraufhin Otto den Kontakt zu ihm sofort abbrach.

Im Sommer 1957, ein halbes Jahr, nachdem wir uns kennen gelernt hatten, wollte mich Otto seinen Eltern vorstellen. Ich war nervös. »Was ist, wenn sie mich nicht akzeptieren, weil ich Deutsche bin?«, fragte ich bange. »Das ist mir egal«, sagte er entschlossen, »dann zieh ich bei ihnen aus.« Meine Ängste waren unbegründet. Ottos Eltern empfingen mich mit offenen Armen und nahmen mich herzlich auf. Sie interessierten sich für mich als Freundin ihres Sohnes, als Mensch. Dass ich Deutsche war, war für sie nicht wichtig. Auf Anhieb fühlte ich mich bei ihnen wohl und es war, als hätte ich schon immer zu ihnen gehört. Besonders zu seiner Mutter hatte ich einen guten Draht. Sie war eine einfache, warmherzige Frau. Wir mochten uns vom ersten Tag an und entwickelten zueinander ein inniges Verhältnis.

Nach meinem Weggang von der amerikanischen Familie im Frühjahr 1957 hatte ich fast übergangslos eine neue Stelle gefunden. Wieder arbeitete ich bei einer Fabrikantenfamilie, doch dieses Mal nicht als Kindermädchen, sondern als Betreuerin einer senilen alten Dame. Weil ich bei diesen Leuten nicht wohnen konnte, mietete ich mir ein möbliertes Zimmer. Dort besuchte mich eines Tages meine Mutter. Nach wie vor forderte sie Geld von mir, doch ich wehrte mich zunehmend gegenüber ihren Ansprüchen. Sie lebte in Deutschland, jenseits der Grenze. Und auch wenn mich ihre Briefe mit den Erpressungsversuchen jedes Mal aufwühlten, konnte ich sie doch immer wieder beiseite schieben. Mir war jetzt klar, dass das Geld, dass ich mir verdiente, mir gehörte. Otto und ich planten zu heiraten und sparten jeden Franken, um uns einen Hausstand zu finanzieren. Nun kreuzte Mutter persönlich bei mir auf. »Ich warte und warte, dass du mir Geld schickst, aber es kommt nichts«, bedrängte sie mich kurz nach ihrer Ankunft mit ihren Vorwürfen und Forderungen. Doch ich rückte nichts heraus. Ich blieb standhaft und versuchte ihr zu erklären, dass ich nichts übrig hätte, weil ich endlich einen eigenen Haushalt gründen wollte. Mutter blieb zwei Tage lang. Während ich arbeitete, bummelte sie durch die Stadt oder hielt sich in meinem Zimmer auf. Vor ihrem Besuch hatte ich gerade die Einzahlungen für die Steuer- und Krankenversicherung vorbereitet und das Geld, das ich dafür brauchte, in einer Schublade meiner Kommode in meinem Zimmer aufbewahrt. Als Mutter abgereist war, war auch das Geld weg. Alles, was in der Lade lag, hatte sie mir gestohlen. Es waren mehr als 200 Franken. Ich war außer mir, als ich das entdeckte. Eine ohnmächtige Wut stieg in mir hoch. Was hatte ich nur für eine Mutter! Tiefe Trauer überkam mich und Scham für das Milieu, aus dem ich stammte. Das ganze Elend meiner Kindheit und Jugend kochte in mir hoch. Es war, als würde ich tief im Morast stecken und darin versinken.

Als Otto abends kam, erzählte ich ihm von meinem Unglück. Ich schämte mich, hatte das Gefühl, versagt zu haben, und ich hatte auch Angst, denn ich musste meine Steuern zahlen und konnte auf die Schnelle nicht so viel Bargeld aufbringen. Otto lieh mir natürlich das Geld. Er stellte mich aber auch vor eine Entscheidung. Er war es leid, mich immer wieder in dieser Zerrissenheit zu erleben. Jedes Mal, wenn Mutter auftauchte oder schrieb, fiel ich in meine Schuldgefühle und verfing mich in den Verstrickungen mit ihr. Immer noch hatte sie viel Macht über mich. »Entweder deine Mutter oder ich«, sagte er. Ich wusste, was er meinte. Auch wenn wir schon länger ins Auge gefasst hatten zu heiraten, war ich immer noch hin- und hergerissen und hielt mir die Möglichkeit offen, noch mal ins Ausland zu gehen. Nun musste ich mich entscheiden und ich war auch bereit. In den nächsten Wochen beschlossen Otto und ich, uns eine Wohnung zu suchen und zu heiraten. Als Hochzeitstermin wählten wir den 29. September 1958.

Es war ein wunderschöner Herbsttag, die Sonne strahlte, der

Himmel leuchtete blau. »Wenn das ein Omen ist, dann wird unsere Ehe gut«, dachte ich und freute mich. Wir wollten ein bescheidenes Fest im kleinen familiären Rahmen feiern. Wir luden Ottos Eltern ein, seine beiden jüngeren Brüder, seine Schwester mit Schwager, die unsere Trauzeugen waren, seine Patentante mit Mann und seinen Patenonkel mit Frau. Aus meiner Familie kam nur meine Schwester mit ihrem Mann, sie war inzwischen verheiratet. Mutter wollte ich nicht dabei haben und zu Klaus hatte ich damals keinen Kontakt.

Nachdem mich der katholische Pfarrer unserer Gemeinde abgewiesen hatte, der reformierte aber offen war für eine gemischtkonfessionelle Eheschließung, war klar, dass wir uns reformiert trauen ließen. Der Gottesdienst war um 11 Uhr in der Dorfkirche von Albisrieden, einem Randbezirk von Zürich. Ich trug ein schlichtes weißes Kleid, das bis zu den Knien reichte, und einen kurzen Schleier. Mein Brautstrauß war ein Bukett aus weißen Nelken und grünem Asparagus. Kurz vor Ende des Gottesdienstes ging die Kirchentür auf und meine Mutter kam herein. Ich erstarrte. Sie machte ein freundliches Gesicht und setzte sich in die vorderste Kirchenbank. Otto und ich sahen uns beunruhigt an. Ich ahnte Ärger.

Das Hochzeitsessen hatten wir in einem Züricher Restaurant vorbestellt. Es gab Rehbraten mit Bandnudeln, Rotkohl und Preiselbeeren. Mutter saß mir gegenüber und war ohne Gesprächspartner. Niemand kümmerte sich um sie. Plötzlich beugte sie sich zu uns vor, erhob den Zeigefinger und verkündete uns mit drohender, giftiger Stimme: »Das eine sage ich euch: Eure Ehe ist nicht gesegnet und sie wird nie glücklich werden.« Die Hochzeitsgesellschaft verstummte. Einen schrecklichen Moment lang herrschte betretene Stimmung. Otto rang nach Luft, seine Lippen wurden schmal und ich sah, wie er mit sich kämpfte. »Hör nicht hin«, raunte ich ihm zu und würgte an meiner Wut. Es war mein Hochzeitstag und das war ihr Segensspruch! Am liebsten hätte ich sie rausgeschmissen. Mutter rächte sich, dass Otto bei ihr nicht um meine Hand angehalten hatte. Und sie war erbost, dass ich einen Ausländer geheiratet hatte, der zu allem Übel auch noch evangelisch war. Schlagfertig rettete Hildegard die Situation. Sie riss einen Witz, scherzte, lachte und überspielte gekonnt die peinliche Stimmung. Hinterher erfuhr ich, dass Ottos Familie die Drohung gar nicht verstanden hatte. Mutter redete schnell und hochdeutsch. Das war den Schweizern fremd und sie erfassten den Sinn ihrer Worte nicht, spürten aber sehr wohl, dass sie uns beschimpfte. Nach ihrem Auftritt war Mutter für den Rest des Tages still.

Gemeinsam beschlossen wir, nach dem Essen einen Spaziergang am Zürichsee zu machen. Der Weg dorthin führte am Bahnhof vorbei. Ich wollte nicht auffallen. Deshalb nahm ich meinen Brautschleier ab und Otto deponierte ihn und den Brautstrauß in einem Schließfach. Dann promenierten wir am Seeufer entlang. Als wir an der »Fischerstube«, einem gemütlichen Ausflugslokal, vorbeikamen, lud uns der Schwiegervater zu Kaffee und Kuchen ein. Wir setzten uns an einen Tisch direkt am See und genossen die zauberhafte Herbststimmung. Ottos Eltern stammten aus dem Berner Land und verfielen hier, im Kreis ihrer Familie, in diesen Dialekt. Ich verstand kaum ein Wort und saß ziemlich verloren da. Ein kühler Wind kam auf, und weil ich nur mein Brautkleid anhatte, begann ich zu frösteln. Plötzlich spürte ich, wie sich eine warme Hand auf meine Schulter legte. Ich drehte mich um. Da stand eine ältere Frau hinter mir und lächelte mich an. »Sie sind doch sicher ein Brautpaar«, sagte sie, hängte mir eine warme, beigefarbene Jacke um die Schultern und drückte mich kurz und fest an meinen Oberarmen. Dann ging sie zu einem Tisch, an dem offensichtlich ihr Mann saß, setzte sich hin und zwinkerte mir freundlich zu. Mehrmals blickte ich fragend zu ihr hin, ob sie denn ihre Jacke wiederhaben wollte, doch sie winkte jedes Mal lächelnd ab und bedeutete mir, dass sie Zeit habe. Als wir aufbrachen, gab ich ihr die Jacke zurück und bedankte mich. »Ich wünsche Ihnen ganz viel Glück«, sagte sie und ihr Mann schloss sich ihren Wünschen an. Dann ging ich und die beiden winkten mir noch einmal zu.

EPILOG

Nach Jahren des Flüchtlingsdaseins und der Heimatlosigkeit fing ich in der Schweiz wieder an, Wurzeln zu schlagen. Meine Heirat war für mich ein wichtiger Schritt in diesem Prozess. Damit hatte ich die Entscheidung getroffen, mich in diesem Land niederzulassen. Seit drei Jahren lebte ich bereits hier, aber immer noch waren mir die Schweizer fremd, und ich war vorsichtig. Nicht nur, weil ich als Deutsche einen schweren Stand hatte. Ich spürte, dass diese Menschen anders waren, anders dachten, einen anderen Hintergrund hatten als ich. Ich wollte ihre Mentalität kennen lernen und verstehen. Und so befasste ich mich mit diesem Land und seiner Geschichte. Ich studierte die Geschichtsbücher meines Mannes, hörte im Radio die Stücke des Schweizer Erzählers Jeremias Gotthelf, die damals in einer wochenlangen Reihe als Hörspiele gesendet wurden, und ließ mir von Otto in vielen Ausflügen die Schweiz zeigen. Allmählich kamen mir die Menschen dieses Landes näher.

Otto und ich waren Seelenverwandte. Auch er hatte eine leidvolle Kindheit und Jugend durchlebt, anders natürlich als ich. Doch diese Leiderfahrungen verbanden und halfen uns, uns gegenseitig zu verstehen. Mein Mann sagte wirklich Ja zu mir. Er liebte mich und nahm mich mit allen seelischen Verwundungen, die auf mir und nun auch auf unserem gemeinsamen Leben lasteten, an. Der Missbrauch in Berau hatte mich tief beschädigt und ich konnte von Otto lange keine Berührung zulassen. »Du hast schreckliche Erfahrungen gemacht, aber sie müssen nicht dein ganzes restliches Leben bestimmen«, sagte er viele Male zu mir. Sensibel und einfühlsam half er mir, extreme Gefühle zu durchleben, mein Trauma zu verarbeiten und mich nach und nach zu öffnen. Und mit der Zeit konnte ich meinen schrecklichen Erlebnissen schöne entgegensetzen.

Wir redeten viel über meine Mutter und natürlich war er nicht gut auf sie zu sprechen. Immer wieder erregte er sich über das, was sie mir angetan hatte, und sprach aus, was ich bis dahin zwar längst wusste, aber immer wieder verdrängt und nicht zu denken gewagt hatte: »Deine Mutter hatte mit Johannes in Berau eine Liebesbeziehung. ›Ich will aber auch mit deiner Tochter‹, wird Johannes eines Tages gefordert haben. Und weil deine Mutter Angst hatte, er würde ihr davonlaufen, ging sie diesen Handel ein.« Diese Vorstellung so direkt ausgesprochen zu hören schockierte mich und ich konnte sie nur allmählich zulassen, bis ich eines Tages akzeptierte, dass es so gewesen sein muss.

All die Jahre während unserer Ehe war mein Mann hart und abgegrenzt gegenüber Mutter. Er wollte mit ihr nichts zu tun haben. Das beruhte auf Gegenseitigkeit. Mutter sah ihn nicht nur als Rivalen, der mich ihr weggenommen hatte, sie fürchtete zu Recht, dass ich ihm von ihren gewaltsamen Übergriffen und unseren Konflikten erzählte, und hatte ein schlechtes Gewissen. Dass ihr mein Mann feindselig gegenüberstand, konnte ich gut stehen lassen. Mutter hatte mir tatsächlich Schlimmes zugefügt. Auch ich stand mittlerweile in großer und kritischer Distanz zu ihr.

Gleichzeitig sehnte ich mich danach, mich mit ihr zu verständigen und auszusöhnen. Sie war schließlich meine Mutter! Also suchte ich immer wieder das Gespräch mit ihr und ging mehrere Male auf sie zu. Das fiel mir nun leichter, denn durch die Aussprachen mit Otto fand ich Rückhalt. Aber alle meine Versuche, alte Konflikte anzusprechen, wehrte sie harsch ab. Meistens, indem sie mich zurechtwies und mir das Wort abschnitt, einmal sogar, indem sie die Hand gegen mich erhob. Ich begriff, dass ich meine Versöhnung mit ihr ohne sie machen musste.

Im November 1961 kam unser Sohn Peter zur Welt, und während er heranwuchs, wurden meine Fragen an Mutter immer drängender. Ich erlebte, dass mir unendlich viel am Wohl unseres Kindes lag, und wollte wissen, was unsere Mutter für uns Kinder empfunden hatte, als wir klein waren. Ich wollte verstehen, wieso sie derart hart zu uns gewesen war. Und so suchte ich ihre älteste Schwester, Tante Lieschen, in Berlin auf. Wer ist meine Mutter? Das wollte ich erfahren.

Die Tante erzählte mir aus ihrer Familie. Mutter war das zweitjüngste von zwölf Kindern, von denen vier früh starben. Sie wuchs im Tressiner Moor auf, einer unwirtlichen Gegend, etwa 15 Kilometer nördlich von Greifenberg. Ihr Vater muss ein autoritärer, aufbrausender Mann gewesen sein, ein Religionsfanatiker, den die Kinder fürchteten. Ihre Mutter war nach Tante Lieschens Schilderungen eine hartherzige Frau, die von ihrer Kinderschar überfordert war und sich wenig um sie kümmerte. Meine Mutter wurde von ihren älteren Geschwistern und hauptsächlich von Tante Lieschen großgezogen. Die Kinder mussten alle schwer und viel arbeiten und wurden oft aus nichtigen Gründen drakonischen Strafen unterzogen. Mutter hatte nicht nur eine äußerst entbehrungsreiche Kindheit, sie wuchs in einer Atmosphäre mit wenig Liebe auf. Natürlich durfte auch sie keinen Beruf lernen, sondern musste in Stellung gehen und das Geld zu Hause abliefern. Kaum hatte sie mit 20 Jahren meinen Vater kennen gelernt, wurde sie schwanger und musste heiraten. Sechs Kinder hat sie hintereinander geboren und drei von ihnen zu Grabe getragen. Es war Krieg. Sie verlor den Mann, musste fliehen, und das alles in einem Alter, in dem der Mensch in der Blüte des Lebens steht.

Als ich mir das Schicksal meiner Mutter vor Augen führte und mich auf ihre Geschichte einließ, empfand ich plötzlich Mitgefühl für sie. Ich begann, sie zu verstehen und sie aus einer anderen Perspektive zu sehen. Dieser Prozess in mir war schleichend und zog sich über viele Jahre hin. Manchmal, wenn sie mich diffamierte, habe ich mich über sie geärgert. Immer öfter aber konnte ich mir ihr Verhalten erklären und nachvollziehen. Sie hatte nie gelernt, sich zu hinterfragen, und brauchte für ihren Ärger und ihre Unzufriedenheit einen Buhmann. Das war ich. Ich erkannte, dass es ihr Unglück und ihr Leid war, das sie an mir ablud, aber es hatte nichts mit mir zu tun. Ich war nicht dafür verantwortlich.

Ich will die Verrate, die sie an mir beging, nicht entschuldigen. Es war schrecklich und zerstörerisch, was sie mir antat. Auch dass sie mir mein Geld wegnahm und mich sogar bestahl, ist ungeheuerlich. Aber nun kannte ich die Motive, die sie dazu trieben. Sie wollte Liebe haben. Und weil sie keine bekam, stahl sie, was für sie Liebesersatz war: Geld.

Die Auseinandersetzung mit meiner Mutter war ein wichtiger Lernprozess für mich. Sie starb 1980 unerwartet schnell. Ich hatte sie nicht mehr auf dem Sterbebett angetroffen und ging in die Leichenhalle, um mich dort von ihr zu verabschieden. Sie war noch nicht eingesargt und lag auf einer Bahre. Ich zündete mehrere Kerzen an, setzte mich zu ihr und betrachtete sie. Sie hatte eine hohe Stirn und ein ungewöhnlich glattes Gesicht, aber ihr Mund war hart, auch noch im Tod. Nach zwei Stunden stiller Zwiesprache ging ich. Ich hatte meinen Frieden mit ihr geschlossen.

Von meiner Kernfamilie waren nun noch wir drei Geschwister übrig. Klaus heiratete wenige Jahre nach mir, hatte mit seiner Frau vier Kinder und lebte am Bodensee. 1999 starb er mit nur 61 Jahren an einem Herzinfarkt. Auch Hildegard fasste im Gebiet des Bodensees Fuß und wohnt heute am südlichen Rand des Schwarzwalds. Sie hat ebenfalls vier Kinder und ist bereits mehrfache Großmutter.

Otto und ich führten eine lebendige Ehe mit harmonischen Zeiten und natürlich auch Krisen. Durch meine Heirat erhielt ich die Schweizer Staatsbürgerschaft und arbeitete in Fabriken, erst als Abfüllerin in einer Lebensmittelfirma, dann als Kontrolleurin bei Siemens. Als Peter geboren wurde, blieb ich zu Hause und verdiente mir mein Geld mit Heimarbeit für den Elektrokonzern. Wir wollten noch mehr Kinder, aber es sollte nicht sein. Nach zwei Abgängen und zwei Eileiterschwangerschaften mussten wir unsere weiteren Kinderwünsche begraben. Es war eine traurige Zeit, wir waren unglücklich und niedergedrückt. Irgendwann hatte ich mich damit abgefunden und beschloss, nun endlich meine Ausbildung nachzuholen. Frauen, die keinen Beruf lernen konnten, hatten Anfang der 70er-Jahre in Zürich die Möglichkeit, sich zur staatlich geprüften Haushaltsleiterin diplomieren zu lassen. Ich ergriff diese Gelegenheit und machte 1974 mein Diplom. Anschließend begann ich, ehrenamtlich im Sozialdienst der reformierten Landeskirche zu arbeiten.

Im Februar 1979 starb plötzlich und unerwartet mein Mann. Sein Tod traf mich schwer. Gleichzeitig leitete dieser Schlag eine radikale Neuorientierung in meinem Leben ein. Ich lernte, alleine zu leben. Zwischen heftigen Trauerschüben spürte ich allmählich, dass Alleinsein nicht nur Bürde, sondern auch Freiheit sein kann. Das Schicksal hatte mir eine neue Aufgabe gestellt. Ich engagierte mich nun voll in der Sozialarbeit. Der kirchliche Sozialdienst bot mir die Stelle als Leiterin der Familienbetreuung an. Hier konnte ich meine Lebenserfahrung einbringen. Ich habe Menschen beraten und betreut und dabei unglaublich viel von ihnen zurückbekommen und gelernt.

Nach neun intensiven Jahren Arbeit in dieser Position war ich reif für einen Wechsel. Ich konnte im Sozialdienst nichts mehr lernen und suchte eine neue Herausforderung. Damals hatte ich die Idee, ein Café zu betreiben. Also absolvierte ich eine dreijährige Ausbildung an der Wirtfachschule in Zürich, fand jedoch nach dem Abschluss kein passendes Café und arbeitete bis zu meiner Pensionierung als Hauswirtschafterin in einem Altersheim und in einem Bildungszentrum.

Ein wunderbares Geschenk war für mich die Wende 1989, nicht nur als politisches Ereignis, sondern auch für mich persönlich. Nun konnte ich ohne große Hürden meine Heimat besuchen. Im Sommer 1990 reiste ich auf die Insel Usedom, quartierte mich dort für ein paar Tage bei Privatleuten ein und fuhr an einem Morgen nach Swinemünde an die polnische Grenze. Dort mietete ich mir für einen Tag ein polnisches Taxi und bat den Fahrer, mich nach Greifenberg zu bringen. Ich war neugierig. Meine Zimmervermieter auf Usedom kannten Greifenberg und erzählten mir, seit dem Krieg habe sich dort kaum etwas verändert. Als der Taxifahrer das Ortsschild passierte, war ich sehr aufgeregt. »Gryfice« stand auf dem kleinen weißen Blechschild neben der Straße.

Ich machte meinem Chauffeur verständlich, er solle mich zum Bahnhof bringen. Als wir dort ankamen und ich ausstieg, spürte ich, dass mir die Knie schlotterten. Ich bat den Taxifahrer, mich alleine zu lassen und in drei Stunden wieder hier abzuholen, aber er verstand mich nicht und wich mir nicht von den Fersen. Ich trat vor das Bahnhofsgebäude auf den Bahnsteig. Tatsächlich standen noch alle Gebäude, doch die Jahre hatten ihre Spuren hinterlassen. Die Fassaden waren stumpf und bröckelig geworden. Eine Flut von Bildern stieg in mir hoch und überwältigte mich. Vor 45 Jahren war ich mit Hunderten von Menschen hier auf diesem Bahnsteig gestanden, um mit dem letzten Zug nach Westen zu fahren. Von einer Stunde auf die andere hatte ich meine Heimat und meine Kindheit verloren. Noch einmal durchlebte ich die dramatischen Stunden meiner Flucht aus Greifenberg. Wie Sturzbäche liefen mir die Tränen aus den Augen. Ganz unmittelbar spürte ich den Schmerz und die Trauer um den Verlust meiner Wurzeln, die ich hier im pommerschen Greifenberg hatte.

Vom Bahnhof lief ich zu Fuß in die Memelstraße, in der wir gewohnt hatten – immer noch den Taxifahrer im Schlepptau. Die Häuser sahen noch genauso aus wie vor 45 Jahren. Wo unser Haus gestanden hatte, war jetzt ein großes Gewächshaus. Wieder tauchten Bilder auf, Stimmen, Gerüche. Der feuchte, warme Ostseewind fächelte um meine Beine und strich mir durchs Haar. Ich war traurig, spürte eine tiefe Sehnsucht nach meiner verlorenen Kindheit, aber auch Dankbarkeit, dass ich hierher zurückkehren konnte. Nach drei Stunden intensiver Begegnung mit meiner Vergangenheit fuhr mich der Taxifahrer zurück nach Swinemünde. Während der Fahrt gelang es uns doch noch, uns zu verständigen. Ich erfuhr, dass er während des Kriegs in deutscher Gefangenschaft war. Er hatte sich berühren lassen von meinen heftigen Gefühlen in Greifenberg, das spürte ich. Und als wir in seinem klapprigen Auto Richtung Grenze fuhren und radebrechten, war das wie ein Akt der Versöhnung.

Seitdem war ich noch viermal in Greifenberg. Jedes Mal wieder spürte ich aufgewühlt und bewegt den Erlebnissen meiner Kindheit nach, suchte meine einstigen Stätten der Geborgenheit auf, schritt die alten Pfade ab und sog die Ostseeluft ein, die nur hier nach Heimat riecht.

Was bleibt mir noch zu sagen? Wer sich erinnert, durchlebt das Vergangene noch einmal. Und mit jedem wiederholten Erinnern verändert sich das Erlebte. Das ist mir bei der Arbeit an diesem Buch bewusst geworden. Die Geschichte, die hier zu lesen ist, ist meine persönliche Erinnerung. Niemand hat sie so wahrgenommen wie ich. Natürlich kann es sein, dass mir das Gedächtnis manchmal einen Streich gespielt hat und dass Wege oder Geschehnisse ein klein wenig anders verliefen, als ich sie in Erinnerung habe. Aber es geht in diesem Buch nicht darum, wie es »tatsächlich« oder für andere war, sondern wie es für mich war. Bewusst geändert habe ich lediglich einige Namen. Das Erinnern, das der Stoff für dieses Buch wurde, war eine bewegende Reise in meine Vergangenheit. Sie hat mich meinen Wurzeln ein Stück näher gebracht. Dafür bin ich dankbar.

HISTORISCHER HINTERGRUND

Zusammenbruch des Deutschen Reiches

25. September 1944: Alle waffenfähigen Männer zwischen 16 und 66 Jahren wurden zum so genannten »Deutschen Volkssturm« einberufen, im Volksmund auch die »Armee der Kinder und Greise« genannt.

Ostfront

Am 12. Januar 1945 startete die Rote Armee eine Großoffensive vom Brückenkopf Baranow ausgehend, die sich über den ganzen Raum von den Karpaten bis zur Memel erstreckte und die deutsche Ostfront in kurzer Zeit zerriss. Die sowjetischen Truppen nahmen die noch vom Deutschen Reich besetzten polnischen Gebiete, Oberschlesien und Niederschlesien östlich der Oder ein und schnitten Ostpreußen ab. Bei klirrender Kälte riskierte die Bevölkerung die Flucht über vereiste Landstraßen, um sich vor den aufgeputschten sowjetischen Soldaten zu retten. Von Ostpreußen aus konnten die Menschen nur noch über die Ostsee fliehen. Kriegsmarine und Bodentruppen ermöglichten die Rettung vieler Zivilisten und Verwundeter. Am 30. Januar erreichte die Rote Armee die Oder zwischen Frankfurt/Oder und Küstrin. Am 26. Februar drangen die Sowjets von Bromberg bis zur Ostsee vor, erreichten am 18. März Kolberg und am 30. März die Danziger Bucht. Am 16. April begannen sie mit einer Großoffensive von der Oder und der Neiße aus und umzingelten Berlin. Truppen der Roten Armee trafen am 25. April mit amerikanischen Truppen bei Torgau/Elbe zusammen. Am 2. Mai 1945 kapitulierte Berlin.

Westfront

Anfang Februar 1945 starteten die Westalliierten ihre Offensive an der Westgrenze des Deutschen Reiches. Am 7. März nahmen die Amerikaner eine unversehrte Brücke bei Remagen ein. Am 24. März überschritten die Briten den Rhein bei Wesel und drangen ins Emsland vor, erreichten am 19. April die Elbe und gelangten bis zum 3. Mai nach Lübeck.

Ein Großteil der Amerikaner stieß nach Süden vor: ein Flügel ins Erzgebirge, ein anderer nach München, das am 30. April eingenommen wurde. Dann drangen sie weiter ins Salzkammergut und bis zum Brenner vor, wo sie mit den amerikanischen Truppen aus Italien zusammentrafen. Die französischen Streitkräfte nahmen am 22. April Stuttgart ein und marschierten weiter Richtung Bodensee.

Ende des Krieges in Europa

Am 7. Mai wurde die »bedingungslose Kapitulation« der Deutschen Wehrmacht unterzeichnet. Zuvor, am 30. April, hatte Hitler Selbstmord begangen.

Deutschland nach dem Zusammenbruch

Mit Ausnahme der Gebiete östlich von Oder und Neiße, die Polen und der Sowjetunion übergeben wurden, teilten die vier Siegermächte USA, UdSSR, Großbritannien und Frankreich Deutschland in vier Besatzungszonen ein. Berlin erhielt einen Sonderstatus. Der Nordosten kam unter sowjetische, der Nordwesten unter britische, der Südosten unter amerikanische und der Südwesten unter französische Regierungsgewalt. Ziel dieser Politik: Die deutsche Bevölkerung sollte »entnazifiziert«, Kriegsverbrecher sollten verurteilt und ganz Deutschland sollte »entmilitarisiert« werden. Doch entgegen dem Potsdamer Abkommen vom Juli / August 1945, wonach Deutschland eine wirtschaftliche und politische Einheit bleiben sollte, entwickelten sich die Besatzungszonen in entgegengesetzte Richtungen. Die sowjetische Besatzungszone wurde nach und nach dem System der UdSSR angepasst, die Westzonen wurden nach den Prinzipien der parlamentarischen Demokratie wieder aufgebaut. Das strittige Reparationsproblem bereitete der unterschiedlichen Behandlung der Besatzungszonen in Ost und West den Weg. Die sowjetische Militärverwaltung baute in der ihr unterstellten Zone eine eigene Verwaltung auf und sicherte der SED die alleinige Führung.

Nachdem sich in den westlichen Besatzungszonen Parteien gegründet hatten, setzte hier das politische Leben auf Länderebene wieder ein. 1947 vereinigten sich die britische und die amerikanische Besatzungszone zur Bizone. Daraus wurde 1948 durch die Angliederung der französischen Zone die Trizone. Als im selben Jahr in der Trizone und in der sowjetischen Zone eine unterschiedliche Währungsreform durchgeführt wurde, war die wirtschaftliche Spaltung zwischen Ost und West vollzogen. 1949 wurde mit Gründung der Bundesrepublik Deutschland und der Deutschen Demokratischen Republik die politische Spaltung besiegelt.

Bis 1955 setzten die Westmächte einerseits und die Sowjetunion andererseits ihre Bemühungen fort und versuchten, ganz Deutschland entweder in ihren Machtbereich zu integrieren oder Deutschlands Neutralisierung zu erreichen.

1955 wurde das Besatzungsstatut durch die Pariser Verträge aufgehoben: Der Bundesrepublik Deutschland wurde mit Beitritt zur NATO ihre »Souveränität« erklärt. Im Gegenzug wurde die DDR für »souverän« erklärt und in den Warschauer Pakt aufgenommen.

Flucht und Vertreibung

Am Ende des Krieges, der – das soll nicht vergessen werden – von deutschem Boden ausgegangen war und den Deutsche aggressiv geführt hatten, wurden Deutsche, Frauen, Kinder, Alte, selbst millionenfach zu Opfern von Flucht, Vertreibung und Verschleppung. Lange blieb die Trauer um dieses unmenschliche Kapitel der Geschichte unterdrückt: Weil Hitler den Krieg entfacht hatte und Deutsche zu Tätern im Holocaust geworden waren, konnten und durften Deutsche sich nicht als Opfer sehen. Doch durch die Öffnung des Ostens wird seit Anfang der 90er-Jahre das Thema differenzierter beleuchtet und eine breite Öffentlichkeit gelangte zu der Einsicht, dass sich das Bekenntnis zu deutscher Schuld und die Trauer über deutsches Leid nicht widersprechen müssen, sondern dass beides Erscheinungen dieses schrecklichen Krieges sind.

Schon auf den Konferenzen von Teheran (1943) und Jalta (1945) besprachen die »großen Drei«, Roosevelt, Churchill und Stalin, die Aussiedlung der Deutschen besonders aus Polen, das auf Kosten Deutschlands nach Westen verschoben werden sollte. Bereits 1943 also war die Westverschiebung Polens beschlossene Sache. Gegen Kriegsende waren bereits Millionen von Deutschen aus den östlichen Provinzen vor der Roten Armee geflohen. Zeitgleich hatten die Regime in der Sowjetunion, der Tschechoslowakei, in Polen, Ungarn, Rumänien und Jugoslawien »ethnische Säuberungen« eingeleitet und begonnen, die Deutschen dort aus ihren Siedlungsgebieten zu vertreiben. Der Grenzverlauf wurde beim Potsdamer Abkommen 1945 endgültig an Oder und westlicher Neiße festgelegt. Die USA und Großbritannien erklärten sich einverstanden, die »früher deutschen Gebiete« östlich davon unter polnische und das nördliche Ostpreußen unter sowjetische Verwaltung zu stellen. Soweit die Deutschen aus diesen Gebieten nicht schon vor der Front geflohen waren, war ihr »Transfer« auf »ordnungsgemäße und humane Weise« vorgesehen. Doch beaufsichtigte zunächst keine Instanz den Transfer und die Menschen waren dem Hass, der Rache und der Willkür der ehemals vom Naziregime unterdrückten Polen, Russen, Tschechen, Rumänen etc. ausgesetzt. Gleichzeitig wurden Hunderttausende von Deutschen als Zwangsarbeiter nach Sibirien verschleppt. Ein Plan zur Überführung der deutschen Bevölkerung (17. 10. 1945) durch den Kontrollrat regelte zusammen mit anderen Abkommen die Vertreibung in geschlossenen Transporten. Die systematischen Massenausweisungen dauerten bis Ende 1947. Aber auch danach strebten Deutsche aus ihrer Heimat in östlichen Ländern weg. Sie flohen vor Unterdrückungsmaßnahmen und schlechten wirtschaftlichen und sozialen Verhältnissen.

Insgesamt sind etwa 14 Millionen Deutsche aus dem Osten vertrieben worden. Rund zwei Millionen von ihnen kamen während der Flucht und Vertreibung um. Von diesen zwölf Millionen, die überlebten, fanden etwa vier Millionen in der sowjetischen Besatzungszone Aufnahme; in der britischen, amerikanischen und französischen Zone kamen acht Millionen unter, wobei die meisten der Flüchtlinge und Vertriebenen in den Flächenländern Schleswig-Holstein, Niedersachsen und Bayern angesiedelt wurden. Erst später wurden die Belastungen für die einzelnen Bundesländer gerechter verteilt.